3秒看透對方

一眼識乾坤

面相學

企業面相首席顧問
林進來——著

遷移
父母
官祿　福德
　　兄弟
　　田宅　夫妻
命宮疾厄　子女
財帛
交友

面相，最直接有效的識人術

　　在這個競爭的時代，人們都想鴻圖大展、財源豐厚、婚姻美滿，但卻常敗於識人不清、用人不當、遇人不淑，俗話說得好：「不識字請人看，不識人輸一半。」要如何避開不利的人事物，帶給自己最大的收穫，最直接的媒介，就是面相。

　　在現今這個多元且複雜的社會中，人與人的溝通變得相當重要，每天一睜開眼睛，即須與人互動，小則與親朋好友間的閒談、大至商場上的協調與談判，無論是哪一種情況，我們都希望自己能掌握先機，讓對談的氣氛和諧、談判的結果合意。

　　本人在五術界已走了超過半甲子的歲月，也小有心得，命理或八字雖可論人，但受制於生辰的準確度，難以做細緻的分析。中國的命理以時辰劃分，每一個時辰，代表兩個小時。試想，兩個小時裡有多少生命誕生？這一些新生命分佈於全球各地，國籍不同、人種也各有差異，難道這些人都會有相同的命運嗎？當然不可能。因為除了誕生的時辰以外，還有家庭、環境、習俗、文化思想等諸多因素在影響，因而讓相同時辰誕生的人，擁有各自不同的命運。

　　一個人從出生開始，面部輪廓就以已經大致確定，全球的人種，大約分黃、白、黑三種，依照面面觀的論述，膚色不同，性格也不太相同。膚色白的人比較具優越感，常以自我為中心；黃皮膚的人熱心、重感情；膚色黑的人較精力充沛、好動，各色人種，搭配各自的相貌論述，就有不同的命運。

　　無論社會如何變遷，「容貌」是與生俱來的，只受族群和遺傳的影響，也可以解說為因果關係。我常說容貌就是你的櫥窗，隨時展示著你今生的個性、交友狀況、運勢、健康、甚至家人關係…等。

　　學習面相的重要性，在於能了解自己，進而掌握他人，懂得面相學，在人生遭遇困境，或者感到困惑不解時，能多一項分析的工具，就能減少錯誤的判斷，降低對別人及自己的傷害，尤其在人際關係上，更是一項實用的溝通依據。

　　本人近年來極力推廣面相學，尤其是對企業主管和從事業務工作的人。從企業的角度來看，分析面相，能讓你發現人才，並將其運用在適合的職位上，讓他們各司其職、嶄露頭角，人才管理得好，才是企業得以永續發展的基礎。業務人員也是如此，運用面相就能知己知彼，藉此應對不同脾氣、喜好的客戶，雖然不一定能百戰百勝，但至少能多一項工具，提升成交率。

　　五術是先人觀天象之後，累積經驗、反覆驗證，才得以形成的一種精密統計學，只要運用得當，對每個人的一生都有莫大的幫助。五術並不是迷信，也並非玄學，而是一門包含禪理、哲學及科學的學問，

更是一種另類的心理諮詢管道。

　　希望藉由這本書，教給讀者最直接、有效的識人術，透過淺顯易學的方式，進而對周遭的人士多一層理解，減少人際之間的摩擦，同時也希望本人對於面相的體悟，能讓愛好者受用無窮。

林進來

林進來

- 中國堪輿推展協會・創會會長
- 台灣省地理風水協會・創會會長
- 昊天書院院長・良宅應機門
- 上海振清醫療公司顧問
- 遠伸營造有限公司顧問
- 101 法拍屋鑑定老師

【聯繫方式】

手機號碼：0910-196-266
昊天書院官網：https://www.linjinlai.com/
林進來老師臉書：http://www.facebook.com/lin.jin.lai

作者序 002

第一章　一眼識乾坤：觀相

1-01　從「臉」開始，識人識己 012

1-02　三質之一：營養質型人 025

1-03　三質之二：筋骨質型人 028

1-04　三質之三：心性質型人 032

1-05　用聲音分析人格特質 038

第二章　面相中的財富密碼：財運

2-01　三質與財運，找出理財專長 044

2-02　面貌開講！生財之道面面觀 056

2-03　理財中的陰陽之道 062

2-04　想改運，先找貴人 066

2-05　少奮鬥十年的面相 071

2-06　易實現夢想的形質 078

2-07 銷售百發百中的面相密碼 …………… 083

2-08 氣色與財運的關係 …………… 087

2-09 住宅對運勢的影響 …………… 091

2-10 面相搭配良宅求財 …………… 096

第三章 和諧家庭萬事興：家庭運

3-01 陰陽失調，吵吵鬧鬧過一生 …………… 102

3-02 婆媳過招三百招 …………… 107

3-03 婆媳互動：案例篇 …………… 113

3-04 望子成龍，望女成鳳 …………… 118

3-05 兒女傍身 vs.老來孤獨 …………… 124

3-06 人老命好的享福之相 …………… 129

3-07 用面相看接班人是否成材 …………… 133

3-08 養兒防老變養老防兒 …………… 137

3-09 面觀六親的健康狀態 …………… 142

3-10 從臉各部位觀疾病 …………… 147

第四章 戀情甜蜜又升溫：感情運

4-01 陰陽相配論，三質面相配對 ……… 154

4-02 尋尋覓覓，眾裡尋他千百度 ……… 161

4-03 偶像級浪漫 vs. 講究務實派 ……… 168

4-04 從面相破解單身魔咒 ……… 173

4-05 紅鸞星動？姻緣來臨 ……… 178

4-06 怎樣的格局是大男人主義 ……… 182

4-07 會撒嬌的女人最好命 ……… 186

4-08 尋找感情中的第二春 ……… 193

4-09 八字不是一切，態度才是 ……… 198

4-10 婚姻失和，性格所致 ……… 203

4-11 夫妻共苦，卻不能同甘 ……… 208

4-12 愛不對人，瀟灑轉身吧 ……… 215

第五章 讓工作順風順水：事業運

5-01 從面相觀察內在與長處 …………………… 224

5-02 什麼樣的人大器晚成 …………………… 230

5-03 容易大起大落的相貌 …………………… 235

5-04 東山再起的強人面相 …………………… 239

5-05 照顧部屬的主管模樣 …………………… 244

5-06 從面相看懂主管，相處愉快 …………………… 250

5-07 一眼看穿不擅管理的他 …………………… 259

5-08 能獨當一面的部屬 …………………… 264

5-09 職場女強人一看便知 …………………… 269

5-10 適人適任，管理人才面相學 …………………… 274

5-11 又愛又恨？才幹型員工相貌 …………………… 280

5-12 業務高手的面相特徵 …………………… 286

5-13 細心周全的事務人才 …………………… 290

5-14 衝勁有餘，思慮欠佳的員工 …………………… 295

5-15 最能搭配的工作夥伴 …………………… 300

5-16 應徵、面試的取勝之道 …………………… 306

5-17 超會見風轉舵的同事 …………………… 314

5-18 犯小人？防範小人之道 ⋯⋯⋯⋯⋯ 318

5-19 勇於說不，懂推辭才是上策 ⋯⋯⋯ 323

5-20 一不小心就變成濫好人？ ⋯⋯⋯⋯ 328

5-21 找到合拍的最佳合夥人 ⋯⋯⋯⋯⋯ 333

第六章 疑難雜症一次解：解惑篇

6-01 你是完美主義者嗎？ ⋯⋯⋯⋯⋯⋯ 340

6-02 難相處或溝通的面相 ⋯⋯⋯⋯⋯⋯ 344

6-03 出爾反爾的傷腦筋面相 ⋯⋯⋯⋯⋯ 349

6-04 遇上拉不下臉的人 ⋯⋯⋯⋯⋯⋯⋯ 353

6-05 容易陷入憂鬱的人 ⋯⋯⋯⋯⋯⋯⋯ 357

6-06 從面相看判斷力 ⋯⋯⋯⋯⋯⋯⋯⋯ 363

6-07 容易交友不慎的人 ⋯⋯⋯⋯⋯⋯⋯ 369

6-08 楣運自招，也可自解 ⋯⋯⋯⋯⋯⋯ 373

6-09 命中有時，不求自來 ⋯⋯⋯⋯⋯⋯ 377

6-10 久病纏身的家人 ⋯⋯⋯⋯⋯⋯⋯⋯ 382

6-11 陽宅與面相的相應 ⋯⋯⋯⋯⋯⋯⋯ 387

6-12 宅氣對運勢的影響 ⋯⋯⋯⋯⋯⋯⋯ 392

6-13 你是否有老闆命？ ⋯⋯⋯⋯⋯⋯⋯ 397

6-14 怎樣的面貌容易被提拔 ⋯⋯⋯⋯ 407

6-15 何時才有升遷的機會？ ⋯⋯⋯⋯ 414

6-16 不敢開口直說而吃虧 ⋯⋯⋯⋯⋯ 419

6-17 小時了了或大器晚成 ⋯⋯⋯⋯⋯ 422

6-18 適人適任最重要 ⋯⋯⋯⋯⋯⋯⋯ 426

6-19 適合朝九晚五的人 ⋯⋯⋯⋯⋯⋯ 431

6-20 現在是跳槽的好時機嗎？ ⋯⋯⋯ 435

6-21 炒老闆魷魚前先觀面相 ⋯⋯⋯⋯ 440

6-22 如何了解員工的狀況 ⋯⋯⋯⋯⋯ 444

第一章

一眼識乾坤

觀相

從「臉」開始，識人識己

一談到命理，許多人都會有一樣的疑問，為什麼生辰與八字相同的兩個人，命運卻大不相同呢？尤其我經常說：「先天的命格與八字是注定的。」相信許多人更會因此感到困惑不解。

命理以時辰劃分，每個時辰代表兩個小時，試想一下，在這兩個小時當中，有多少生命誕生？這些新生命分布在全球各地，出生地、人種、國籍皆大相逕庭，難道這些人都會有一樣的命運嗎？肯定各不相同。其因素除了時辰之外，還包括家庭、生活環境、習俗、文化思想等在影響，這麼多不同的要素，自然會讓相同時辰出生的人，擁有不同的造化與命運。

例如某人是一名大企業家，相信與他同時辰出生的大有人在，難道只因為出生的時辰相同，這些人就都能成為企業家嗎？看起來並非如此，由此去推敲，最大的不同，除了生長環境之外，還有一個關鍵，就是「人」的一切主宰——「臉」。

一個人從出生開始，面部的輪廓就已經大致確定，所以面相又稱為三世因果，是一個家族的血緣延續。不過，膚色不同、性格也不相同。以觀相的角度來看，膚色白的人比較有優越感，常以自我為中心；

皮膚黃的人重感情、性格也較為熱心；膚色黑的人則通常精力充沛、好動，考量先天的人種與膚色，再搭配各自的相貌，就會有不同的命運。

　　從面相觀人，會將人以三個「質」來劃分，不管是膚色、五官、高矮瘦胖，皆可從這三質來討論。三質為：心性質、營養質、筋骨質，若膚色白、額頭高，屬於心性質；膚色黑屬於筋骨質；長得圓圓胖胖的則屬於營養質，根據三個質不同，會產生不同的運勢。

三質的形質簡論

1. 營養質： 表生命之慾能〈貪〉，專長為管理與協調，重於下停飽滿，主財帛和人緣。

2. 筋骨質： 表生命之動能〈瞋〉，專長為勞動和建設，重於鼻子、顴骨部位，主權力與執著。

3. 心性質： 表生命之智能〈癡〉，專長為企劃與思考，重於額頭，主唯美和推理。

　　俗話說得好：「不識字請人看，不識人輸一半。」現今這多元且複雜的社會裡，人與人之間的溝通變得相當重要，每天一睜開眼，即須與人互動，小則家庭裡的對待，大至商場上的協調、談判……等等，在所有的互動當中，對方的面貌與聲音是我們接觸的第一步，懂得識人，就能在人際交流中佔得先機、無往不利。

　　本書將是最完整的識人教材，教您用最短的時間掌握面相學，進

而幫助您的事業、談判、人際公關，讓您識破乾坤、掌握環境。

在這競爭的時代，人們都想贏在起跑點，我們都想要飛黃騰達、婚姻美滿，但卻常敗於「識人不清」、「用人不當」、「遇人不淑」，想要準確識人，先決要素就在於「容貌」與「聲音」。

容貌就如同一個人的展示櫥窗，它會將每個人的身心狀況、個性、運勢等狀態誠實地展現出來，就算想要隱藏於面具之下也辦不到，只要看一個人的相貌，就能解碼他的資訊。

3秒面相觀人術

機會是稍縱即逝的，在這個分秒必爭的年代，誰懂得「識相」，就能掌握先機，在最短的時間內掌握一切，贏在起跑點，也就多一分勝券。

 ## 面相概念

相法在中國由來已久，人人都在研究，人人都能學習，古代伏羲氏、神農氏、黃帝軒轅氏時代，就已經開始有相法，相傳是風后氏時代所創，因此相法又被稱為風鑑，風鑑原意為看一個人的風度與見識，經過歷史的演變，一些人士對相法加以鑽研、體會，而不斷延續至今。

各時代如周朝、唐朝、漢朝等期間，一些名相家如管輅、李淳風、一行禪師，都沒有留下詳細的書籍可供參考，直到達摩大師到中國時寫下臉型的五行相法，被稱為「達摩相法」。之後陸續也有名相家將自己的相法研究記載下來，如：《麻衣相法》、《柳莊相法》、《水

鏡集》、《太清神鑑》等等，這才出現得以流傳的相法書籍。

　　而這些留下來的參考書籍，大部分都是採用五行性的相法，以金、木、水、火、土等流傳在中國幾千年的相法學系統，搭配臉型如國字臉、田字臉等等，各有不同的解說，這些流傳了幾千年的相法，有一些值得去參考，但有一些確實難以摸索，講得更明白一些，這些古傳論述只限於用在亞洲地區的人相，無法廣泛應用。

　　本人研究命理面相逾三十年的經驗，將我國傳統的面相學配合三質（筋骨質、營養質、心性質），能論全球各種不同的面貌。再進一步搭配各個部位特徵，就能趨於完美準確，能將一個人面貌所呈現出來的特性、個性及潛在優缺點做詳細的分析。

 三質論述

　　前面已提到面相學的三質，不過，人之面相很少專為單一獨形，每個人或多或少都會兼具兩種以上的形質，三質如能配置得當，最為上乘，然而面貌乃天生俱來，無法事先訂做，因此，研究三質（筋骨質、營養質、心性質）的最大目的，就是要去了解一個人的優點與缺點，截長補短，改善自己的缺失，正所謂「命運由我做，福由自己求。」透過了解自我，進一步改善，才能創造命運。

　　首先，我們要先了解自己的面貌屬於營養質、筋骨質、心性質當中的哪一類（或是自己有兼合質），再分析自己的潛在能量。

形質一 . 營養質

★營養質的介紹

❶. 營養質代表生命之慾能『貪』。專長管理與協調，重下停飽滿，主財帛和人緣，此形質好嗜慾，又稱幼兒形質。特徵為體格肥滿，顏面肉多，對生活上的需求多，力求舒適，達於理想境界。

❷. 營養質的人分布很廣，居住地以歐美國家最多，其他分散在已開發、及高度開發中的國家。

★營養質的五官

膚色白，聲音柔而無力，額頭中庸，眉骨平，眉尾稀疏，顏面肉多，鼻翼豐隆，鼻子大，眼睛大又柔（眼柔），顴骨平順，印堂寬，田宅宮寬而有肉，耳朵大且耳厚有珠，嘴巴上下唇厚，下巴飽滿，屁股厚且飽滿。

★營養質的特徵

臉形渾圓，顏面肉多，毫無露骨角張之狀，頸短或雙下巴，下停飽滿，眉毛大多疏淡，頭髮細而不濃。大體上而言，若是顏面肉多，看來肉比較軟的人，都屬於營養質，也就是看起來胖胖的臉形。

無論男女，若臉形渾圓，顏面肉多，毫無露骨角張之狀，則性格較有依賴性，處事不積極，遇有突發事件時，不敢當面否決，會猶豫不決。

[營養質 男性]

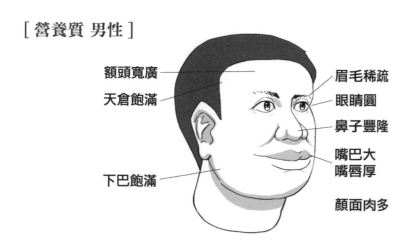

額頭寬廣
天倉飽滿

眉毛稀疏
眼睛圓
鼻子豐隆
嘴巴大
嘴唇厚
顏面肉多

下巴飽滿

[營養質 女性]

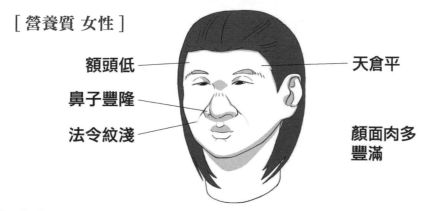

額頭低
鼻子豐隆
法令紋淺

天倉平

顏面肉多
豐滿

形質二．筋骨質

★筋骨質的介紹

❶. 筋骨質代表生命的動能，屬於勞動付出的形質。筋骨質大多重視權力，鼻子高，顴骨橫張，屬於變動性。性格上具備執著性與不穩定性。簡單來說，筋骨質的人處事耐力強，不怕吃苦，也不畏艱苦，具備不屈不撓的精神；同時有開創力，個性上實事求是，也具備冒險的精神。

❷. 筋骨質的人分布很廣，居住地以東南亞、非洲國家最多，其他分散在未開發或低度開發的國家，筋骨質居多的地區如中國青藏高原、蒙古、雲南等邊疆民族，其民族性極強，人民自古以來被視為好戰的代表，對其他民族有高度的征服慾，體力強健；又例如中東地區因為宗教信仰不同而戰，屬於動盪、不安的族群。

★筋骨質的五官

膚色黑，聲音粗，額頭低有紋路或傷疤，眉棱骨高且壓凸，眉尾粗，鼻子露骨，眼睛炯炯有神，顴骨高且橫張，耳朵中間反骨，田宅宮窄，印堂窄，嘴巴大且嘴唇薄，上唇微凸，屁股骨肉多，顏面骨多。

★筋骨質的特徵

顏面骨多，臉型偏方形、長方形或菱形。五官結構緊湊且扎實，天倉削，鼻子高而露骨，腮骨張，眉棱骨高揚，顴骨高聳或橫張，上唇突，下顎骨張，顏面紋路多，明顯有稜有角，毛髮粗黑。手掌瘦直，且手部的筋肉紋路明顯。體型粗壯且結實，雙手雙腳肌肉發達。額頭低窄，紋路多且傷痕累累，耳朵反骨，眉毛粗濃，眉壓眼者，眼睛瞳孔炯炯有神，充滿活力，精力充沛。

❶. 男性顏面骨多，膚色黑且聲音粗的話，則個性剛強，不向命運低頭，也不容易接受他人的意見，一旦決定的事，即使判斷錯誤，也會堅持到底、不更改。這樣的人容易操心憂鬱，年紀越大則憂煩越多。

[筋骨質 男性]

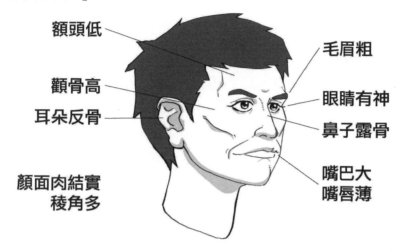

額頭低
顴骨高
耳朵反骨
顏面肉結實 稜角多

毛眉粗
眼睛有神
鼻子露骨
嘴巴大 嘴唇薄

2. 女性若顏面骨多，且顴骨高聳，鼻子露骨，眼睛亮，聲音有力，則意志堅定，處事積極，但較不接受建言，容易一意孤行。筋骨質搭配膚色黑，容易給人命苦的印象，但膚色黑不見得就是命不好，只是吃的苦會比膚色白的人多。在社會上，那些有衝勁又具備實務經驗者，大多為筋骨質的人，此形質之女性，有女性魅力，但不宜飲酒，否則容易失控，引發大聲哭鬧等酒後失態的行為。

[筋骨質 女性]

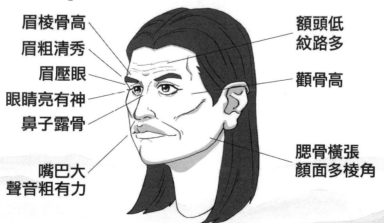

眉棱骨高
眉粗清秀
眉壓眼
眼睛亮有神
鼻子露骨
嘴巴大 聲音粗有力

額頭低 紋路多
顴骨高
腮骨橫張 顏面多棱角

形質三 . 心性質

★心性質的介紹

　　心性質又稱為神經質，顧名思義，其神經系統敏銳，心思細膩，極具有思考力，為受照顧的形質。也由於心思細膩，所以內在害怕受挫折，自尊心強，愛美又愛面子，穿著重視名牌的人多屬於心性質。

★心性質的五官

　　上停寬闊，面如三角形，骨骼不大，皮肉不豐，下巴短小，整體而言，形修長，額頭較為巨大。舉止優雅，從容秀麗，如古典美人，肌膚的紋理細緻，毛髮柔細，眉彎目長，眉毛細，眼睛柔，聲音柔者皆為心性質。

★心性質的特徵

1. 膚色白，聲音柔，額頭高寬，眉毛細長，鼻子低陷，眼睛柔，雙眼皮，耳朵天輪外張，顴骨平退，嘴巴小，嘴唇薄，屁股無肉。屬心性質者依賴心重，性格過度敏感，稍微有一點打擊或受到挫折時，會愛哭，怨氣習慣往內吞，與人發生衝突時會冷戰，而導致自己心情跌到谷底。

[心性質 男性]

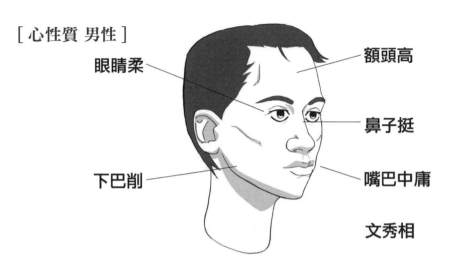

眼睛柔
額頭高
鼻子挺
下巴削
嘴巴中庸
文秀相

❷. 若面相屬純心性質，則心性飄忽不定，多愛空想，依賴心強，一
生一事無成。由於多愁善感，所以婚姻感情不穩定，除非有其他
形質來配合做支撐，否則世事如浮雲，有如幻想一場夢。

[心性質 女性]

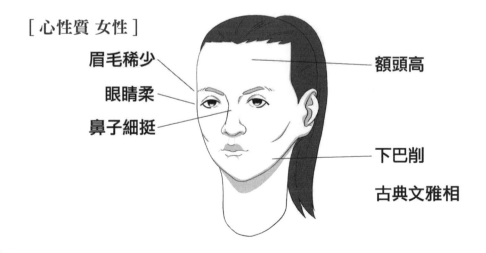

眉毛稀少
眼睛柔
鼻子細挺
額頭高
下巴削
古典文雅相

★心性質的嗜好

心性質屬於完美主義者，有時會太過於理想化，流於理論，光想而無作為。生活方面很講究氣氛與精緻度，喜好名牌，穿著追求時尚，也很重視品味儀態，在飲食方面講究地點及氣氛。喜好藝術、文學、音樂，心思細膩，常有觸景生情的情況。性格上很愛面子，又容易情緒化，所以做錯事情時，不易認錯。

 ## 用面相輔助事業發展

在當今這個競爭激烈的社會中，快速掌握訊息是成功的關鍵。透過面相，就能幫助你在最短的時間內了解他人，從而把握更多機遇、開拓商機。

客戶一．聲音粗而有力，鼻子高挺

此人在面相中屬於心性質兼筋骨質，透過這個資訊，我們即能了解這個人個性較為急躁，主觀性強，在與他對談時，需要直接切入主題，談及重點。

客戶二．額頭低，聲音柔

屬於營養質兼心性質，由此能理解到此人性格較為保守，向他介紹產品時須詳加解說，而且必須放慢說話的速度，因為額頭低的人，思考較慢，要有時間讓他轉換。

客戶三．額頭高，眉棱骨高

理想高，且自我意識強，這個人充滿自信，希望別人認同他的邏輯，喜歡掌控事物。若對方聲音粗，則個性急躁、不認輸，缺乏耐力也容易發脾氣，在面相上屬於筋骨質兼心性質，與此人相處時，多讓他發表，因為此格局愛出風頭、搶話題，若不讓他發表，他會認為你沒有尊重他，你讓他發表意見，不僅能得知他的需求，對方對你的印象也會更好。

客戶四．鼻子高，眼睛亮

處事急躁，容易發脾氣，此類型的人自尊心強，個性強勢但講理。若聲音粗則缺乏耐性，面相屬於筋骨質兼心性質，此格局者處事乾脆，不喜歡拖泥帶水，對待這樣的人請記得讓他三分，他會感覺受到尊敬，對你留下好印象。

客戶五．額頭高，鼻子挺，眼睛柔，眉毛清秀，膚色白

此種格局處事有完美主義，理想高，所以自我要求也高。若此人聲音柔，則不輕易得罪人，面相上屬於心性質，和這樣的人相處，講話請切入重點，不要講一些無關的話題，這樣的人通常不會立即下決定，要給他時間思考。

客戶六．額頭低，鼻子低，聲音粗，下巴飽滿，膚色黑

個性豪爽，極好面子，喜歡別人拍馬屁，有好東西會與好朋友分

享。這類型的人屬於筋骨質兼營養質，與他相處時記得多與他聊天，因為此格局的人愛熱鬧，最怕受到人情的壓力，你敬他三分，他會回饋你七分。

林老師小叮嚀

　　當我們懂得面相學，就可以清楚地鑑別周遭人士的氣性才能，隨時隨地皆可派上用場，無論是選擇對象、結交朋友、求職尋主、晉用人才等等，只要稍加端視一番，心中自有評量，可說無往不利，盡在知機洞察中，可謂是不受時空限制，精準又快速的一門學問。

三質之一：營養質型人

　　一般的面相學都是以五行性區分，如金木水火土、國字臉、田宅臉型等等，這是中國面相學中最傳統、標準的分類法，以此搭配三個質，就能更精準地分析全世界的人種、臉型。三質包含筋骨質、營養質、與心性質，各質有其特徵，能夠快速辨別，如顏面肉多，鼻子豐隆，下巴飽滿，嘴巴小，這些就是營養質的特徵。

營養質的面相特徵

　　營養質型人最大的特徵，就是顏面肉多，一般會被稱為圓圓胖胖的，就屬於營養質型人。這類型的人由於顏面肉多、骨比較少，臉部看起來軟軟肉肉，是屬於享受型的人。

[營養質]

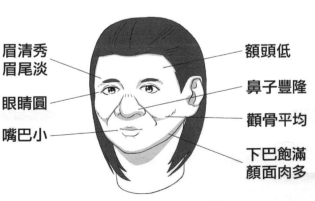

眉清秀
眉尾淡

眼睛圓

嘴巴小

額頭低

鼻子豐隆

顴骨平均

下巴飽滿
顏面肉多

再者，營養質的特徵為鼻子比較大，鼻翼豐隆，眼睛看起來柔和，眉毛部位比較稀疏，耳朵有珠，嘴唇比較厚，下巴較為豐滿，若再搭配聲音柔、膚色白，我們就稱他為營養質型人。

營養質的人比較重視飲食，所以一般才會吃得圓滾豐腴。膚色白皙者對飲食更加講究，膚色黑者兼具筋骨質特徵，這樣的人對食物就沒有那麼講究，只要合乎胃口即可。所以若是去高檔餐廳，通常會以膚色白、外型渾圓的人居多；若是路邊攤美食，同樣是體型豐腴，但就比較能看到聲音粗、膚色黑的客人，這就是營養質兼筋骨質，這樣的人個性較為隨和。總的來說，皮膚越白的人就越喜好享受。

林老師小叮嚀

一個人的質絕對不是單一的，而必須綜合起來看，若你骨多肉也多，那就是筋骨質兼營養質，我在解說筋骨質的篇章時，會再向各位詳細解說。

 ## 營養質的內在性格

他的個性比較沉穩，顏面肉多的人，擁有智慧，個性也比較隨和，擅長人際公關，與人洽談的技巧一流；下巴飽滿則代表人脈多，這類型通常都能創造良好的人脈網。不過，除了面相之外，聲音對性格也有很大的影響，聲音無力者，就是營養質的本性，依賴性很重；若下巴飽滿、聲音又有力，那就帶有筋骨質的味道，這樣的人具備出色的協調能力。

營養質的人本質上最愛錢財，有理財概念，也很會保護自己。膚色白者賺起錢來比較輕鬆；若膚色黯沉又聲音粗獷，則屬於營養質兼筋骨質，一生財來財去，不易守住錢財。

營養質型的人重慾能享受，個性大多好安逸、不喜變動。也由於善於協調溝通，掌人脈，所以在事業上善於營謀與公關，能與人維持良好的人際關係。營養質型人的膚色若偏黑，則兼具筋骨質，其聲音有力者，個性豪爽，極愛面子，有好東西會樂於和朋友共享，處事有魄力，具備獨當一面之格。

易經云 . 肉硬為貴，軟為文秀

「硬者為貴，軟者為文。」在《易經》的解說中，說土軟石硬，把這個道理套用到臉型上就更容易理解，臉部肉軟者代表文秀，若你的臉部肉較硬，則符合石頭為貴的形容。將《易經》所謂的「土為文秀，石為武貴」用於面相也完全相符。

臉部柔軟的人依賴心重，是標準的營養質，只會享受，性格上光說不練，是享受家而非實踐家。若臉部肉較硬，就具備鬥志，主觀意識也比較強。

3秒面相觀人術

營養質嗜慾，顏面肉多、體格肥滿，對生活上的需求多，飲食方面也特別講究。皮膚越白越講究口味，若是膚色黑者，屬於筋骨質兼營養質，飲食方面只求合乎味口。

三質之二：筋骨質型人

　　面相學上的三質特徵相當容易區分，看起來渾圓肉感是營養質，顏面骨多為筋骨質，額頭高、下巴削的人則為心性質，三個質裡面，被視為最勞碌的就是筋骨質的人。

　　筋骨質代表生命的動態，也是勞動付出的形質。因為顏面骨多，鼻子高，顴骨高，屬於變動性，有一股燃燒意志和用不完的能量，具備耐艱苦、不屈不撓的開創力，喜歡辦實事，並具備冒險犯難的精神。

 ## 筋骨質的面相特徵

　　一般而言，屬於筋骨質的人五官結構扎實，額頭低且紋路多，眉粗清秀，眉棱骨高，壓眉，眼睛亮而有神，鼻子露骨，顴骨高，下巴腮骨橫張，嘴巴大，聲音粗而有力，顏面的稜角多，膚色黑，這個就是筋骨質的面相。

[筋骨質 女性]

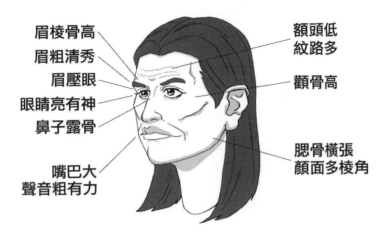

眉棱骨高
眉粗清秀
眉壓眼
眼睛亮有神
鼻子露骨

嘴巴大
聲音粗有力

額頭低
紋路多

顴骨高

腮骨橫張
顏面多棱角

　　筋骨質型者顏面骨多，這種格局為什麼會比較勞碌呢？我來舉個例子，試想，一棵樹木為什麼會彎曲？你敲敲看這棵樹，如果比較硬，那這棵樹木的枝就比較不會彎曲，這樣的樹木四周通常沒有什麼遮蔽物，寒風打得到，沒有人保護，所以樹枝自然特別硬。如果樹木的四周有環境保護，那敲起來會空空的，以三質來說，這種就屬於營養質，有人保護，所以能長得圓潤；相反的，筋骨質的人就如同樹枝硬的樹木般，刻苦耐勞。

　　再來看眉棱骨，眉棱骨凸的人也帶有筋骨質的味道，比較刻苦耐勞，以實做為主，通常運動細胞也特別發達，運動家都是顏面骨多跑得快，我們很少會看到圓滾滾、下巴飽滿在人在賽跑吧？因為這樣的人跑不動嘛。

　　除了面相之外，聲音有力、走路快或衝得快、或者這個人平常就很習慣自己做事（不會只出一張嘴）……這些特徵也是屬於筋骨質的

人；若這個人下巴飽滿、走路緩而穩重、聲音柔，這就屬於營養質，如此兩相比較，相信就更容易了解各質的特徵。

 ## 筋骨質的內在性格

概略而言，筋骨質型的人刻苦耐勞，也有衝勁，這股衝勁是全面性的，不管遇到任何事情都如此，也會給人一種熱愛工作的感覺，在職場上會投入於工作，努力盡份。

在個性方面，筋骨質型的人獨立性強，自信，絕不輕易低頭，脾氣固執衝動。對人熱情，處理事務的態度很乾脆，但思慮不夠周全，有時會淪為一意孤行。因為個性直爽，加上正義感很強，所以容易引發是非。

筋骨質型者性格實在，又不吝於付出，所以我常說，交朋友當交筋骨質。不過，有一點必須提醒筋骨質的人，就是你們有時候會過度付出，卻都沒有回收，這一點需要注意。

因為本身若為筋骨質，又眉清目秀者，付出的多、回收的少，建議最好不要管太多事情。筋骨質的人掌有權力，不管事他會很痛苦，又因為眼睛亮，看得到事情，眼睜睜地看到而不去管，這會令他會感到特別煎熬。加上眉目清秀，這樣的人對六親有情有義，所以我常說，筋骨質型者要練習睜一隻眼、閉一隻眼，不要把事情看得那麼清楚，對你是有幫助的。

筋骨質搭配聲音無力者可能還好，若是聲音有力，則越容易產生困擾，因為筋骨質的人好動，變成所有事情會附在你的身上，負擔會

越來越重。雖然你真的很重情義、肯付出，但是要小心，千萬不要變成勞碌命，自己要懂得克制，雖然你眼睛亮，看到事情不管對你而言很困難，但多管閒事有時只會惹來一身腥。

所以對筋骨質的人而言，最重要的是去判斷思考，不重要的閒事就盡量少管，學會睜一隻眼、閉一隻眼，讓自己得以清閒，否則淪為勞碌命的話，真的會相當辛苦。其實，了解面相就是要截長補短，明白自己的缺失，進而改進，就能讓自己成為一個更好的人。

3秒面相觀人術

筋骨質型人膚色黑、身形瘦、肌肉與骨骼結實，五官結構突出而扎實。聲音宏亮、生命力極強、爆發力十足、抵抗力強，具備吃苦耐勞的精神。

事業方面，大部分白手起家，從事勞力工作者居多，若是聲音有力，則處事志在必得；筋骨質若聲音無力者，則煩心事多，諸事易受阻，有志難伸。若膚色白皙，屬於筋骨質兼心性質，這樣的人較有理財概念，事業能獨當一面。

三質之三：心性質型人

三質中最文雅的就是心性質型人，簡單來說，以前人常講的東方古典美人相，就是典型的心性質長相。細一點來看，心性質型的人額頭高且上停寬廣，下巴削，面如梨子，擁有瓜子臉的長相。皮肉不豐，骨骼不大，眼睛柔，鼻子低，耳朵外揚，嘴巴小且嘴唇薄。除此之外，心性質型的人身材通常比較苗條，膚色也白皙。

心性質的面相與特徵

在面相學上，眉毛到眼睛之間的區域（上眼瞼）稱為「田宅宮」，此處若寬闊、飽滿、乾淨則有利，表示人際與家庭關係皆佳。心性質型的人一般田宅宮寬且額頭高，額頭高可謂心性質的典型格局，也因為如此，顯得上停特別高，中停和下停比較削，他們聰明、敏銳、反應快，所以許多心性質型的人都屬於少年早發的類型。

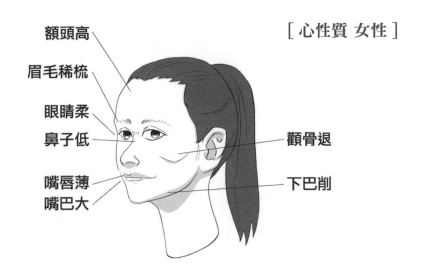

[心性質 女性]

額頭高
眉毛稀梳
眼睛柔
鼻子低
嘴唇薄
嘴巴大
顴骨退
下巴削

　　心性質眼睛柔，自尊心最強。若這個人額頭高、眼睛亮，就不用擔心被別人欺負，因為他是心性質兼筋骨質（眼睛亮為筋骨質的特徵），不管你說什麼，他都有辦法講出一個道理。最怕額頭高、眼睛柔的人，這種人思想上太理想化，明明內心有想法，但眼睛柔不敢與人爭，導致遇到挫折或意見不合時，他會習慣性地將氣往內吞。

　　心性質長相的男性很斯文，如果把他看作「男生女相」可能更好理解，加上聲音柔，這股斯文氣就更重（人家常說的小白臉就是指具備心性質長相的男性），給人感覺很中性。

　　三個質當中，最重視穿衣品味、講究名牌的就是心性質，這與筋骨質型很不一樣，筋骨質型的人穿衣比較隨興，只要舒服就好。心性質則不同，他們喜歡有質感的衣物，就算不是名牌，看起來也必須有品味，這就是一個很明顯的特徵，所以心性質的女性有氣質、講話文雅，是個看上去相當優雅的存在。

[心性質 男性]

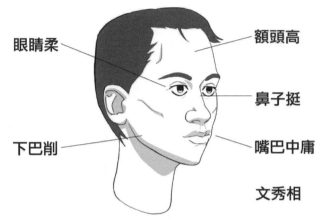

眼睛柔

額頭高

鼻子挺

下巴削

嘴巴中庸

文秀相

3秒面相觀人術

　　面相具備心性質的特徵，但聲音有力的話，會帶有筋骨質，遇事敢爭；聲音無力、眼睛又柔的話，真的爭不過別人，氣往內吞，覺得委屈，還會回家之後在半夜哭呢！所以最喜愛哭的人是心性質。

 ## 與心性質的相處之道

　　面對心性質的人，請記得一定要留給他面子，若出門約會，或者參加多人聚會時，派頭一定要擺足，因為他們是講究高品味的一群人。除了派頭，與他應對的時候千萬不要當眾人的面給他難堪，因為他自尊心高，但又不喜歡與人爭，所以面對不中聽的話，不會當下辯駁（心性質的人氣勢較弱），但回家可能會自己偷哭，並將這件事記在心上，

畢竟心性質類型的人是三個質中最看不開的一類。因此，面對自尊心高的心性質，言談中請適度肯定、鼓勵、甚至拍個馬屁，這樣才能相安無事。

除了交往時要顧及他的自尊、給他面子之外，心性質的人身體也比較虛弱一點，再加上他重視品味，所以與他出遊時，要花點心思挑選地點。若該處風景優美，那很好，但如果要爬山，心性質的人就沒什麼興趣，因為他們不喜歡勞力付出；室內活動也要考慮該處的氣氛，他們喜好有品味的享受和娛樂，膚色白皙的話，對這些的要求更明顯。

心性質的面相搭配較黑的膚色，出遊的條件就沒那麼高，由於膚色黑，所以是心性質兼筋骨質，整體會比較隨和，再加上筋骨質是三質中身體素質最好的，所以只要該處景點漂亮，就算要爬山，筋骨質也樂於參加，他們不僅爬得上去，還能樂在其中。

林老師小叮嚀

心性質的人喜愛別人拍他馬屁，最怕有事傷到他的自尊心，碰到這種人，就算意見不同，也不要當面反駁他，因為他們和筋骨質型的人不同，若碰上筋骨質，你當面講他，他會馬上跟你爭辯，也能立即理解他們的想法，但心性質的人不喜歡與人爭，有話不說，反而容易造成關係上的誤會。

給心性質型者的建議

讀到這裡，屬於心性質的人可千萬不要以為自己不擅社交，其實你腦筋很好、反應機敏，只是因為你聲音柔，眼睛柔，不喜歡與人發生衝突，所以經常把話藏在心裡，久而久之，或許連心性質本人都誤以為自己在人際關係上不佔優勢，其實只要透過練習，你的口才絕對是一流的。

心性質．是NO.1業務達人

乍看之下，心性質的人似乎與業務人員差距甚大，其實不然。額頭高的人思想豐富、思緒敏捷，加上你的聲音柔，所以聽起來緩而舒服、有氣質，反而讓人想聽下去，所以建議你善用天生的特質，從聲音開始鍛鍊，如果你聲音小，從現在開始，把氣發出來，練習用丹田發聲，不僅會因為聲音變大而讓人聽得更清楚，練習由丹田發聲會讓你的聲音柔中帶剛，對你更有利。

心性質的人只要加強講話聲音，聲音就會變穩重，加上你的反應快，所以很擅長做公關協調，而且，心性質型的人有股天生的溫和態度與優雅氣質，不僅看上去的形象佳、講起話來也令人如沐春風，這才是真正的業務專家。

1. 心性質面相 ＋ 聲音細：這樣的人不僅頭腦好，企劃能力也強，能因為自己的專業或技術受到肯定，是有利於事業發展的搭配。

❷. **心性質面相 + 聲音有力：** 兼筋骨型的人，這樣的人能掌握權力，在事業上有獨當一面之格。

心性質的人感覺溫和、柔順，讓人忍不住想去疼愛他，雖然溫和的態度在現代社會有時看起來像缺點，但只要你能善用自己的特點，就能轉一個方向，將柔順轉變成強項，面相的有趣之處正在於此。

3秒面相觀人術

聲音柔和為心性質之基本，他們的聲音柔且聲韻優雅。聲音無力表示體內虛弱，聲音愈弱、抵抗性愈差，若氣色暗的話，則一生處於不如意之相。

個性方面，屬於心性質的人，氣質高雅，心思細膩，感覺靈敏，但比較神經質，常隨著自己的感覺走。若心性質面相搭配聲音粗者，屬於心性質兼筋骨質，口才流利、能言善道，在人際公關方面很活躍。

用聲音分析人格特質

聲音在觀相學當中是很被重視的項目，一個人胸懷大志或是安逸過一生，都能從聲音來判斷。在觀相時，聲音及音韻是很被看重的一塊。概略來說，聲音分為粗而有力或無力，聲音柔或聲音尖，講話快或慢，這些都會影響一個人的性格與將來的成就。

細想平日與人交往的情況，我們會發現，聲音有力、講話快的人，大多動作快且俐落；語速慢的人動作多半也比較慢，這就是聲音與人的性格關聯，不過，千萬不要以為其中有優劣之分，無論講話快還是慢，都各有優點和缺點。

人的面貌能用三質分，其實聲音的格局也可以。聲音粗或是有力的人，觀相學上稱作筋骨質；聲音較柔的人為心性質；講話慢或聲音無力的人則具備營養質的格局，各有千秋。

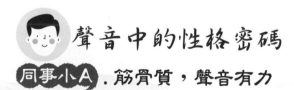 聲音中的性格密碼

同事小A．筋骨質，聲音有力

某日，陳先生來我的工作室諮詢命理，他提到同事小A，動作快，

但只會往前衝，瞻前不顧後，每次都要別人替他收拾殘局，跟小Ａ工作只有心累二字能形容，陳先生講完之後問我：「老師，這樣性格的人從面相上看得出來嗎？」

行動快速的人，通常都屬於筋骨質，若再加上聲音有力，那跟此人共事一定會很辛苦。因為此格局的人重做事卻思慮不周（所以他行動快），個性獨來獨往，有自己的一套行事準則。重視事業和經營管理，衝勁十足，卻容易過度，所以較可能引發危機。

同事小張．額頭低，眼睛亮，眉棱骨高，聲音粗

楊小姐是一位主管，她找我詢問一位張姓同事的面相及個性。依照楊小姐的描述，同事小張的額頭低，眼睛亮，眉棱骨高，聲音粗，其中最重要的是小張的聲音。按觀相學來看，聲音粗的人，行動極快，是標準的急性子，只懂往前衝、不會守，在社會上容易吃虧。

在職場上，不免會遇到如小Ａ或小張這樣的同事，這樣的人往往會被列為不想共事的類型，但其實只要掌握觀相學的理論，就很好應用。如小張的格局，筋骨質的佔比較重，會工作，不喜歡動腦筋，所以需要辦實事的場合，交給他就會很輕鬆。

只要懂得一點面相原理，就能將他的缺點化為優點。例如上面小張的面相，這樣的人工作心態很單純，費勞力的事情可以交由他來做，不過，這種人還是有一些自尊心，雖然性格單純、沒有心機，但很重情義，你付出三分，他會回報七分，所以工作上不能讓他感覺有勞無功，在恰當的時機表揚他的能力，他會感謝你一輩子。

聲音有力，代表具筋骨質，有衝勁，能帶動事業體發展，所以在勞動力需求高的工廠或公司中，會有很多聲音有力的員工。若員工聲音比較柔，則表示執行力不足，管理上會相當吃力。

3秒面相觀人術

每個人處事各有千秋，關鍵往往就在聲音。聲音有力者，若能適當地安排職務給他，則他一人可抵三個人的工作量。若聲音粗，加上眼睛亮就更明顯，屬於筋骨質的格局，處事很有衝勁，不喜歡拖泥帶水。

當然，相不獨立，額頭低的人，思想上比較單純、無心機，很少會推辭交代給他的事情，確實是一位好同事，唯一的缺點就是較常出狀況，經常因為粗心大意而讓別人來收拾殘局，真是傷腦筋。

同事陳小姐 . 額頭高，眼睛柔，聲音柔

王先生來找我談他的一位下屬陳小姐，陳小姐額頭高，眼睛柔，聲音柔，讓王先生困擾的是，陳小姐做事就是慢三拍，經常讓他有種「皇帝不急，急死太監」的感受，但要說陳小姐能力差又不對，有時候，別人都想不出來的事情，陳小姐就能想出來。

按觀相學來看，眼睛柔又聲音柔，大部份屬於心性質兼營養質的格局。眼睛柔的人喜歡推理，處事有計畫，若是額頭高，則有時會太理想化，淪為空想；若聲音有力，則兼具細膩的思考力與行動力，這種格局是心性質兼筋骨質，無論在工作中、商場上，都較能展現才華，獨當一面。

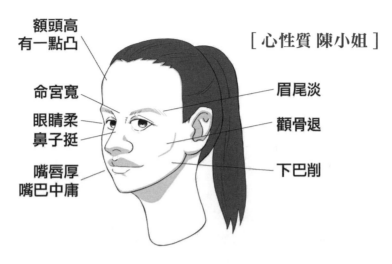

額頭高
有一點凸

命宮寬
眼睛柔
鼻子挺

嘴唇厚
嘴巴中庸

[心性質 陳小姐]

眉尾淡

顴骨退

下巴削

　　若是聲音柔，眼睛柔，額頭高，這樣的人光會想，卻不會主動去做，不管遇到任何事情，都會考慮得很多，總是慢三拍，與他共事，很容易被他連累而挨罵，但是最後的結果往往能令人滿意，如產品設計方面，確實慢工出細活，讓眾人刮目相看。

　　如果是以規劃、設計為主的智慧型公司，員工要以聲音柔為主，因為聲柔的人處事比較冷靜，比較會動腦筋，但也不能聲音軟綿無力，這樣的職員依賴心重又被動，反而對公司不利。

　　若是遇到眼睛柔，聲音柔的人，交代事情給他時，請記得在時間上設定安全措施，以便將來有調整的餘地，還要隨時叮嚀他此事何時要完成，並告知後果的嚴重性，越嚴重，才能讓他有壓力，改變他的個性。

面相的奧妙在於，只要稍微懂得一些原理，就能了解周圍人員的個性及才能，隨時隨地能派上用場。無論是選擇對象、結交朋友、求職、晉用人才，只要稍加觀察，不受時間或地點的限制，精準又快速，讓你更了解自己，就能放射你的才華。

林老師小叮嚀

　　古人論述聲相，借於大自然，包含宇宙產生的自然形態，如《易經》解說，天澤火雷風水山地，及蟲魚鳥獸之形態，及採納萬物自然所發出的音韻，動與靜，萬物有喜樂悲哀之音，如獅虎豹發出的聲音響而有力、如羚羊聲清軟弱、如青蛙受到驚嚇，借自然之音，與人聲韻互動，便能辨吉凶、論斷成果的衰與旺。

第二章

面相中的財富密碼

財運

2-01
三質與財運，找出理財專長

　　每個人的能力各有千秋，也有各自的理財觀念，賺錢方式五花八門，懂得因應自己的特質，找到最適合的理財專長，就能事半功倍，廣開財源。

　　從面相學來說，理財的基本觀念就是先觀鼻子，鼻頭代表正財，也就是正常收入，若是左右鼻翼豐隆，代表較有偏財，鼻翼大代表財的來源多。

　　理論上錢財與鼻子有牽連，但是聲音與財運也有關係，聲音有力者屬於陽動，代表一生的財來財去，聲音穩重者屬於陰靜，不輕易將財顯現於外表，當然人的五官並非只有聲音與鼻子，最好能配合三質論述，才能分析出適合一個人的理財之道。

　　針對面相學上三個質（心性質、營養質、筋骨質）的財運分析，見解或許不同，但一般來說，心性質兼營養質的人賺起錢來最容易；帶有筋骨質特性的人，則屬於需要腳踏實地賺錢的類型。

關於心性質的財運

外貌特徵上，若有額頭高、下巴削、鼻子小、膚色白、頭髮柔細、聲音柔、眼睛柔和等特徵；加上氣質優雅，思想浪漫等內在特質，就是典型的心性質特徵。

[心性質 女性]

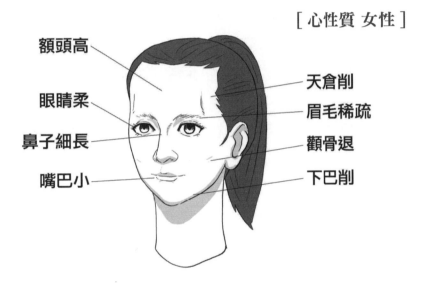

額頭高
眼睛柔
鼻子細長
嘴巴小

天倉削
眉毛稀疏
顴骨退
下巴削

額頭高常被視為思考敏捷的象徵（所以心性質的人比較會思考），聲音柔和則反映出處事細膩的特質。這樣的組合使得「企劃」成為你的專長，能有效地將你的思維和靈感融入到企劃當中。此外，細膩的性格也令你足以從事文學、藝術、音樂、服裝設計、美容、演藝人員等領域的工作，從中展現你的天賦。

心性質．財運分析

1. 心性質的人思考力佳，但喜好物質享受，追求高品質的生活，若

不注意會導致浪費。

②. 心性質若是體瘦，又配合天倉削者（太陽穴凹陷），則不太會理財，只會消費，常有過度貸款，入不敷出的情形，例如歐美國家就常見到這種情形，不太重視儲蓄。相反地，若是天倉寬廣，在理財方面就比較有概念。

③. 心性質的女性，若五官搭配得宜，常會享夫祿，錢財穩定、生活安穩。例如心性質兼營養質、膚白且色潤，則其祖上庇蔭，通常有祖產繼承，一生貴人也多，生活安逸無憂。

　　膚色白皙的心性質型者，在賺錢方面可能會相對輕鬆，但由於理財策略較為保守，財富運勢通常穩定而普通。這意味著心性質型人雖然能夠保持財務安穩，卻鮮少能快速致富。

　　那麼，心性質搭配什麼樣的形質會有所裨益呢？如果聲音有力，那對理財就更有概念。聲音有力屬於筋骨質的特徵，在事業上樂於掌權，處事會更有衝勁與魄力。

心性質 . 特徵與兼質

　　心性質表示智能，面相特徵為額頭高，瓜子臉，身形瘦，膚色白，眼睛柔，聲音柔。這樣的人心思細膩（帶有一點神經質），個性沉著，喜愛幻想，極具想像力，為受照顧的形質。內在自尊心強、愛美又愛面子；有危機意識，加上本位主義，所以自我保護心重。整體而言，心性質的細膩與思考力讓他們適合從事企劃、設計、文藝等工作。

心性質型的人在公關領域通常表現出色，他們不僅口才流暢，同時也具備出色的應變能力與協調技巧，使得他們在人際溝通和公關活動中特別活躍。這類人通常對事業發展極為重視，但理財概念可能比較弱。對這類型的人來說，較為明智的策略是將財務管理交給那些更擅長財務規劃的人。這不僅能幫助心性質型的人更有效地管理財富，也能確保資源得到更合理的分配和利用，為未來積累更多財富。

★兼質一、心性質兼筋骨質

心性質型的人如果搭配筋骨質的特徵（如聲音有力），理財上的表現則更為出色。筋骨質型的人在事業上往往擁有較強的主導欲望和決斷力，他們行事果斷、充滿動力，並且不畏挑戰。

結合心性質的細膩和筋骨質的魄力，這樣的組合能使一個人在職場上把握機會、勇於冒險，並能夠更有效地管理財務。膽大心細的特質，不僅能讓他在工作中取得成就，理財時也能做出更為積極和大膽的決策，從而實現財富的快速增長。

★兼質二、心性質兼營養質

營養質重的人善於溝通協調，他們的交際手腕較佳，會建立廣大的人脈網，性格上不喜歡變動、重享受，而且因為憂患意識較強烈，所以會儲蓄、累積財物。

心性質的人兼具營養質的話，會喜好安逸，企劃能力強，善於管理財務，在人際公關與人互動佳，事業上宜往管理、財務規劃等方面發展。

關於營養質的財運

　　營養質型者最容易辨識的面相為：顏面肉多，下停飽滿，鼻子豐隆，眉毛稀疏；此外，一般常見搭配有膚色白，聲音無力，眼睛圓，耳大而有珠。

　　這種格局的人性格大多好安逸，不喜變動，重視慾能與自我享受，對錢財敏感、不容易感到滿足。營養質的面相重視下巴飽滿，這樣的人懂得累積人脈，且善於運用人脈來投資。同時由於眉淡稀疏，重視利益，會保護自己，所以不會做吃虧的事情（特別錢財方面不吃虧），所以普遍理財能力強，賺錢比較容易。

　　就算同屬營養質面相，膚色不同也有差異，膚色白的營養質型人，賺錢會比較輕鬆，存款也多；但若膚色黑、聲音又無力，這樣的營養質賺錢就會相當辛苦。

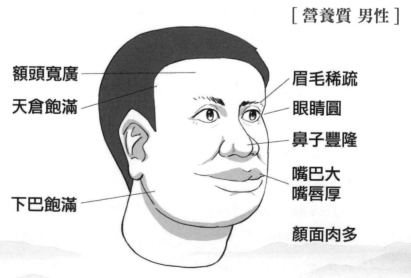

[營養質 男性]

額頭寬廣
天倉飽滿
眉毛稀疏
眼睛圓
鼻子豐隆
嘴巴大
嘴唇厚
下巴飽滿
顏面肉多

營養質．財運分析

❶．若是下停飽滿，受到長上照顧極多，並具備繼承之格，所以這類面相通常賺錢容易，生活也相對安逸、穩定。

❷．聲音柔和的營養質型人對外懂得避談自己的財力，舉止沈穩內斂，為聚財之相；不過若身材過胖，則財帛易耗損，須特別留意。

營養質．特徵與兼質

營養質掌慾能，典型特徵就是顏面肉多，體格肥滿，聲音柔，膚色白；講究舒適，所以生活上的需求頗多。由於個性上好安逸、重享受，所以不喜歡變動太多的職務，平穩安靜的職業與營養質的調性相符，適合與財務、管理相關的工作。

★兼質一、營養質兼心性質

營養質必須兼其他形質才會有成就。例如營養質兼心性質，這種類型的人最直接的面相特徵是額頭高，膚色白，聲音柔。具備心性質思考力的你個性沉著、心思細膩、擅權謀、重自利；而營養質的人自我防禦心重，也有一定的危機意識，理財觀念較好，往財經領域發展會不錯，服務業等需要細膩觀察力的工作也相當適合你。

受到心性質思維敏捷的影響，此類人在事業上會以文秀來取財，對數字有概念，錢財方面精打細算，懂得將辛苦賺來的錢拿去投資。尤其額頭寬廣者，有危機意識，會考慮經濟不穩的意外情況，故會積極儲蓄，因此財帛穩定。

★兼質二、營養質兼筋骨質

若營養質的面相搭配聲音有力，那就是兼具筋骨質的特徵，是標準的生意人，與人互動良好，也懂得經營人脈，善於運用人脈來增進事業發展。此種格局的人，處事有衝勁，在管理方面是一流的人才，且對理財也相當有概念，這種格局大部份在社會上都有所成就，成為職場的中高階級人士。

聲音有力屬筋骨質，表示你處事積極、有衝勁，對朋友重情義，愛面子，交友廣闊，管理與協調能力皆強。由於具備營養質特徵（下巴飽滿），在外人脈極廣，交際能力佳，又擁有筋骨質的衝勁，所以需要衝勁的業務工作也很適合你。

在社會上有成就的企業家，確實筋骨質兼營養質的比例較高，大部分具備富格。雖說一般認為筋骨質的人賺錢比較辛苦，但這並不代表他們沒有財富運，一步一腳印地前行才是重點。

林老師小叮嚀

從面相學的角度分析，通常以鼻子為財帛，人們常說「鼻大有財」，但為何有的人鼻子大，卻有財無庫呢？這是因為光只看五官並不足以全面預測一個人的財務狀況。個人的財運絕不僅僅取決於單一特徵，必須搭配其他五官，考慮三質的分布才能確認。

例如某人鼻子大，但下巴不夠堅實，那此人可能意志力不堅定，難以守財；或者額頭不夠寬廣，導致他的智慧不足、思考不夠周全等等。

關於筋骨質的財運

筋骨質型的人顏面看來骨骼比較多，眼睛亮且眉目清秀，鼻子挺，顴骨高，下巴帶一點腮骨，聲音有力，膚色黑，這些是筋骨質的典型特徵。如你是純筋骨質的人，你一生的錢財容易進進出出，因為筋骨質的人雖有衝勁，卻不擅理財，如果再配上聲音無力、眼睛無神等特徵的話，容易導致一生事業無成，為經濟與生活煩惱。

[筋骨質 女性]

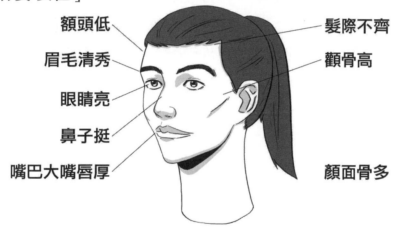

- 額頭低
- 眉毛清秀
- 眼睛亮
- 鼻子挺
- 嘴巴大嘴唇厚
- 髮際不齊
- 顴骨高
- 顏面骨多

聲音結實者，通常田園土地多、財力夠，而且希望別人知道他的實力。有時會因理財失當而為錢財煩惱。膚色黝黑者則容易養成不良嗜好，吃喝玩樂，一生財來財去，不易守財，導致經濟不穩定，需要多加自我約束。

若兼具膚色黝黑與聲音有力兩點特徵，這樣的人什麼錢都想賺，求財慾望強；若加上額頭開闊、下停飽滿、鼻子低等面相特徵，容易為錢財而不擇手段，失去應有的原則。

筋骨質．財運分析

❶. 一般來說，筋骨質型的人較無理財概念，財來財去，容易借錢給他人，因而產生錢財的糾紛，遭惹是非。若是下停（下巴）削，其人在錢財的規劃上欠缺周詳的計畫，有多少花多少，不懂儲蓄，需要加強理財概念，除非動向沈穩（不急躁），這樣的人尚可累積財富。

❷. 筋骨質若是天倉削者（天倉位於太陽穴處），不宜與人合夥，除非五官配置得宜，否則容易賠錢破財，引發糾紛。

❸. 筋骨質的人具有賭性，尤其是腮骨橫張的人，不可從事投機性的投資，若是涉入賭博、簽六合彩等，容易一發不可收拾，傾家蕩產亦在所不惜。

　　但也不是說筋骨質一生就不會有成就，第一章就曾提過，單純某一形質的人是不存在的，人或多或少都會兼具其他形質的特徵，只要具備其他有所助益的面相或聲相，這類型的筋骨質就不再只是單純的「財進財出」，財運也能大為改善了。

　　例如具備筋骨質的顏面骨多特徵，其人膚色白、聲音柔或穩重，則理財較有規劃，錢財匯聚（來自四方之財）。

[創業之才 筋骨質]

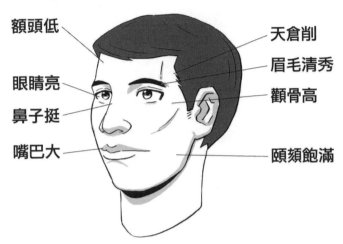

額頭低

眼睛亮

鼻子挺

嘴巴大

天倉削

眉毛清秀

顴骨高

頤頦飽滿

　　如果筋骨質的人，聲音穩重、眼睛定神、下巴飽滿，在事業上就會有成就。這類型的人經營面廣、協調能力強，本身具有領導力，管理能力一流，對錢財方面能做適當的應用。另外，下巴越飽滿，則一生的房地產越多，對理財投資也比較有概念，對於原本並不善於守財的筋骨質而言，搭配其他的形質，恰好會形成好格局。

筋骨質 . 特徵與兼質

　　筋骨質代表的是動能，屬於勞動付出的形質。面相特徵為顏面骨多，鼻子骨高，顴骨高，膚色黑，五官結構扎實而突出，聲音宏亮等。筋骨質的人多半運動神經發達，生命力強，爆發力十足，個性獨立，性格果斷，刻苦耐勞，主觀且強勢，霸氣，企圖心強，固執，整體而言為創業之才，但若沒有拿捏好這股衝勁，有時候會衝過頭，導致一生的事業起伏不定，不宜與人合夥。

★兼質一、筋骨質兼營養質

　　以筋骨質為主，營養質為輔的人，個性有衝勁，意志力強，不輕易認輸，也有承擔事情的肩膀；營養質的交際能力在此發酵，所以善於處理人際關係，說服力強，也喜歡大排場，許多業務都屬於筋骨質兼營養質的面相。不過要注意的是，這種兼質格局也可能導致這個人極為目的導向，而變得為達目的，不擇手段。

★兼質二、筋骨質兼心性質

　　以筋骨質為主，兼具心性質的面相，會混合兩種形質的臉部特徵：眼睛亮，眉棱骨明顯，顴骨高，鼻子挺，臉部帶一點腮骨（筋骨質）；額頭高、眼睛柔、膚色白皙（心性質）。

　　如若你的面相以筋骨質為主，又兼具心性質額頭高的特徵，則處事有原則，意志力強，擅長運用智慧處事，人際關係也很有一套。同時因為筋骨質的特性，所以喜歡發號施令，對權力有慾望，不易接受別人的意見，雖然有智慧，但有時會太固執，反而容易陷入困境中，宜往專業技能發展。

★兼質三、筋骨質，眼睛無神，聲音無力

　　具備筋骨質的相貌，但眼睛無神、聲音無力，則兼營養質，這類型的人須留意，因為聲音無力的影響，導致他做事不具衝勁，且依賴心重，所以一生成就有限，嚴重的話甚至會常為家計而煩惱。由於有筋骨質的特徵，所以他會感覺有志難伸，這類型格局的人最好找一個安穩、變化性不大的工作，這對他而言比較有利。

　　總的來說，面相上的彼此搭配很重要，稍微有一點不同，就可能有不一樣的成就，事業、財運都會產生不同的結果。就觀相學來說，靜者對錢財的態度較保守，動者則對事業有衝勁，動靜之間相互為用，這才是萬物的生存之道。

3秒面相觀人術

　　筋骨質比例多的人，對權力比較有欲望，喜歡搶風頭，處事乾脆，若是與這種格局的人洽談時，盡量多由他來主導，會讓整體進程較為順利。

　　營養質的人可謂三質中最重視錢財與享受的人，他們特別喜好談財富，與之應對時盡量以賺錢為誘因，因為他們以利益為重，只要提到好處，就能吸引他們的注意。

2-02

面貌開講！生財之道面面觀

前面已針對三質（心性質、營養質、筋骨質）講解，在此基礎之上，搭配更具體的面相，就能看出每種類型適合從事的工作領域，以及擅長的生財方式。例如提到學術研究，大多數人腦中浮現的會是一張文秀之相；那些擅長業務，從不氣餒的人，似乎也具備了某種共通性，以下就針對工作性質分析，幫助大家找出適合自己的出路。

 ## 顏面骨多的筋骨質

★**學術派：顏面骨多，眼睛定神，聲音柔**

顏面骨多且身材偏瘦者，屬於清格，這樣的外型搭配聲音柔或穩重，額頭高兩樣特質的話，適合走學術研究，或者文學與專業領域，因為額頭高的人善於思考，所以專業的學術領域很適合你。

★**業務職：顏面骨多，眼睛定神，聲音有力**

同樣是顏面骨多，眼睛定神，但聲音有力者，適合職場上的開拓職位，因為聲音有力屬筋骨質，這樣的人刻苦耐勞、不怕吃苦，所以

業務等職位就相當符合他的心性。

林老師小叮嚀

　　如果顏面骨多、聲音卻無力的話，有財富難求之相，賺錢比較辛苦，所以切記不要胡亂投資，安分守己，找一份朝九晚五的穩定工作最適合你。

 # 上停較高的心性質

　　如果你的上停較高，下巴為削（人們口中的瓜子臉），即屬於心性質格局，思想比較豐富、很聰明，適合以智取財。這時候還要考慮聲音特質，才能進一步判斷在哪一類型的工作上更容易發光發熱。

★服務業：額頭高，眼睛亮，鼻子挺，聲音有力

　　如果你聲音有力、眼睛亮，可往人際公關領域發展，因為你的口才流利，具備協調與說服力，很適合往業務或服務業發展，例如大飯店或高級餐廳的服務生，因為眼睛亮，懂得察言觀色，再加上好口才，不容易得罪人。

★專業領域：額頭高，眼睛亮，鼻子挺，聲音柔

　　同樣的心性質外貌，但聲音柔和，則屬於心性質兼筋骨質，表示你頭腦反應快，理想高，自我要求也高，同時重視品味，這樣的人以

文秀取財，適合在某一個專業領域展現才華，例如文學、藝術、設計、演藝領域等。

實例分析 . 心性質兼筋骨質

有一位張先生來我的工作室，詢問自己的運勢如何。張先生額頭高，天倉削，眉棱骨微凸，眉毛細長，眼睛柔，鼻子挺，嘴巴中庸，顴骨高，膚色白，下巴微削，屬於心性質兼筋骨質。

❶. 典型特徵：額頭高，下巴削，毛髮柔細，眼睛柔，聲音柔

❷. 天倉差異：天倉寬廣者對理財比較有概念，天倉削者的金錢觀較薄弱，有可能過度消費。

在看到面相後，我分析這一位張先生說：「你的額頭高，鼻子挺，眉骨高，若是沒有錯的話，你從事的應該是跟某項專業技術有關的工作。」張先生坦言沒錯，他從事的是專業設計的工作，並詢問我是怎麼判斷出來的。

我告訴他：「你的面相屬於心性質，額頭高，頭腦靈活、思想豐富，加上你眉骨為高、鼻子挺，事業上比較容易發展。而且你的聲音柔，所以設計方面的邏輯相當細膩。但是你下巴微削，表示財源不穩定，賺錢比較辛苦，所以，除了自身專業技術之外，必須應用智慧去多方發展，才能有源源不斷的收入，對你才有利。」

林老師小叮嚀

　　心性質的人，額頭高，眼睛亮，聲音卻無力的話，會感覺自己有志難伸。因為額頭高表示有思考能力，眼睛亮則具備判斷力，但因為聲音無力，導致遇到事情不敢表達，有困難也不好意思開口，很多事情會往內吞，反而容易因此失去很多賺錢的機會，建議這樣的人以安穩為重，擁有一份穩定的工作，平安度日就好。

顏面肉多的營養質

　　顏面肉多是營養質的特徵，這樣的人在生活上比較懂得享受，和其他形質相比，賺錢也比較輕鬆。顏面肉多表示他與人互動多，在這種基本的面相上，再觀察其人的眼睛與聲音，就會有更深一層的認識。

★業務買賣：顏面肉多，眼睛亮，聲音柔

　　營養質的外貌，搭配眼睛亮，聲音柔這兩樣特質，這樣的人懂得運用人脈求財，適合從事業務買賣，對求財更有利。

★上班族：顏面肉多，眼睛柔，聲音柔

　　如果眼睛柔，聲音也柔和，則屬於營養質兼心性質，這類型的人大多喜好安逸，不喜歡有變動，只要能求得一份安穩的工作，對他而言就已經很足夠了。

★領導者：顏面肉多，眼睛亮

如果顏面肉多而眼睛亮，這樣的人屬於營養質兼筋骨質，個性上有衝勁，具判斷力，因為營養質的格局，不喜歡自己動手，更擅長用智慧取財，喜歡用人幫他賺錢，獲得享受，許多老闆都具備營養質兼筋骨質的面相。

[營養質兼筋骨質]

額頭低
眼睛定神
鼻子挺
嘴巴大

天倉削
顴骨高
下巴飽滿

我常講一個人外型圓圓胖胖就屬於營養質，財富運安逸，但營養質最怕眼睛無神或聲音無力，這種格局會導致你行事缺少衝勁，依賴心重；聲音無力的話代表處事不敢面對現實，有困難會推辭逃避，建議具備這樣格局的人找一份安定的工作就好，不要妄想自己突發性致富，否則在社會上會吃大虧。

3秒面相觀人術

　　理財的基本觀念先看鼻子，鼻頭象微正財，也就是正常收入；兩側鼻翼表示意外之財，但並非鼻翼大就好，若鼻翼寬大則表示財來財去。這時候還要搭配聲相判斷。

　　聲音粗者為動態形質，表陽性，代表財會動來動去，守不住財富；而聲音柔屬靜，表陰性，不易將財顯現於外表。當然，人的五官並非只有聲音與鼻子，還需其他部位相輔相成，但最重要的是離不開陰陽的調和。

2-03

理財中的陰陽之道

　　觀相學上有一種說法，靜的人對錢財較保守，動的人對事業有衝勁，動靜之間相互為用，這也是萬物的生存之道。我們都知道四獸，如獅、豹、虎等萬獸之首，平常暴氣十足，但是要攻擊獵物時，反而會以靜制動，完全符合《易經》的說法：「靜者有財，動者無財。」當要論及夫妻的理財時，就要取陰陽為準則。

　　某次在台北，某家企業舉辦座談會，吸引了許多青年朋友的參與，主辦方希望我能在這場座談會上說點不一樣的內容，當時我看參與的都是年輕人，想必正處於打拼事業的階段，所以便與現場觀眾分享了面相與理財。

　　在以前農業社會，看人以鼻子為重點，因為鼻子在五行中屬土，土生萬物，因此被視為財的來源，所以坊間論面相，都將鼻子看作財帛宮，鼻子的大小表示財富多寡。不過，現代社會的金錢觀可大不相同了，俗話說得好：「365行，行行出狀元。」任何行業都可以賺錢，只是，這些錢財是否守得住、能否賺進自己的荷包，可就要看你的判斷力及理財觀了。

實例分析：陰與陽的理財觀

在現場的時候，有位小姐發問：「老師，夫妻兩人當中，由誰理財較佳，是否能從面相去判斷呢？」我對這一位小姐說：「妳的喜訊將近了吧！」她周圍的朋友竊笑著回答：「她下個月要結婚了。」這其實不難判斷，那位小姐顴骨帶有紅暈，眉宇之間的氣色紅潤有光澤，所謂「喜上眉梢」的面相完全展現在她臉上。

我說：「小姐，先恭喜妳，妳是個很能幹的人，在事業上不讓鬚眉，但如果妳想婚後擔任『財政部長』的話，那錢財一定是左邊進袋、右邊出口，因為妳很大方，很捨得花錢付出…」她身旁的朋友哄堂大笑，她問我：「您是如何判斷的呢？那我要如何才能守住財呢？」

面相解析．陽者為動，陰者為靜

[能幹型 女性觀眾]

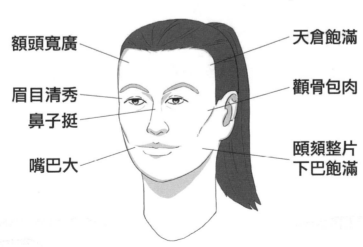

額頭寬廣

天倉飽滿

眉目清秀

顴骨包肉

鼻子挺

嘴巴大

頤頰整片
下巴飽滿

從面相來看，顏面骨多為陽，屬好動格局，處事有衝勁、有魄力，通常勞動者居多；顏面肉多則屬陰，陰者為靜態，處事考慮的多，思考周全，以智慧處理事務。顏面屬陰者有時依賴心重，比較會享受，如果有骨來包肉，就是最上乘的格局。

我對這一位小姐說：「你的顏面骨多，處事有衝勁；額頭高，所以思想豐富，腦筋反應快；顴骨高且包肉，表示能掌權，也懂得與人互動；眼睛亮，因此能抓緊機會，遇到困難不輕易放棄；眉目清秀，表示你對朋友有情有義、熱心助人。」這些都是她面相上可以直接看出的格局。

接著我從聲音來分析，跟她說：「聲音代表動力，你的聲音粗，在事業上有衝勁，處理事情不拖泥帶水，這是好事；但守財必須要靜，如果另一半聲音柔和，搭配就恰到好處，而且最好由配偶主導理財，對累積財富有利。」

 ## 鼻相中的陰陽搭配

談到理財，基本觀念就是先看鼻子，鼻頭象徵正財，也就是正常收入，左右鼻翼代表意外之財，鼻翼豐隆的人，一般論財多，但這指的是錢財來源多，是象徵性的財氣，表示賺錢比鼻子小的人佔優勢，並不代表一定會賺進荷包裡。

例如聲音粗屬動，表陽性，這樣的人就算鼻翼豐厚，但財跟著動來動去，自然守不住；另外，鼻翼大，但鼻孔也大的人，其財富的流動性也大，如果鼻孔大再配上聲音粗，那花起錢來可就豪邁了。依照

面相的論述，聲音柔屬靜、表陰性，這樣的人不易將財顯現於外，比較容易守財。

實例 . 鼻子挺，鼻孔大，嘴巴大，下巴為削

鼻子挺的人主觀意識強，鼻孔大表示比較捨得花錢，嘴巴大若加上聲音有力，這樣的人性格上愛面子、處事有魄力，下巴為削，所以比較守不住錢財，整體來說，這樣的人屬於動態，在事業上很有衝勁，但有衝勁不代表就會理財。

《易經》裡常提到陰陽配為中庸之道，也是孕育天地萬物的法則。陽主動，表現的性能為剛，所以要用柔的來協調；陰主靜，表現的性能是柔，需要陽動來協調。傳統上，夫妻是一女一男，屬於陰陽調和之道；聲音粗為陽、聲音柔則屬陰，這也是陰陽。當然，人的五官並非只有聲音與鼻子，還需要其他部位相輔相成，最重要的是陰陽之間的調配。

3秒面相觀人術

以觀相學來看，最會理財的當屬營養質。因為營養質的人一天沒有講到錢財就會感覺不對勁，而且營養質型者本生的天倉飽滿，基本上防禦心重，很會保護自己的資產，所以理財方面比較會精打細算。

此外，鼻子豐隆、膚色白的人賺錢會比較輕鬆，這樣的人懂得算計、善於營謀，人脈極廣，因此比較有機會賺到錢財。

2-04

想改運，先找貴人

　　現代是個溝通的時代，每天一睜開眼，就必須與別人互動，小則家庭裡的溝通，大則商場上的協調、談判……經常需要面對面對談，不管業務、直銷、小老闆、職員、專櫃人員等，其最終目的，就是獲得好業績，這是每個人的目標，想要在對談中佔得先機，其先決要素即是讀懂「面貌」。

　　我們常聽到，某人業績不順暢，想改運，其實改運並非不可能，但依我的見解，與其向外尋求高人的協助，不如從了解自己的面貌開始，掌握運勢、找出貴人何在，這才是重點。因為其實你內在就擁有一股潛在的能量，只是你不知道，或者沒有人指點你，遇到瓶頸，業績跌落千丈時，才怨天怨地，道聽塗說，進行心靈儀式之類的，這樣想要求改運，反而是捨本逐末了。

　　例如我有一位朋友，經常發牢騷，說他的客戶越來越少，總哀嘆自己沒有貴人相挺，他知我略懂面相，便請問我該如何掌握住自己的貴人。

從三停判斷貴人

依照面相學的理論，臉部可分為三等分：上停、中停、下停，上停代表長輩，中停代表平輩，下停則代表晚輩，可藉此判斷與貴人的互動情況。

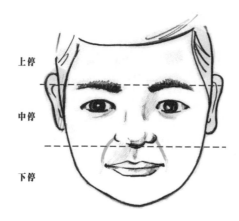

❶. **上停**：髮際至眉毛以上，包含髮際、天倉、額頭。

❷. **中停**：眉毛至鼻孔，包含眉毛、眉骨、命宮、眼睛、鼻子、顴骨、耳朵。

❸. **下停**：鼻孔至下巴，包含人中、法令、嘴唇、嘴巴、下巴、頤頦、腮骨。

各位讀者可照鏡子觀察，若你的上停短，額頭低，而中停（眉毛至鼻子）較長，說明你的貴人年齡跟你相仿，多屬於平輩朋友，遇到困難時，朋友比較會主動相挺。

上停例子．額頭高的人

有一位名人值得我們借鏡為例，就是前總統馬先生，各位讀者，你們可以詳細觀察馬先生的面貌，額頭高，最主要是天倉飽滿，鼻子挺、耳朵高、聲音柔，就面面觀的論述來看，屬於心性質，青少年時走上停，表示他容易受到長輩愛護及提拔，是典型的範例。

如果同屬額頭高，但天倉削、聲音有力的話，貴人運就不相同，首先，天倉削者屬於筋骨質，不喜歡被約束；聲音有力則表示他的獨立性強，有時會頂撞長輩，所以即便有長輩緣，但幫助有限。

中停例子．中停特別明顯

曾有學員拿一位女藝人的面相來詢問我，這位藝人的上停低、中停長、下停為削，學員問這樣是否表示她走中停運，三十至五十歲的運勢最佳。

從這位女藝人的面相分析，她的額頭低、髮際蒼、命宮寬、眉清秀、鼻子挺、眼睛柔、顴骨退、嘴巴中庸、下巴為削，屬於心性質兼筋骨質，從面相而論，上停會走得比較辛苦。學員接著說，根據媒體的報導，這位藝人確實從三十歲後運勢轉好，才漸漸發展起來。

不過，同樣中停較長的人，也不是人人都會走運，有的人明明中停較長，但卻運勢平平，是非也多，所以中停只是個大概，還是要搭配其他五官一起觀察。比如你中停佳，有平輩貴人相助，但是鼻子露骨、眼睛無神、聲音有力，這樣的人筋骨質較重，與人容易有衝突，建議你流年進入中停運時，處事謙虛為重，不要搶風頭，否則容易受人排斥。

下停例子．下巴與腮骨

走下停運的人，表示比較有下屬來相挺，容易受到晚輩擁戴。不過也會看到某人，明明下停長，應該晚年運勢佳，但一生與晚輩互動不佳，甚至有的老來孤獨，這又該如何解釋呢？

這就要看兩方面了，若是你的下巴、以及左右頤頰（腮骨）皆飽滿，平時容易受到眾人認同，因為下巴及頤頰代表人際公關的表現，飽滿的話表示與人互動良好，也說明你的人脈多。但如果下巴削就不同了，從面面觀來看，下巴削者人脈表現不佳，同時，下巴也代表子女的位置，若是削者，說明將來要得到子女的供養有限，若是工作場合，與部屬的互動則不佳。

小結．掌握三停尋貴人

想要掌握自己的貴人，就先從面貌來找，若是你的額頭高，說明你的貴人以長輩為主，他們比較會相挺。額頭也代表上司，女性額頭高，表示會有不少異性（尤其是年紀比你稍長的人）對你有好感，也對你最有幫助，但是可能會產生一些困擾，雖然人緣佳，但切記不要犯桃花。

若是你的中停佳，說明你的貴人多屬平輩，想要得到貴人相助，中停最重要的部位就是看眉毛，若是眉目清秀，表示你遇到困難時，朋友較會來相挺。眉稀少者反而不利，因為眉代表兄弟朋友，雖然中停屬於平輩，但眉稀者自己要謹慎，以免想求平輩貴人卻被反咬一口。

下巴可觀察部屬及子女，若是你的下巴長又飽滿，說明你的貴人

屬於年紀稍微小一點的朋友，有事情的話不妨讓他們知情，他們會主動幫忙。

林老師小叮嚀

　　面貌的三停與貴人有關係，只要你了解自己的面貌，就能把握你的貴人，不管你從事業務還是行銷，都可以透過面相掌握最有利於你的客戶群，對事業絕對是錦上添花。不過，人的面相沒有所謂的完美搭配，透過面相了解自己的性格及特徵，釋放你的能量與才華，要知道，你的運勢就掌握在自己手中。

2-05

少奮鬥十年的面相

　　古語有云：「娶到好老婆，就能少奮鬥十年或二十年。」雖然現在人聽到這句話多半當說笑，不過，就面相學來說，確實有些人的面相更易平步青雲。

　　先天命格是固定的「格局」，是很重要的因素。當我們看到某某企業家嫁千金的新聞時，女性往往都注意那一場世紀豪華婚禮；男性則會忍不住羨慕起新郎，但這並非天上會掉下來的禮物，除了運勢，還需要自身的勇氣和努力，兩相輝映之下，才可能有如此羨煞眾人的結果。

　　少奮鬥十年、早日財務自由，這一點不分男女，人人都如此期盼著。不過，身為一般人，我們也很想知道能做什麼樣的努力，達成這樣的願望，又或者，想從面相看出，什麼樣的相貌具備先天性的優勢。

　　在觀相學中，我們可從額頭與下巴兩處來看配偶。男性的下巴可看配偶的家庭狀況，下巴愈寬闊，表示配偶原生家庭的經濟狀況愈好。額頭看岳父與你的相處情況，下巴則代表岳母與你之間的關係，無論是額頭還是下巴，都是愈寬闊愈好。女性則主要看額頭，未嫁前，該女性的額頭代表父親的事業狀況，嫁後則表示夫家的經濟情況。

在觀相學上，額頭代表長輩緣，一般來說，能提拔你的人都是年紀比你大、或經驗充足的前輩，甚至能否進入豪門，長輩的意見往往占據很大的因素，因此，當我們提到讓你少奮鬥十年的面相，主要就是要看你是否屬於容易受到提拔的面相。

易受提攜的兩大關鍵：額頭&天倉

想要少奮鬥十年，顧名思義，你的貴人運要強，想要看出一個人是否容易受人提攜，就要看額頭這一塊（額頭代表長輩緣），天倉飽滿者，表示他跟長輩的緣分比較深，同時表示這個人的原生家庭比較願意栽培他。

額頭為天庭，能看官祿與事業。正所謂「天庭飽滿，地閣方圓」，額頭代表權勢地位，額頭飽滿的人多出生於富裕的家庭，或者在早年即可獲得成功的面相，所以一般額頭飽滿的人，會被視為有旺夫／旺妻之相。

天倉位於太陽穴處，指眉尾至髮際線的區域。天倉飽滿者，較有長輩或上司緣，在職場上較容易被提攜，也比較會受到長輩照顧。

[天倉飽滿]

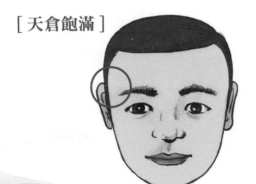

[天倉削]

天倉削．白手起家型

　　天倉削、額頭高的人一般屬於白手起家的類型。首先，人的財富在面相上有天倉與地庫兩處，天倉看的是原生家庭與早年經濟條件，因此，天倉削（天倉凹陷）的人普遍從小環境較為不佳，必須靠自己努力來掙得一片天。此外，天倉也看你的長輩緣與上司運，相比天倉飽滿者，天倉削者較不容易得到貴人提攜，必須靠自己務實地做，取得成果。

天倉飽．易有貴人提拔

　　天倉部位屬於福德宮，位處上停（眉峰至額頭上方的髮際線），上停與祖德有關，所以能從天倉看家庭環境（觀祖德），若天倉飽滿，加上耳朵佳，說明祖德滿，在家鄉有名望，也比較可能有祖上留下的財富。同時，也因為天倉看長輩緣，所以天倉飽滿的人很容易得到長輩喜愛，因而獲得提拔。在面相學上來說，很可能一夜之間就因為受人賞識而得以少奮鬥十年。

天倉飽滿並非唯一標準

　　按前述所說，天倉飽滿代表貴人運強，但有些人明明天倉飽滿，卻得不到他人的提拔，一路跌跌撞撞，行之艱難，所以，光看天倉並不足以看出完整的運勢，還必須搭配其他面相與聲相，綜合考量才得以看出此人的貴人運。

關鍵一．聲音宜穩重、柔和

天倉飽滿的人，長輩交代的事會樂於去做，但必須觀其聲，要是聲音粗獷有力，在貴人運這塊就不利。聲音有力表示這個人有主見，本來是不錯的性格特質，但聲音過於粗獷有力的話，表示這個人主觀意識過強，只要是他聽不慣的事，他就會頂回去。別人明明想要提攜你，卻一直被你的言語頂撞，這樣當然會阻礙貴人運，導致受提拔的程度有限。

天倉飽滿再加上聲音穩重或柔和，這樣的搭配最有利。若仔細觀察那些娶到豪門千金的男性，會發現他們大多天倉飽滿、聲音穩重，具備受娘家提拔的格局。相反地，若天倉飽滿但聲音非常有力就不一定了，古有云：「女婿如半子。」原本天倉飽滿的優點是容易受到提攜，但聲音表示一個人內在的鬥志，聲有力者獨立性強，對於自己不認同或看不慣的事會直接頂撞，這樣的男性格局與配偶娘家的互動反而有限。

關鍵二．眼睛要定神

除了聲音之外，眼神也很關鍵，中國五行性認為眼睛黑白分明為上格，眼睛要定神，代表人家交代給你的事情，你都會去抓緊機會、把握時間，眼睛定神的人處事也比較穩重。若眼睛定神再搭配眉壓眼，表示此人很能抓住機會，處事積極、不輕言放棄，這樣的人在研究方面特別專注，許多專業人士都具備眉壓眼和眼睛定神的搭配。

關鍵三 . 眉淡者知進退

一個人能否受到重用，眉毛部位也是重點之一。眉清秀（眉毛多但不雜亂）者較忠厚老實，講話直接，不會去拍馬屁，若搭配眉淡則佳，因為眉淡者聰明，遇事懂得權衡利弊得失，不會淪於衝動，待人知進退，懂得抓住機會。在觀相學上，眉淡屬於營養質，他們重視利益，因此容易成為生意人，若眉淡再加上眼睛定神、聲音穩重等特徵，則處事知輕重，具備少奮鬥十年的條件。

受人欣賞的特質與相貌

一個容易獲得賞識、受到提拔的人，自身肯定具備受人欣賞的特徵，也許是能力卓越，或是深諳待人接物之道，所謂天時、地利、人和，三者兼備，才能把握最佳時機，扶搖而上。額頭與天倉看先天與長輩的緣分，其他五官搭配則能解釋其人之所以受重用的原因，以下就提供幾點面相搭配，大家可以看看自己是否具備受人賞識之相。

[筋骨兼營養質 男性]

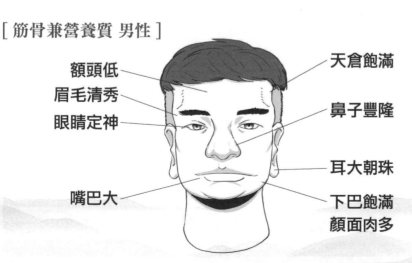

額頭低
眉毛清秀
眼睛定神
嘴巴大

天倉飽滿
鼻子豐隆
耳大朝珠
下巴飽滿
顏面肉多

五官搭配一 . 鼻子挺，顴骨高

即便有人來提拔，但若本身毫無能力，處事優柔寡斷，就算有再強的貴人運，也不可能抓住這個機會。一般來說，鼻子挺、顴骨高者有主見、具魄力，給人印象更加牢靠，因此會被欣賞，更容易取得權力。

五官搭配二 . 下巴飽滿者

現代社會中的人不可能單打獨鬥，越懂得「人和」之道，善於群體交流者，就越容易被看見。在面相學上，下巴飽滿的人處事比較有人情味，他們懂應對、知進退，容易建立人脈，當然也就更有機會受到提拔，才有機會少奮鬥十年。

五官搭配三 . 嘴巴大者有度量

想要看嘴巴大小，可從左眼和右眼的瞳孔中心畫一條垂直線，往下對應，大於這個寬度的人屬於嘴巴大者，不及者則為嘴巴小。

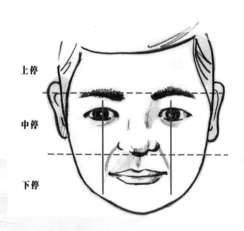

上停

中停

下停

一般來說，嘴巴大者心胸寬大，與人互動良好，所以比較容易受到提拔；此外，嘴巴小的人通常性格保守，別人想提拔你，卻發現你太過保守又自私，就算提拔你也很有限；相較之下，嘴巴大的人具遠見、有膽識，加上肚量大，所以貴人運更好。

林老師小叮嚀

　　讀者朋友們也可以看看自己的面相，想知道自己努力了這麼多年，到底有沒有成果？還是想知道有沒有貴人運？趕快看一下自己的面相，有沒有本單元講的一些特徵，足以早日達成財務自由的願望。

2-06

易實現夢想的形質

　　夢想是一個人踏出步伐的動力來源，每個人都有夢想，但有些人築夢踏實，有些人卻老是「心有餘而力不足」，夢想的實現與遙望，兩種結果的差別難道只是機緣巧合，全都只能歸於運氣差別嗎？其實，人的實踐力是可以從面相看出端倪的，怎樣的人能實現他理想中的藍圖，就讓我們來了解吧。

　　每天看到雜誌媒體的報導、網路影音的介紹，經濟問題永遠都與生活息息相關，而除了日常生活的開銷之外，我們也經常會看到那些頗有成就的人物，大家總是談論、研究著該怎麼做，才能像他們一樣名利雙收。

　　其實，只要你懂面相，就能透過成功人士的相貌，獲得足夠的資訊，一眼看出他們具備的成功特質。我常提到，面相由三個基本形質組成，也就是心性質，營養質和筋骨質，這三個形質加加減減，才會等於一個人的個性和運勢。

無骨不成器

夢想人人都有，但要達成夢想，就需要筋骨質的成份。因為筋骨質本身代表生命的動能，精力充沛，屬於勞動付出的形質。在生活上講究實事，具衝勁，有不服輸的幹勁，也有克服一切困難的耐性，看到別人做得到，他也不會服氣，會認為他也能做到，這種個性才有可能為夢想去打拼。在事業上，基本上充滿信心，才有機會完成夢想，若要從面相細說的話，可以從三個部分觀察。

觀相一．從三骨見衝勁

我先來舉一些例子吧，例如台積電張忠謀、鴻海郭台銘、台塑王永慶……等等，這些站在第一線的成功企業家，他們都有共同點。

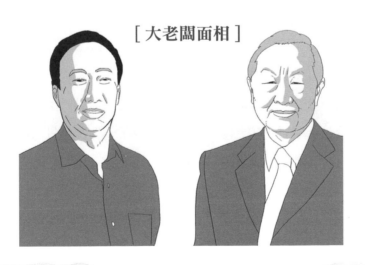

[大老闆面相]

在面相學的論述上，有所謂「無骨不成器」的說法，第一點要有

眉棱骨，第二點要有顴骨，第三點要有腮骨，三骨兼備的人最能實現
自己的夢想。

❶. 眉棱骨：眉棱骨看的是一個人的判斷與決斷力，眉骨佳者，判斷
　　力強，處事有魄力，不喜歡拖泥帶水，屬於筋骨質。

❷. 顴骨：顴骨代表一個人的鬥志，個性是否不服輸，看顴骨就知，
　　一個人顴骨高，代表鬥士旺盛，就會掌握權力。

❸. 腮骨：腮骨代表後勁，也就是一個人的毅力與恆心，腮骨佳表示
　　此人沒有達到目標時，不會輕易放棄。

觀相二. 從眼睛判神韻

　　在面面觀的理論上，還有一個最重要的部位——眼睛。眼睛可分
為亮或柔、無神、有神韻、定神，種種細節都牽連著自己實踐夢想的
能力。

　　眼睛亮者，懂得抓緊機會，而且處事志在必得，但是需要留意的
是，雖然衝勁十足，但有時會不小心衝過頭；眼睛柔的人處事優柔寡
斷，考慮太多，容易錯失機會；若眼睛無神，則表示即便機會在眼前，
也不會去把握，更別說實現夢想了，所以若是眼睛無神者，最好找一
份安逸的工作，安穩度日就好。

　　我再補充一點，如筋骨質的形質，最好能搭配眼睛細長或定神，
因為具備這樣眼睛的人處事冷靜，懂得推理、判斷、及衡量情勢，容
易得到上司的欣賞與提拔，屬於比較有機會實現夢想的格局。

觀相三．從下巴觀人脈

無論身處何種職業，想要成功都必須有人脈相助，想要看自己是否有人和的助力，就要觀察下巴，下巴飽滿代表人脈廣泛。看過各式各樣的業務，為何有的業務能凝聚大量客戶來到身邊，但有的人客戶數量卻遲遲不見長進，這就必須看你的下巴部位飽不飽滿。

常有人來找我論命，說他想要成為一位年賺千萬的業務高手，像這樣的人來找我，我就會告訴他，先看你自己的下巴夠不夠飽滿，因為有人脈才有機會去衝業績，也才可能實現成為頂尖業務員的夢想。

當然，除了下巴之外，從舉止行為詳細觀察，融合眉棱骨、眼睛、聲音等部位去綜合判斷，這都很重要。我看過某些企業家，在三質中屬於筋骨質，若是聲音結實，表示主動性強，個性上不輕易認輸，也喜歡有挑戰性的任務，除了性格有衝勁之外，這種格局的人也相當擅長社交，通常與人的互動良好。

下巴也包含嘴巴，嘴巴大者口才利，在業務上更是一大利器，若是配合下巴飽滿，則有利於在外的人際，交友極廣；眼睛定神且下巴飽滿的話，則會應用人脈來助自己實現夢想。

夢想與實踐之間

想要將理想化為現實，無外乎看這個人是否有良好的判斷力與魄力，個性上是否夠沉穩，能審時度勢，除了性格之外，還必須要能抓住機會，天助自助者，個性上有能力，再加上運勢當前，能抓住機會，自然就更容易成功。

　　所以，想要知道自己的夢想實踐力，就從眼睛與眉棱骨下手。眼睛亮者能抓緊機會，眉棱骨則表示一個人的判斷能力與情勢掌控力；眼睛定神者則性格沉穩、冷靜，所以判斷上很少失誤。因此，若一個人眉棱骨明顯，且眼睛定神的話，表示情勢未明朗化之前，他都會審慎評估，才下決定，這種格局的人，自然更能抓住實踐理想的機會。

　　要留意的是，面貌有兼筋骨質的形質，尤其聲音有力者，有雄心壯志，喜歡掌握權力，但有時處事過於霸氣、剛強，容易衝動；個性專制，若是鼻子高的話，則固執強勢，難以溝通，會顯得霸道，若稍加改變，以柔制剛，才比較容易實現自己的理想。

3秒面相觀人術

　　談到理想的實踐力，三質中最佳的組合為筋骨質兼心性質，因為心性質的人額頭高，思想豐富，處事較細膩，而筋骨質的人執行力強，有衝勁不認輸。與人合作也是如此，若是心性質的人充滿理想主義，正好相配，筋骨質屬陽動，心性質屬陰靜，陰陽調和才是處事之道。

2-07

銷售百發百中的面相密碼

　　我們常會覺得銷售很難，花費心力談了半天，客戶卻始終興趣缺缺，總希望自己有讀心術，能一眼看穿客戶內心的想法，就能馬上切中客戶需求，成功銷售。雖然讀心術太過虛無縹緲，但從面相觀察客戶的消費偏好卻是做得到的。

　　在這個經濟發達的年代，人們對物質生活的需求越來越高，不過，也並非人人如此。比方說有的人就是非名牌不用，不知道是整體的經濟水平提升，還是因為名牌廣告打得兇的影響，總之就是每次出門一定要身著名牌，否則他就覺得丟臉，或感到不自在；但也有不少人就算吃路邊攤也很高興，衣服就算無牌無名，他也穿得自在。這兩種人具備不同的消費觀，如果與客戶對談時能一眼看出對方的喜好，就能讓銷售更加順利。

重享受的形質：營養質＆心性質

　　以三質分類來看，營養質與心性質的人更加喜愛享受，就面相特徵而言，營養質的人就是顏面肉多，心性質的人額頭高，兩種格局加

起來的話，就是營養質兼心性質的人。

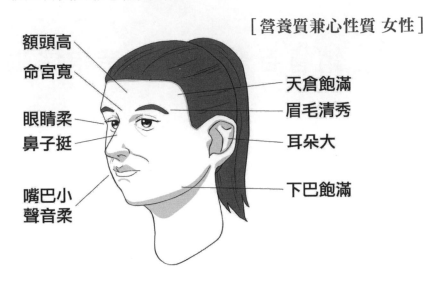

[營養質兼心性質 女性]

額頭高
命宮寬
眼睛柔
鼻子挺
嘴巴小
聲音柔

天倉飽滿
眉毛清秀
耳朵大
下巴飽滿

★營養質：顏面肉多

懂得享受屬於營養質格局，若顏面骨多則為筋骨質，不畏風雨，不怕吃苦，不過既然要享受，就不能吃苦，因此營養質的面相是先天條件。

★心性質：額頭高，天倉飽滿

想要看人是否懂得享受生活，天倉與額頭為重點，為什麼特別講這兩個部位呢？額頭高代表這個人思考力強、且思維豐富，但僅是額頭高還不夠，天倉還必須飽滿，因為天倉表示家庭情況、小時候的環境、以及未來發展。天倉飽滿的人代表祖德有留財產，小時候環境特別好。

從上述兩種特質來看，兼具營養質與心性質的人較為無憂無慮，所以才能重享受。相比之下，筋骨質的人就比較刻苦耐勞，每天都在

努力工作、賺錢，就算事業有成，也屬於先奮鬥再享受的類型，所以比較沒有這麼多的心思去享福。

3秒面相觀人術

天倉飽滿、額頭高、眼睛亮的人屬於會先奮鬥的類型，事業有成後才會去享受。因為眼睛帶動他整個內在行動（屬於筋骨質），眼睛越亮的人事業心越重，行動力也越強。純論眼睛的話，眼睛亮的人只會衝而不懂享受，眼睛無神的人也不會享受，眼睛柔的人最為漂亮，也就是享受型的格局。

客戶類型與應對之道

我們常說，學習面相就是了解自己，除了藉由面相改善缺點之外，最重要的就是透過面相來掌握與人應對進退的最佳方式，例如眼前的客戶是注重物質享受，還是勤儉持家，我們該拿出什麼才能切中需求，這些都是很有趣的話題。如果你是一個業務員，要賣東西給客人，就得要知道這個人是不是享受型的。

類型一．享受型的客戶面相

眼睛柔、聲音較軟綿無力、下巴飽滿、顏面肉多的人，就屬於享受型的格局，在這些特徵之下，膚色越白，面相學上就稱為好吃懶做的格局。大家千萬不要對好吃懶做這個形容有負面評價，在這裡指的是他比較會享受。

　　具備這樣面相的客戶，通常聲音也比較柔，他重視品質好、服務佳，價格對他而言不是首要問題，即便他財富未達，也想要享受。所以如果看到迎面而來的客人，臉部多肉且膚色白，就具備營養質與心性質，如果你拿太便宜的商品給他，他還看不上眼，甚至會覺得你是不是瞧不起他，所以面對這樣的客人，就趕緊把店內高檔的商品拿出來，並用心介紹吧。

類型二 . 實用為主的客戶面相

　　若是你遇到的是筋骨質的客人，比如具備顏面骨多、聲音有力、膚色較黑、眼睛亮等特質的話，就不要拿太高檔的東西給他了。價格絕對是他的優先考量，若價格便宜，他態度會非常乾脆，但高價位的他不會買，就算這項商品非常好，但他一看到價格，很可能轉頭就走，所以面對這樣的客人，你要拿那種具實用性，又便宜好用的東西給他，搞不好他還會殺價呢。

3秒面相觀人術

　　享受型的面相還可以細分成兩種：鼻子低與鼻子高的。鼻子高的人很有主見，而且拿的東西一定要越精緻越好，極重視品味；鼻子低的人就算要享受，不見得需要高品質的商品，因為鼻子低的人較無主張（個性隨和），認為東西可以用就好，只要你推薦的物品符合他的個性就好，所以即便同樣具備享受型的面相，鼻子高低不同也會產生影響。

2-08

氣色與財運的關係

　　額頭代表事業宮，也代表一個人的思考能力；中停位置能看出人際關係；下停則看你的穩重度及家庭食祿，面貌每一個部位的氣色，都會影響財運及運勢。所以若想知道一個人的運勢如何，最直接易觀的就是臉上的氣色。

觀相一 . 額頭的氣色

　　一個人在外接觸的情況可由額頭觀察，額頭越高者，代表接觸的人士格局高，對你的需求或要求也會提高，但若額頭氣色不佳，表示與你合作的人多，但談事情會意見紛雜，容易受到阻礙，所以想求財，就要以額頭的氣色為觀察重點。

　　額頭乃面部之首，主一切希望之所在，不僅能觀察運程，也是人之平順與否的關鍵，所以額頭佔重要地位，若額頭色澤明潤，主行運好，對事情充滿信心，遇難均可化險為夷；額頭氣色不佳或是其他部位暗滯，則期望容易受到阻礙，事情發展不順，甚至會讓人產生自我懷疑的情緒。

觀相二．天倉的氣色

天倉主理財觀，因此天倉飽滿的人比較有理財概念；天倉削則屬於筋骨質，理財觀念較弱。講到財運，就不能不看天倉。因為天倉代表一個人的鬥志，天倉氣色佳，能懷抱著希望與信心處理事情，事務也運行得更加順暢。除此之外，天倉在面相學上能觀貴人，天倉氣色佳者會有貴人來提拔，所以天倉為在外的貴人位。若天倉氣色不佳，與人溝通就會有距離，會有對方難以溝通之感。

一個人的氣色多少都會起伏，也會隨四季的變化而有所改變，所以如果我們懂得如何運用四季的五行，來改善我們的氣色，相信人生路程就能走得更順遂。

實例分析：額頭紅潤，顴骨暗沉

某日，一位李女士來找我看最近的運勢，她從事仲介業，最關心的當然是酬庸的多寡。我見她額頭與準頭的氣色明亮，但顴骨略為暗沉，顯示在工作案件中為大筆交易，但抽佣金的人多，所以真正入李女士口袋的金額，不如她預期的多。

聽了我的分析，李女士說：「沒錯！這次案件很多人參與，老師你可否教我幾招，讓我看出佣金的多寡，以及我能否成功呢？」

前面也提過，額頭是一個人很重要的部位，額頭代表事業，而氣色決定運勢，額頭氣色佳，則洽談順暢，氣色不佳的話，洽談易受阻礙，所以常說：額頭能觀察未來的希望。

[李女士面相]

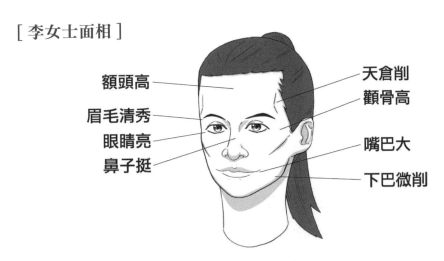

額頭高
眉毛清秀
眼睛亮
鼻子挺

天倉削
顴骨高

嘴巴大
下巴微削

　　李女士的額頭高、嘴巴大，這樣格局的人做買賣，通常都屬於大筆金額的交易，好比仲介，一般是買賣房屋，李女士則處理土地買賣，所以牽涉到參與人數的多寡。

　　額頭代表推理及思考能力，李女士在三質中屬於筋骨質，額頭高、天倉削、眉毛清秀、眼睛亮、顴骨高。額頭高表示她腦筋靈活；天倉削加上顴骨高，顯示她處事積極；鼻子挺，所以主觀意識強，也比較強勢；嘴巴大且聲音有力，為人有膽識，給人感覺非常能幹，但她的面貌屬於動態，凡事付出多、回收少。

　　我對李女士說，一般看自己都比較難看懂，不妨觀察案件主事者的天倉部位和命宮，若天倉氣色佳，代表得人緣，有助於事情發展。再者，要看一個人洽談生意的情況，以額頭的氣色為關鍵，若命宮發亮，則此案的成功機率大，再看準頭及眼下淚堂（眼袋部位），若色明潤，代表此人捨得與別人分享。若具備以上氣色者，則投資獲利不求自來。

　　另外，鼻子為財帛宮，若準頭色澤明亮，表示有財要入帳；此外對賺取佣金的人來說，還必須觀察眉毛，眉毛明亮者，表示所抽取的佣金就多了。

　　在觀相學理論上，一個人的膽量以嘴巴為重點，嘴巴大且聲音有力者，處事有膽量、具魄力；若嘴巴小、聲音柔，這樣的人在業務上就比較吃虧，因為嘴小的人不敢當面開口，例子中的李女士命宮寬、額頭高、嘴巴大，所以很適合房地產仲介買賣。

　　嘴巴大小以聲音為關鍵，基本上要從事業務工作，嘴巴要大，因為嘴巴代表一個人的鬥志，屬於動態，嘴巴大的人，也比較敢開口。如果搭配聲音有力，則口才流利，且處事有衝勁魄力，性格上也不容易認輸。嘴巴大且聲音有力，處事有魄力，具備不認輸的個性。

林老師小叮嚀

　　《易經》解說裡提到，陰陽取中庸之道，陽中有陰，陰中有陽，例如你面相本質屬陽動，就必須調整個性為靜態，比如你原本聲音有力、講話快，就可以將說話速度拉慢，如此便會讓人感覺處事穩重。

　　提到穩重與否，也可觀察眉毛，眉毛稀疏者表示沈得住氣，若額頭官祿清晰者，再加上眉毛稀疏、聲音穩重，則此人不僅處事穩重，也很聰明。

2-09

住宅對運勢的影響

錢財人人都喜愛，但首先要有運勢，若缺運勢，賺錢就辛苦。有的人一輩子辛勤耕耘，所得卻不多；但也有人運勢來臨，錢財就自動送上門，輕輕鬆鬆就將財富入口袋，確實，運勢的好壞會影響財運，有運氣，就有財氣。

這一些道理大家都明白，但要如何從面相分析此時的你是否正臨好運勢呢？首先，臉部氣色佳才可能帶來好運勢，依我三十幾年的經驗來看，一個人的氣色與住宅的陽宅磁場往往有牽連，好磁場會帶來好的運勢。

宅氣帶動氣色與運勢

除了先天命格注定，還得把握後天運勢。坊間在陽宅上有很多補強運勢的佈陣，但最主要的還是在於陽宅是否「得氣」。所謂「得氣」是指旺氣有沒有入宅，有旺氣入宅，就已經比別人佔優勢了，如果再加上氣色好，那自然獲利有望。

從面相學的理論上來說，額頭氣色代表住宅的明堂，下巴代表住

宅內部的通氣。如果你的氣色一直很不錯的話，代表住宅有好的磁場；但若氣色時好時壞，代表你的住所磁場可能有雜氣，最好早點處理。

想觀察氣色，還是得從三停著手，辨識這個人的流年走哪一處的運，再搭配氣色觀察，就一目了然。

觀相一．上停（髮際至眉上）

年歲屬於十五歲至三十歲之間，包括整個額頭，此部位可觀察思維、父母、事業、貴人、名望等。若氣色明潤，代表在事業順暢，財運也佳，尤其天倉部位氣色明潤，更表示有貴人相助，事業財運一路亨通。

觀相二．中停（眉毛至鼻子）

掌管三十一至五十歲的運勢，中停司管在社會中的人事公關、事業實行力（即對錢財的追求能力），中停的氣色關乎中年時期的運勢與財運，此時剛好是人生衝刺事業的階段，對於想要累積財富的人而言尤其重要。眉毛代表人緣，眉毛周邊氣色紅潤，表示在外人緣佳，若是顴骨與鼻子的氣色明潤，則說明最近運勢及財運的表現都相當不錯。

觀相三．下停（鼻子至下巴）

掌管年歲五十至七十歲的老來運，同時也是看部屬、子女、家運、人際及財帛是否穩定的關鍵。下停飽滿且氣色佳者，表示人脈廣，更

顯示晚年的食祿無虞，子女家境順暢，一切無須掛心。

林老師小叮嚀

　　大家可觀察許多事業有成的企業家，若是他的下巴飽滿，再配上嘴巴大，那可真的是個財庫，可以吞盡所有錢財；還有像是嘴巴大且聲音有力的人，他的運勢及財運都會不錯。

實例分析：從面相看住宅磁場

　　某次，新竹的陳小姐邀請我，前往勘查她住宅的風水吉凶。才見面，我就對陳小姐說：「如果沒有錯的話，你現在的住宅環境不錯。」陳小姐感到很狐疑，問我：「老師，你都還未鑑定，怎麼知道我家的住宅好壞？難道有什麼玄機嗎？」

　　老實說，這也沒有什麼玄機，只是陳小姐的面貌中，額頭明顯氣色不錯，從面相學的論述，額頭的位置代表南方，下巴代表北方，若是她的住宅南方氣強勢，得到好的磁場，自然就會展現在額頭位置，氣色就會浮現出來。

觀察住宅．南方的當旺之氣

　　陳小姐的住宅是山坡地上的樓房，觀察四周後，發現此宅坐北朝南，從前面朝拜山的秀氣。我對她說：「每年一到春天至夏季時，你的運勢就不錯，錢財不求自來。」陳小姐告訴我，確實有這一回事，

每逢春夏，她就感覺自己財運不錯。

　　而且陳小姐的住宅具南方氣，在陽宅屬於當旺之氣，所以每到夏天，她的工作就順暢、業績好，公司給的獎金也就跟著提高，，這些細節都能印證風水磁場確實會引動財運。

林老師小叮嚀

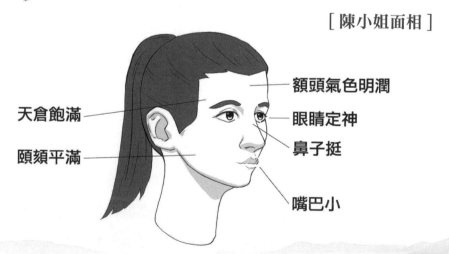
　　磁場會引動氣色，每天受到好的磁場感應，氣色自然會明潤；若磁場有雜氣，就會影響居住者的情緒，臉上的氣色自然就不好，運勢就會受到影響。陽宅最忌諱有雜氣，這會連帶影響人的情緒、氣色、以及運勢。

分析面相 ．走中停運，氣色明潤

[陳小姐面相]

- 額頭氣色明潤
- 眼睛定神
- 鼻子挺
- 嘴巴小
- 天倉飽滿
- 頤頦平滿

　　陳小姐現年走三十八歲，走中停運，流年走眼睛運，額頭氣色明

潤，顴骨及鼻子氣色佳，我對陳小姐說：「你最近有一筆錢財要流入，若沒有錯的話，此錢財與朋友有關。」聽到我這麼說，陳小姐略感驚訝：「老師，你連這一點也看得出來嗎？老師你真神。沒錯，最近透過朋友的介紹，我做了幾筆生意，業績提升不少，所以領的獎金就多了。」

　　一個人的氣色好壞會影響運勢與財運，但是氣色隨時隨地都在變化，會隨著我們的情緒而變，人生當中難免會有起伏，雖然有先天命格，但也可以透過後天去調整。

　　例如將八卦的理論配合面相去論述，南方在面相學屬於額頭部位，若是額頭氣色明潤，說明受到好的磁場感應。同時額頭代表事業及人緣，氣色明潤會引動在事業上的表現，帶來好運勢及財運。

面相搭配良宅求財

民國105年的秋天某日，客戶小真夫妻來工作室找我諮詢，小真夫妻住在新竹，三年前她曾找我看她家的住宅，鑑定陽宅的風水。她告訴我，因為剛好有一些事情要來台北開會，就順便來問候我。

這一對夫妻給我留下很深的印象，當初鑑定他家的陽宅風水時，夫妻關係並不是很好，自從重新佈局家中的風水後，夫妻之間的關係大有轉變，從原本的不合轉為感情融洽。

 ## 面相氣色與宅氣

會與小真夫妻認識，也是透過一位老客戶的推薦介紹，對方才找我去鑑定她家的陽宅風水。住宅磁場的影響會表現在一個人的氣色上，當初他們夫妻的氣色不佳，一望便知，馬上就能看出與陽宅磁場有感應。

我印象最深刻的是，小真先生臉部氣色不佳，特別是額頭暗沉，初見面時我便對他說：「若是沒有錯的話，你在事業上受到嚴重阻礙，或是犯小人之災。」

陽宅的磁場不佳必會影響氣色，最明顯的便是額頭，因為額頭代表未來，也是最會顯示出來的特徵。小真的先生額頭氣色暗滯，說明在工作上受委屈。小真先生認同我的講法，說：「在工作上我很盡職，可是事業上卻受到阻礙，再加上被同事陷害，有苦難言。」

在面相學上有所謂的化術論，夫妻會產生互相的化術，如先生有難，太太的額頭便會顯示出氣色不佳。從小真夫妻的例子來看，確實，小真的中停，眼睛奸門的氣色不佳，說明夫妻的溝通上有差距，下巴氣色也不佳。奸門位於眼尾與眉尾後側，也就是我們常說的太陽穴，奸門也被稱做夫妻宮，從此處便可觀察丈夫與太太之間是否和睦。

我對小真夫妻說：「你們最近常有爭執。」他們表示沒錯，但抓不出原因，夫妻常常莫名其妙就因為一點小事起爭執。當時我就從她們的家宅風水著手，重新布局，調整磁場後，夫妻之間的關係也開始轉變，不再動輒爭吵。

那天看到他們夫妻的氣色，我心中了然，對他們說：「你們夫妻的氣色都很不錯，說明雙方感情變融洽了。」我常說先天命格八字注定，運勢則要靠良宅來輔助，小真先生說：「謝謝老師，確實大有轉變，現在沒有小人了，但是財運還不是很理想。」我笑笑地說：「家和萬事興，家運好，自然就會帶財來，我有說過，你家的財運要等到107年磁場感應，才會有好的運勢。」

 ## 觀財運與運勢

接著我問他們夫妻歲數，小真先生告訴我他三十七歲，小真則是

三十六歲，我對他們說了聲恭喜：「明年春天後，你們夫妻的財運就會開了。」小真還開心地說，若財運開，絕對要包一個大紅包答謝我。

★ 流年論財運

面相學論流年的位置是固定的邏輯，以九執流年配合流年應運。以小真先生為例，明年走三十八歲，運勢走右眼，九執流年走鼻子運，而小真先生最漂亮的面貌就是鼻子挺，再加上氣色佳，表示明年的財運看好，或是有升遷的消息。

小真告訴我：「確實，公司指派他明年在分公司擔任主管，這就是他的財運轉好嗎？」我告訴她，職位升遷，薪水當然也會增加。而且小真在新的一年，也會有不錯的運勢，於是她便問我要怎麼看。

[小真面相]

額頭高　髮際順
命宮寬　天倉削
眉目清秀　顴骨高
鼻子挺　下巴帶腮骨
嘴巴中庸

觀面相必須配合三質，小真屬於筋骨質兼心性質，她在新的一年會走三十六歲的運勢，而且耳朵有朝珠，眼睛亮且聲音穩重，工作上以業務為主，且業績應該不錯。

　　三十六歲的流年走左眼以及左耳的運程，這是對小真最有利的流年。我告訴她：「你的耳朵與額頭佳，在業務上不妨以老客戶、或是年齡比你大者為主，這些人對你會很有幫助，記得多去拜訪老客戶，向他們請益，因為他們就是你財運上的貴人，會推薦新的客戶群。」我笑著對他們夫妻說：「記得你們說，明年財運開了，要包大紅包啊！」夫妻倆微笑著說：「財運若開，絕對沒有問題。」

★ 聲音論運勢

　　一個人的運勢也和聲音息息相關，若本身聲音有力屬動態，運勢來時，聲音自然會變穩重，音韻大為轉變。不過，若是一個人忽然聲音變得無力，則表示運勢走衰。

　　我對小真說：「你的氣色不錯，再加上聲音有轉變，轉為穩定，這是好事。」旁邊的先生微微笑了，表示小真講話變得更加溫和。小真以前的聲音有力又快，說明內在急躁，所以夫妻在相處時受到這股急躁之氣影響，常會因為小事而發生爭執。於是我說：「恭喜你的聲音大有轉變，講話言語慢而穩重，代表處事上會經過大腦思考，與人相處時的互動也良好。」

　　其實，一個人的財運會受到很多因素影響，小真因為陽宅的磁場感應，將運勢轉好，讓夫妻關係大有轉變，這正是「家和萬事興」這句話的真諦，家庭和樂，才會帶來好氣色及運勢。

面相有術，求財有道！
請觀察你自己的面相，分析你三質（營養質、筋骨質、
心性質）的比例，說說看你最適合在哪一個領域發揮
專才？財源與財庫的情況又如何？

第三章

和諧家庭萬事興

家庭運

陰陽失調，吵吵鬧鬧過一生

《易經》常說到「陰陽協調」這件事，男女之間也是如此，兩人的配合首重中庸。我常說：一對夫妻沒有吵架是不可能的，夫妻相處，生活背景不同、想法不同，難免會起爭執，但有的人在磨合過後能找出最和諧的相處之道，有些卻到老都無法相處融洽，吵吵鬧鬧過一生。

就面相學來說，要看一個人的主觀意識強不強，以鼻子為重點，因為鼻子處於臉部的正中間，面貌中間線代表一個人的主觀及主見，如果鼻子挺，代表這個人主觀強勢、個性充滿傲氣；鼻子低的人個性則隱忍，比較有人情味，這是最基本的判斷方式。

 ## 實例分析：夫妻相處

某年，一位黃先生邀請我幫忙尋找母親下葬的風水寶地，陪著黃先生繞遍大半個彎頭，也沒有找著。因為環保的限制、山坡地的水土規劃等因素，台灣目前所謂的風水寶地已越來越稀少，就算尋得一塊風水寶地，也因為法規的限制無法使用，我詢問黃先生：「你父親那座就是個好風水，為何不將父母同葬，還要另外找地呢？」

　　這位黃先生說：「實不相瞞，是母親生前有交代我們子女，絕對不與父親合葬。不怕您笑，我父母親兩人吵吵鬧鬧地過完這一生，所以才需要請老師在這附近幫忙找個好地點，讓我母親入土為安，也方便往後我們掃墓，免去奔波之苦。」

　　從面相觀察，黃先生父母當中有一位鼻子較低，我問他：「聲音應該也粗吧？」黃先生說其實父母兩人聲音都很大，吵起架來誰也不讓誰，身為子女的他們也都無從勸起，至於鼻子的高低，看上去是父親的鼻子稍微低一些。如果仔細觀察黃先生父母親的面相，就不難理解為何兩人之間充斥著爭論。

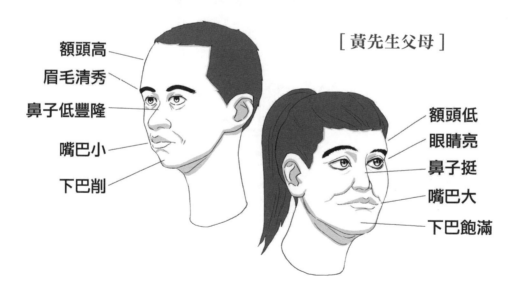

[黃先生父母]

額頭高
眉毛清秀
鼻子低豐隆
嘴巴小
下巴削

額頭低
眼睛亮
鼻子挺
嘴巴大
下巴飽滿

觀相一．額頭高、鼻子低的黃先生父親

　　從圖片可以看出黃先生父親的面相特徵：額頭高、眉清秀、鼻子低且豐隆、嘴巴小、下巴削。額頭高，表示黃先生的父親對任何事都

充滿著理想，但鼻子低沒有主張，導致他總覺得現實與理想有差距，在外感覺不如意，容易把情緒帶回家。

人的臉部從中間畫一條中間線，兩邊再平均切割，可分為四個區塊，集中的額頭、鼻子、人中到嘴巴，此處為中央，表內在主觀；而左右兩塊為六府，表外在情況。

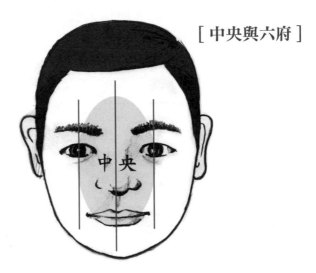

[中央與六府]

若你的中央比較豐隆，兩側較削（窄）的話，代表你的主觀意識高、比較強勢，但如果鼻子比較低，處理事務就會受到外在環境影響，一切順利還好，但如果不合自己心意，又無處發洩的話，回到家裡就會發牢騷，這樣的格局若再配上聲音粗，那只要一看不順眼，就很容易翻出來吵。若大家仔細觀察那些喜歡翻舊帳的人，就會發現他們多半是鼻子低的人；聲音也是很重要的觀察要點，聲音粗代表他不講出來會很難過，黃先生父親剛好屬於鼻子低、聲音粗的格局，所以特別

喜歡發牢騷、翻舊帳。如果同屬鼻子低，但這個人聲音柔，表示在外受委屈也習慣往內吞，不敢表達，這樣的人心事會放在心裡，不太敢發牢騷。

觀相二 . 鼻子高、聲音粗的黃先生母親

黃先生母親的面相特徵為：額頭低、眼睛亮、鼻子挺、嘴巴大、下巴飽滿。因為鼻子高，主觀強，自我意識重，處事乾脆，不喜歡拖泥帶水；搭配聲音粗，表示她做事有魄力，不拘小節，也不容許自尊心受損。與丈夫的形質搭配一看，一個喜歡翻舊帳，一個不容許自尊受損，這樣的組合要不吵架，簡直難如登天，不過，吵到百年之後也不願葬在一處，這倒是少見。

不同相貌的吵架風格

台灣有句俗話說「床頭吵，床尾和」，夫妻相處多少都會爭吵，有人吵歸吵，還是恩愛一輩子，但有些人卻會吵到相敬如「冰」。從面相學來看，不同面貌的人會有不同的「吵架風格」。

類型一 . 鼻子高，聲音粗

鼻子高挺的人主觀強、自尊心重，若他的聲音粗，則會習慣以出聲為發洩，所以遇到事情會直接翻臉，但速戰速決，所謂「情緒來得快也去得快」就是他們這一類型的人。

類型二．鼻子低，聲音粗／柔

鼻低的人缺乏主見，而且他們的情緒反覆，就像小孩子一樣。小孩子因為骨骼發育不完全，鼻子都低低的，鼻子低矮的人就是如此，多半喜怒無常。但同樣是情緒反覆，聲音粗者與聲音柔者的反應又完全不同。

鼻子低、聲音粗的人，喜歡嫌東嫌西，而且會講出來，如果眼睛亮，表示凡事不認輸，會為小事而耿耿於懷，尤其是老人家，會有愛管閒事、碎碎唸的行為。聲音柔的人則多半會將事情往內藏，他們一旦吵架，會以冷戰為主。

《易經》論述陰陽篇，以夫妻來說，能調和的多半為臉型和性格相輔相成的搭配，例如丈夫臉型長而狹窄，妻子的臉形通常就是短而寬；若丈夫聲音粗，妻子聲音柔的話才能陰陽相合。

3秒面相觀人術

觀相學理論上，鼻子低、聲音柔的人，是當面不得罪，但會背後來一手的人。因為鼻子低比較沒有主張，加上聲音柔不敢直接衝突，遇困難時會選擇躲避；而鼻子高、聲音柔的人則乾脆不理人。每一種細節都很關鍵，稍有不同，所產生的性格也各異其趣。

3-02

婆媳過招三百招

　　一位女性出嫁，除了丈夫之外，還得面對夫家的一整個家庭，要如何與丈夫的六親相處，實為一種考驗，而其中，婆媳間的互動更是學問，也是家庭是否能圓滿最關鍵的一環，所以本篇將藉由實例，讓大家掌握與婆婆相處時的應對之道。

天倉看付出程度

　　依照面相學的理論去判斷，天倉削的人對長輩最為孝順。如果女性未婚，天倉削表示她對原生家庭付出多；出嫁後的女性則對夫家付出多，但很容易有勞無功。

　　女性出嫁後，天倉位看的是婆婆，額頭則表示公公。天倉削的人個性上肯付出，但婆婆很容易覺得不滿意。因為天倉削的人雖然做得多，但同時不喜歡拖泥帶水，講話也直接，比較欠缺周全的思考，很容易因為不懂得拿捏分寸而與婆婆產生嫌隙。

　　不過，身為兒媳婦，公婆必定是需要面對的，無法只抱怨而逃避，為了丈夫與家庭的和樂，我們不妨換一個角度去看這件事，透過面相

了解婆婆的性格，找出最佳的相處模式，這對夫妻和諧也更有幫助。

 ## 實例分析：劉先生家中相處

某次，我受到一位劉先生的邀請，至台中勘查陽宅風水，我先從外面觀察四周環境，並拿出羅盤看此住宅的方位，劉先生的家宅是一棟坐北朝南的三樓透天厝，初步確認環境後，正要踏入屋內時，劉先生的母親前來迎接，一聽就發現劉老太太的聲音宏亮。

進屋之後見到劉先生的太太，她的天倉削、聲音柔，我心中便了然，表示她一生付出的多，但聲音柔，所以內在有怨言不敢當面與人對質，特別在婆媳關係上更容易受委屈。我剛要開口分析住宅風水，劉老太太便說她與朋友有約，必須出門，這也是正好，免得我直接分析反倒讓她心生不悅。

論風水 . 劉先生家中格局的影響

按環境學與風水理論來看，住家風水磁場的好與壞，會影響居住者的性格。劉家坐北朝南，房屋左側西南方有一樓的平房，右側為三樓的透天住房，受到右邊較強的東南氣入宅，會影響六親的個性，若婆媳同住於此住宅，家中必有糾紛。

我對劉先生夫妻說：「今天你邀請我來勘查住宅風水，若是沒有錯的話，你們家中的糾紛很多喔。」劉先生感慨地說：「老師你真行，我還未開口說，你就看出我們家裡的狀況，確實家中不安寧。」家中住宅風水確有影響，從劉老太太與媳婦的相貌，還能得到更進一步的

資訊。

觀面相．劉老太太＆媳婦的相貌

★劉老太太：筋骨質兼營養質

劉老太太的額頭低、天倉平削、眉清秀、鼻子挺、眼睛亮、顴骨平均、耳朵反骨、下巴飽滿、嘴巴大、聲音有力，屬於筋骨質兼營養質。個性上喜歡搶風頭，對兒媳的要求很多，這是因為劉老太太的許多相貌特徵都具備主觀強的要素，包括鼻子挺、眼睛亮、顴骨平均、耳朵反骨、下巴飽滿、嘴巴大，聲音有力，所以凡事要以她為主。

★劉太太：筋骨質兼心性質

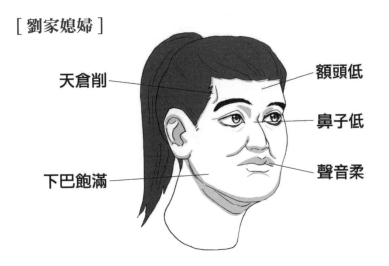

[劉家媳婦]

天倉削　　　　　　額頭低

　　　　　　　　　鼻子低

　　　　　　　　　聲音柔

下巴飽滿

劉家兒媳婦是一位典型的良家婦女，她的額頭低、天倉削、鼻子低而豐隆、眉目清秀、眼睛柔、嘴巴小、聲音柔中帶剛，屬於筋骨質

兼心性質。

　　天倉削、鼻子低、聲音柔的劉太太很有耐性，會為了家中安寧，選擇忍氣吞聲，但長期受到婆婆的言語壓迫，會造成憂鬱感。我常說陽宅的磁場，會感應一個人的個性，也就是說怎樣的人，就會住在怎樣的磁場。劉先生說：「確實有此現象，我的太太做什麼事情，媽媽都不滿意，而我也常常有兩邊不是人的感受。」

改善法．東南擋煞解糾紛

　　面相為天生，但住宅磁場可變，我對劉先生說：「別擔心，幸好你家是一間透天厝，前面有空地，建議你在東南方的空地造一座水池，並種植一些高的樹木，這樣可以擋住東南方不好的氣流，有擋煞的作用，這樣就能化解是非及婆媳不和。」

 ## 婆媳間的進退之道

　　聲音在面相學中是一個很重要的判斷關鍵，可以從聲音了解一個人的個性，以及處事作風，在觀察時，不妨先從聲音著手，再搭配五官，就能找出與之相處的最佳方式，使家庭圓滿。以下就列舉幾個例子，幫助各位更加熟悉判斷之法。

類型一．聲音有力者

　　若婆婆的聲音有力，處事帶霸氣，比較會搶風頭，她希望受到重視，以她的邏輯為主。這種格局的人吃軟不吃硬，要注意拿捏分寸，

任何事情建議先請教她，由她來主導，那她就會很高興，相處起來會更加和諧。

類型二 . **聲音柔者**

聲音柔的人處事有原則，簡單來說，就是喜歡按部就班地做事。如果婆婆的鼻子高、聲音柔，表示她的自我要求高，而且因為鼻子挺，所以也會希望別人的做事邏輯與她相同。遇到這種格局的婆婆，你在處理家務時一定要有計畫性，婆婆感覺到你做事很有規劃，就會放心地將家庭交給你。

類型三 . **額頭低，眼睛柔，聲音有力**

聲音有力是筋骨質的特徵，做事刻苦耐勞，但因為額頭低，做事單純、欠缺思考，加上她眼睛柔，抓不到重點，導致這個人做起事情來沒有計畫，想到什麼做什麼，跟她相處會相當累人。

如果你的婆婆是這種格局的人，與她相處務必要有耐性，她在工作時，先讚美她（因為聲音有力者喜歡別人讚美），就算你覺得她的做事方式有問題，也不要插嘴改變她的想法，先讚美，等她處理完事情，事後你可以慢慢地解說給她聽，但不要在過程中插嘴。事後再以和緩的語氣告訴她如何計畫，她就比較能接受意見。

類型四 . **額頭低，眼睛亮，聲音柔，下巴飽滿**

我常說，天下最好相處的，是聲音有力的人，因為他們直接，不

拐彎抹角，只是處事霸氣，所以會帶給周遭的人壓力；聲音無力的人心機則比較重，處事保守。

　　如果你的婆婆額頭低，代表她處事務實，眼睛亮的人主動性高，另一方面來說，也比較愛管事，但是聲音柔，所以較無膽量。她的眼睛亮，遇事會想去了解，但聲音柔的特質導致她不敢明確表達或要求，想法都放在心裡，久而久之就會想太多。如果你想拜託她做事，態度上要尊重，並且明白地告訴她緣由，否則她會疑神疑鬼。

林老師小叮嚀

　　若婆婆屬於筋骨質兼營養質的人，處事比較霸氣，喜歡掌握權力，但一生比較勞碌命。如本篇的劉老太太，這樣的人只要你敬他三分，他就會回饋七分。

　　確實，想要成為一位讓婆婆誇讚有加的兒媳婦相當困難，但只要能多了解面相，理解當中的奧妙，相信就能掌握與他們溝通與相處的方式，對家庭關係大有裨益。

3-03

婆媳互動：案例篇

　　松山區的這位陳先生邀請我，是為了到他家勘查風水，陳家住宅坐西朝東，位於大廈的八樓。去勘查風水的那一天，陳先生熱心地邀請我進屋，一邊大聲喊：「媽，老師來了。」陳老太太從廚房端了一盤水果出來，對我說：「老師，感謝你特地跑一趟喔。」我聽到這個聲音，對陳老太太說：「老太太，你是很熱心的人，可是你很勞碌。」

　　聽到我這麼說，老太太表示「家庭主婦不都一樣？」我向她解釋：「不一樣，老太太你的聲音粗，表示靜不下來，而你們家又西南氣入宅，它屬於女性之氣，所以家中是由女性主導，當然，也就表示女性會比較勞碌。」

　　此時我注意到在一旁的陳太太，對她說：「恭喜你，有個好婆婆會幫妳打點家務。」陳太太笑著說：「對啊，大家都說我很好命，確實，我婆婆為這個家盡心盡力，大小事情婆婆都會處裡得好好的，讓我真的輕鬆不少。」陳先生也表示：「看來我是最有福氣的人，家中兩位重要的女性相處融洽，才能讓我毫無後顧之憂。」

陳老太太與媳婦的面相

　　一個女性嫁到夫家，就等於到了一個陌生的環境，與完全不同的人共同生活，這實在不簡單。照理來說，女性比較吃虧，但這又是自古以來的家庭邏輯，難以改變，與婆婆同住的兒媳婦只能調整自己，而婆婆也要接納一個全新的人，想要讓家庭和諧，雙方都必須調適。

觀相一．陳老太太：筋骨質兼營養質

　　陳老太太已年過七十，但動作敏捷、聲音粗、鼻子低、下巴飽滿，這類型的女性對家庭的付出多，凡事都要親自為之，而且性格上只要人家敬她三分，她就會回饋七分，我對陳老太太說：「你年輕時若與先生產生意見上的分歧，不管怎樣都是妳輸吧？」

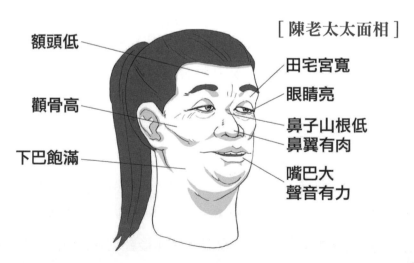

[陳老太太面相]

額頭低
顴骨高
下巴飽滿

田宅宮寬
眼睛亮
鼻子山根低
鼻翼有肉
嘴巴大
聲音有力

　　「老師，你說的真是準，不管怎麼跟他吵，到最後都是我讓步……」我向她解釋：「因為你的命宮寬，看得開，只要丈夫跟你多

說幾句好話，你心就軟啦，當然會讓步，你這種面相就是吃軟不吃硬，而且你很寵小孩。」聽到我的話，陳老太太便笑著點頭稱是。

林老師小叮嚀

　　懂得觀相學，就能了解周圍人們的個性及才能，隨時隨地都能派上用場，無論是選擇對象、結交朋友、求職晉用人才等，只要稍加端視，心中自有評量，大至事業、小至家庭，皆能應用。

觀相二. 陳太太：心性質兼營養質

　　論婆媳相處，除了看婆婆面相，當然也得看陳太太的相貌特徵。「陳太太，你下巴飽滿、聲音柔、眉毛清秀，所以待人處世懂得拿捏分寸，不會與人爭論，而天倉削的人，未嫁者為娘家付出，嫁後則會孝順長輩，你只要對你婆婆撒點嬌，妳婆婆就會寵你如親生女兒。」

　　「唉啊，老師，我不用撒嬌，婆婆本來就待我有如女兒啦。」陳太太笑著說，而另一邊的陳老太太也補充說：「老師，我的媳婦也對我很好啊，每天下班回家，都會跟我說：媽媽，你辛苦了。要不然就是帶我出去吃飯、買禮物送我，都沒少過。」

　　這就是一個人的面貌及個性，其實陳太太的面相完全能解釋她與婆婆之所以能相處融洽的原因。她的額頭高、天倉削、眼睛柔、眉清秀、鼻子低、聲音柔、下巴飽滿。

　　額頭高且聲音柔，表示陳太太處事冷靜，會運用智慧，不急躁；眼睛柔、眉清秀、聲音柔三者搭配在一起，表示就算有不愉快，她也

不會衝動地與人當面對質；加上她下巴飽滿，有度量，會善用人脈，與人交談懂得分寸，在任何場合都能帶給四周愉快的氣氛。而且額頭高、眼睛柔、聲音柔的人，在適當的場合會表現溫和的一面，給人感覺很有親切感。

對家庭的付出她也做得很足，天倉削而聲音柔，代表她會主動做事，願意付出；加上陳太太下巴飽滿、聲音柔，表示她對家庭的付出是無怨無悔的，不會因付出而產生抱怨。

3秒面相觀人術

我常講，聲音粗的人和聲音柔的人相處，絕對是吃虧的那一方。一般人都會誤以為聲音粗的人比較有利，會占主導地位，但這是錯誤的。因為聲粗的人好動，處事主動，也比較沒有心機，就《易經》來看，陽動者勞碌，陰靜者才好命。

小結：筋骨質婆婆&心性質兒媳

本篇例子中的陳老太太具備筋骨質特徵，一般而言，筋骨質的人性格較獨立，對人熱情，處事乾脆，做事講求速度，在工作上會很主動地付出，但經常付出多，回收少。

屬心性質的媳婦，在家務上發生不合時，不會與婆婆當面對質，而會運用智慧化解衝突，陳太太剛好就具備這些特質。她的額頭高、聲音柔、眼睛柔，而筋骨質的婆婆個性好動，喜歡聽到讚美之詞，心性質的陳太太就很懂得拿捏其中的進退。他們之間的相處完全符合《易

經》中說的「以陰制陽」、「剛柔相濟並用」之理。心性質的人待人處事上懂得分寸，這對婆媳而言也算是天作之合了。

3秒面相觀人術

聲音可觀性格，聲音有力的人到老了還是勞碌，在三質中聲音有力者，內在屬於動態，靜不下來，被稱為勞碌之命。觀面相學三質（心性質、筋骨質、營養質），聲音有力很明顯屬於筋骨質，筋骨質一生都比較勞碌，若人活到老都聲音有力，表示他無法安定下來，家中大小事都喜歡插手管一下。

望子成龍，望女成鳳

自古以來，中國人對子女多半抱有「望子成龍，望女成鳳」的心態，像中國大陸受到先前一胎化制度的影響，孩子數量少了，被呵護有佳的情況更加明顯。

父母都希望能培養出優秀的子女，希望兒女的成就超越自己，大家可能沒有意識到的是，父母的面貌與下一代的發展是有關連的，你的一舉一動都會影響兒女將來的造化。

額觀未來，鼻觀志氣，下停觀後運

一個人的格局可從面相觀察，你的格局就會影響到下一代的成就，所以透過父母的面貌，能一窺兒女的未來。從自己的面相來看：額頭觀孩子的未來，鼻子觀兒女的志氣，下停觀其後運（及家庭的生活狀況），例如額頭寬廣，表示吸收學習能力強，天賦聰穎。

細節一．身教影響兒女相貌

面相有遺傳性，這一點人人皆知，例如父母的鼻子大，其孩子的

鼻子大多也會比較大，除了遺傳之外，身教也有很大的關係，外國人懷孕時重視胎教，會聽很多與胎教有關係的事情，比如聽音樂就是胎教的薰陶；中國人則重視身教，例如認為孕婦要盡量保持心情愉悅、情緒穩定，以免影響孩子的脾氣。

一對夫妻結婚後，如果彼此之間不是很恩愛，或是身處複雜的環境，常有糾紛的話，出生的小孩額頭髮際比較蒼，長大後就會影響到這個小孩的事業，因為額頭代表你的思考及事業上的成就，髮際蒼的人一般在事業上會受到阻礙。

細節二．從耳朵觀察出生環境

一個人的出生環境與你的耳朵有關係，一般來說，耳朵佳、有珠的人，出生的環境大部份都不錯；相對來看，耳朵不佳的人，大多數的出生環境會比較差。

關於耳朵的論述其實有很多種，耳朵不佳表示天生環境比較差，但如果你的父母在懷胎中很恩愛，孩子的額頭特別漂亮，只是耳相不佳，那就要綜合考量，就像耳朵有反輪的人會比較有才華，從社會上的名人來看，許多有才華的作者，或是藝術家、影歌界的人，其耳朵輪廓都有一點反，所以他們才華洋溢。

細節三．整形能改運勢嗎？

我們的面貌是固定的，是父母賜給我們的，面貌如何很難去改變，有許多人因為想改變運勢而去整容，這對面相毫無加分，反而會扣分。

我常講：「人有三世因果。」各位乍聽之下會感覺很玄，但這個道理其實不難理解，有因必有果。一個人的出生環境確實很重要，但我們必須明白，並非出生在有錢人家就是好的環境，要決定一個家的好壞與否，最重要的關鍵是在父母身上。

由「你」觀子女讀書運

在觀相學上，額頭包含官祿位置，代表事業，也同時為小孩的讀書位，因此可透過觀察額頭氣色，了解這個人的事業，與兒女六親現在的狀況。

[官祿宮、日月角]

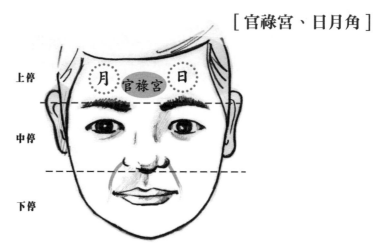

如果你的額頭氣色潤白、氣色佳，表示你現在的事業旺，一切無牽掛。額頭日月角為小孩的讀書位，氣色明潤，小孩讀書專心；如果日月角的氣色暗黑，可探知小孩目前讀書有阻礙，成績欠佳，父母為小孩煩惱，日月角與額頭氣色自然就會黯淡下來。

額頭氣色是運勢的關鍵，氣色佳確實有加分，但一個人每天要保持好氣色不容易，因為我們每天都面臨許多事情，事業上一受到阻礙或困難，就會表現在額頭氣色上；在外與人發生衝突，顴骨就會顯暗沉，因此，如果想要維持自己的好氣色，替自身以及孩子的讀書運增色，我們就要潛心修身，盡量將心胸放開，看得開、放得下，才不會讓氣色影響自己與家人。

3秒面相觀人術

在觀相學的理論上，額頭代表事業，也是讀書位，透過化術，就能從父母看子女。你的額頭氣色潤，代表小孩讀書專心；下巴則能觀孩子的穩重性，下巴削表示動力強、不穩定，可從聲音開始改變，語速放慢、聲音放柔，經過化術的影響，小孩讀書會專心，將來有成就。

後天培養上進心

小孩出生之後，無論環境好壞與否，身為父母，都希望能培養出有成就的孩子，先天環境已定，但後天培養也至關重要，如何帶動小孩求進步，才是最重要的事情。

觀相一 . 筋骨質，眼睛亮，聲音有力

如果父母本身形質屬於筋骨質，比如眼睛亮、聲音有力，這樣的形質本身就比較好動，處事急躁，走路或其他行動的速度都很快，受

到父母的影響，小孩有時也會變得太活潑，導致他們難以專注。想要改變孩子專注力欠佳的狀況，不妨從自己的舉止行為開始改變，例如走路時腳步放慢、走穩一點，就會穩重下來，潛移默化中也會改善小孩的專注度。

觀相二 . 眼睛定神，讀書運佳

如果父母的眼睛定神、聲音穩重，他的小孩讀書多半能專心，在校成績不錯。要看一個人處事是否能專心，觀察重點在「眼睛」。眼睛定神的人讀起書來比較專心，如果不曉得什麼樣的眼睛為定神，可以去觀察那些有名望的高中學生（例如北一女、建國中學的學生），他們的眼睛多半都比較定神；接著再去觀察私立中學學生的眼睛，這些孩子都很活潑，大部份眼睛很亮、聰明，但是好動，讀書較不專心。

[讀書運佳的面相]

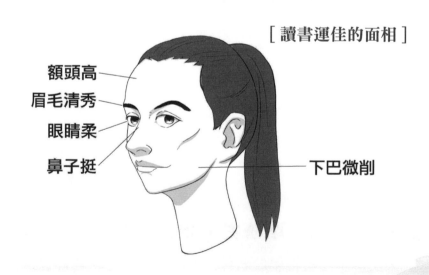

額頭高
眉毛清秀
眼睛柔
鼻子挺
下巴微削

林老師小叮嚀

　　有一些宗教人士念經的速度很快，一本經也許念沒幾分鐘就結束。如果你想要練眼睛的定神，就從念經開始，慢慢地念，以加倍的時間念完這本經，時間一久，你的眼神自然就會改變，眼睛定神下來，也會變得有更有思考能力。

兒女傍身 vs. 老來孤獨

　　我在教企業面相學時常對學員說：「人到老時有三個格局。」其中，兒女只拿錢來並不是最佳的老運格局，最重要的是兒女願意與你聊天，有事情時會關心你，平時也主動噓寒問暖，讓你心情愉悅才是重點。

　　依照全球的統計，人們壽命延長，老化社會是必然現象，我們總希望老來有兒女相伴，享受天倫之樂，但有的長輩卻始終與兒女互動不佳，成為孤獨老人。這種情況確實存在，即便兒女提供金錢上的供養，但卻不願與父母相處，一看到你便閃開，講沒幾句話就爆發衝突，對話往往只有「話不投機半句多」之感，現在我們就來了解老年之後的三種格局。

 ## 老來歸宿，三點項目

　　人的面貌可分為三等份：上停、中停、下停。一個人到老來，最重要的部位是下停，因為下停代表家庭，也顯示出與子女之間的關係。例如下巴短的人，若你有創立事業，則下一代無法接續其事業；下巴

削者表示難以與子女相處，老來容易為子女操心，也較難得到子女的奉養。相比之下，下巴飽滿的人，到老衣食不缺、經濟無虞；聲音穩定的人則處事穩重，比較受人尊敬。

格局一．能享天倫之樂

★面相特徵：嘴巴大，左右頤頰飽滿

這樣的人溫和理智，不會獨斷獨行，因此子女喜歡與他聊天，有事情也會找他商量。左右頤頰飽滿的人，個性隨和豪爽，金錢上也會有一定的儲蓄，不需要兒女供養，一般來說，其兒女在社會上也比較有成就。

格局二．僅受供養之福

★面相特徵：眼睛亮，聲音有力，下巴飽滿，耳朵大

具備筋骨質特徵，這類型的人凡事以自己的邏輯為主，個性主觀又強勢，到老也不認輸。眼睛越亮，表示內在越無法安靜下來，愛管閒事，同時又喜歡搶風頭、不認輸，聲音越有力，此現象越明顯，事情稍微不合自己的意思，看得不順眼，就認為子女不尊敬他，加上性格強勢帶霸氣，所以開口就會指責，不會考慮兒女的想法，造成兒女內心的心理壓力。

就面相而論，下巴代表家庭，飽滿說明兒女在社會上有成就，加上耳朵大，表示有供養之福，但由於前面所述之筋骨質特徵，兒女與他交談就怕他嘮叨，所以會盡量避開與這樣的父母相處，雖享供養之

福，但也可說是另一種孤獨的狀態。

格局三 . 老來易孤獨

★面相特徵：下巴削，眼睛無神

孤獨之相當然會搭配下巴削，但並非所有下巴削的人老來都會孤獨，還必須搭配眼神和聲音而論。

❶.下巴削：下巴削代表財庫難聚財，到老還為三餐家計煩惱。加上下停也是子女的位置，削者與兒女的互動少。

❷.眼睛無神：代表處事不知輕重，抓不到重點，一生無大成就。

下停為家庭和兒女的位置，若下巴削，兒女經濟可能有問題，自身難保，同時，下巴顯示出一個人到老的食祿，自己的錢財與財庫可由此觀察，這樣的人可能連金錢上的奉養都難取得。其中，下巴削、聲音有力者最為孤獨，因為聲音有力，性格不認輸，所以不會輕易服老，老來還動不動甩脾氣，又固執，與兒女的互動不佳，越老越孤獨。

天空地空最為孤獨

一般到老最希望生活安逸、享受，但有些人到老卻一生孤獨，其重點部位，面相學稱為有兩空，天空地空的人，一生最孤獨。

❶.天空：觀察天倉，也就是額頭左右，接近福德宮之處。若天倉削

則稱為天空，一生無貴人，凡事要靠自己努力克服。

❷. **地空**：人是否走老運看下巴，下巴可以看出一個人的老來運勢，
以及與家庭、子女的關係，一般來說，下巴飽滿不僅錢財無虞，
也表示與子女會有良好的互動。若下巴削則稱為地空，表示與子
女關係冷淡。

[老來辛苦之相]

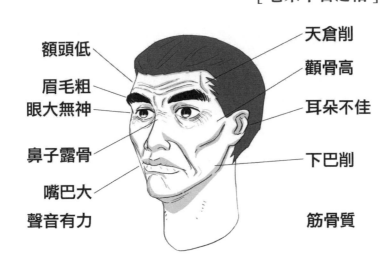

額頭低　　　　　　　　　　　　　　天倉削

眉毛粗　　　　　　　　　　　　　　顴骨高

眼大無神

鼻子露骨　　　　　　　　　　　　　耳朵不佳

嘴巴大　　　　　　　　　　　　　　下巴削

聲音有力　　　　　　　　　　　　　筋骨質

　　上圖為一筋骨質男性面相，從他的面相特徵可掌握什麼樣的面相
容易孤老。首先，下停看經濟情況，下巴削表示兒女的經濟有問題，
他們自身難保，所以難以供養父母，而下巴削者通常難以留財，自己
無儲蓄，生活更加艱難。談到財運也要看鼻子，圖中的男性鼻子無肉
且露骨，無財氣，一生與財運較無緣。

　　再來觀察這位男性的其他五官，他的眼睛無神，表示處事抓不到
重點，一生無大成就；鼻子露骨，個性主觀強勢，不輕易向人低頭；
顴骨高，所以他不僅有主見，也喜歡掌握權力，認為兒女都要以他的

邏輯為主，霸氣而又固執。

　　耳朵在面相學主老來運勢，耳相不佳無福氣。耳朵大有珠的話，老來子女會供養，與六親兒女互動良好；如果像圖中男性這樣，耳朵不佳，則與六親的緣分淡薄，沒什麼互動，所以遇難時無人相挺。

　　在面相學上來說，鼻子屬土，象徵財富，嘴巴大小則影響財庫。若嘴巴大、鼻子小，表示此人有庫無財。如果觀察路上流浪漢，其中有不少都有前頁圖片中男性的格局，下巴削、天倉削、眼大無神，到老來孤獨。

林老師小叮嚀

　　人到中年後，體型最好能夠漸漸豐腴，也就是下巴飽滿，下巴代表家庭的穩重性，也觀子女的經濟穩定性與孝順與否，若父母下巴削、聲音粗，這樣的面相喜歡碎碎念，會讓子女敬而遠之。

3-06

人老命好的享福之相

　　某次，我受邀參加社區的座談會，與會者多為退休人士或年長者，論及「與子女的相處」這個議題，參加者非常踴躍，整個會場幾乎座無虛席，可見東方傳統的家庭觀念仍深植老一輩人的心中，這一點倒與西方不同，西方人在幾十年的文化薰陶之下，只怕年輕一輩者對這種觀念已無法感同身受了。

　　把面相說得玄一點，它是個人的因果論，我們的長相得自上一輩的遺傳，經由我們再流傳至下一輩，生生世世相互牽引。而透過面相，即可看出怎樣類型的人晚年能受到子女的照顧。

 ## 可享清福的面相格局

　　我常說，面相是我們的履歷表，從出生到年老，所有的資歷、親戚、朋友、子女、財庫等，全都會紀錄在臉上。所以古代先人為了認識自己，掌握未來，而建立了這套面相哲學。

　　相信每個屆退休年齡之人最在乎的，莫過於自己的老年生涯。雖然有所謂的公司退休金、勞保退休金等等，但除了財富無虞之外，一

般人的期望仍是兒女能承歡膝下。那麼，怎樣的格局才能享有清閒無憂的晚年呢？我們可以從以下幾點著手觀察。

[老年運勢佳的面相]

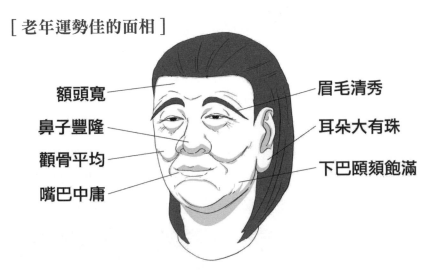

額頭寬

鼻子豐隆

顴骨平均

嘴巴中庸

眉毛清秀

耳朵大有珠

下巴頤頦飽滿

觀相一. 氣色潤白運勢佳

首先看臉的氣色，氣色與運勢最有牽連，所以我們最常用氣色來觀察一個人目前生活是否順遂。如果你的氣色潤白，代表現在的處境無憂無愁，起碼生活穩定；若看到一個人顏面氣色不均，時暗時紅，表示他目前的環境不穩定，隨時有變化，或者正為了家計、子女而煩惱。

觀相二. 天倉飽滿顯家境

其次觀察天倉部位，天倉飽滿者表示有祖產，若再加上耳朵有垂珠，代表他小時候的家境不錯；如果此人氣色佳、聲音穩重，則表示

遺留下來的祖德、祖產有被守住。

但是，如果天倉飽滿、眼睛亮、聲音粗、顏面的氣色赤無光彩，說明上一代留下來的祖產留不多，或是幾乎已被揮霍殆盡。因為聲音粗者屬於筋骨質，從化術的角度來看，表示上一代比較沒有理財概念。（一般聲音有力，五官配置不佳者，一生大起大落，容易到老一場空。）

從五官與氣色兩者切入，去觀察一些退休人士，如果他的天倉飽滿、眼睛定神（或眼睛柔）、聲音穩重的話，上一代留下的祖產還在，到老還夠使用，不太需要靠子女來供養。

觀相三 . 走老年運的下巴

年紀大者最在意的莫過於與子女的關係，其實從老年的幾種格局觀察就能得知，上了年紀之後聲音不能太有力，因為聲音越有力，表示個性越霸氣，比較容易與子女產生摩擦或衝突；但聲音也不能太過無力，否則容易被子女欺負。

想要走老運的人，最忌諱下巴削。下停削的人，到老都無法安定下來，依照化術論來看，即使賺了很多錢，自己依然無法享受；而且下停也代表兒女的狀況，下巴削者，你的錢財受到子女的牽連，或是已被揮霍掉，到老會很辛苦。

觀相四 . 嘴巴觀察財庫

觀察與子女之間的關係以下停為重點，因為下停代表家庭與財庫，也看得出與子女的關係，左右頤頰與下巴飽滿的相貌為佳。

下巴削的人晚年多半辛苦，左右頤頰代表守財，在下停佔據很重要的部位。頤頰削，表示老來錢財難守，也代表子女互動不佳。若左右頤頰及下巴飽滿，再觀察眉毛到鼻子，在觀相學中，這個區塊稱為「中停」，中停是人生中的奮鬥時刻，與老來財運有關。中年發憤圖強、辛勤工作，辛苦的血汗錢能不能入荷包，則看嘴巴，嘴大的人財裝的多，嘴巴小則代表保險箱不夠大，財氣不足。

所以人過中年後，體型最好能漸漸豐腴（尤其是女性）、下巴能飽滿，下巴表示家庭的穩重性，也是看能否得到子女孝順之地，若下巴尖削的人，家中經濟不穩，子女也多奔波勞苦，恐無法承歡膝下。

傳統上，東方傳承以家庭為重，但受到西方文化的影響，現在兩代同堂的機會也已日趨減少。台灣步入老年社會，但在老年人福利不若西方社會齊全的情況下，奉勸大家在中年時期，就要多多為自己的養老金做打算，尤其是年過五十的獨身主義者，要特別謹慎地規劃未來，自己打造出能坐享清福的晚年生活。

林老師小叮嚀

一般來說，下巴削、額頭高、聲音柔的人，都認為自己的腦筋很好，看不習慣的事，就會認為是別人太笨所致，但聲音柔，有難題又不敢出聲表達，這樣的人老了之後很難與子女溝通，是一種老來孤獨之相。此外，眼睛太亮的人，處處看不慣，處處都要管，子女自然會避之唯恐不及，如果加上聲音粗，除了愛管別人，還會碎碎念，子女心有不服，只好敬而遠之。

3-07

用面相看接班人是否成材

一個人活到老，最重要的是晚運，中文說「安享晚年」，到老能生活無虞、安樂，才是我們追尋的目標。要觀察與子女的互動，耳朵與下停為重點。以官祿來說，耳朵大的人言行舉止和氣穩重，工作上得罪人的機率很低，而且耳朵大屬於營養質，不僅工作人事上穩定，相對兒女也穩定，老來會得到子女的供養。

★下停飽滿，互動良好

如果你的下停飽滿，表示家庭穩重，家中安逸，與子女溝通良好，尤其是額頭高、耳相佳的人，到老都能與子女有良好的互動關係。

★耳朵小，耳根子軟

耳朵小代表此人耳根軟，容易動氣，常與人起爭執，人事不安定，所以耳朵小者常常換工作，若選定這樣的人來接班，事不穩定，屬於動態的筋骨質，除非兒女耳朵佳，才能化解。

★眼睛與五官的搭配

鼻子美、下停飽滿的人財運佳，但眼睛不可太亮，如果氣色暗，眼睛又太亮的話，相對上子女容易與人發生糾紛；如果耳朵大，與親朋好友之間的財務往來穩定，不會有什麼糾紛，接班者也會穩扎穩打。

★聲音以中庸為佳

聲音有力，表示與子女難以溝通，因為聲音粗的人霸氣專制，不講理。若額頭高、眼睛亮、聲音柔，則與子女的緣分深，相貌下停飽滿、眉目清秀的話，到老人脈多，一生不會孤獨。

事業與接班人

若你年紀漸長，本身又有事業體，想判斷是否能將事業交棒給下一代的話，可以先從自己的下巴來分析，若你的下停削，則建議不要將辛苦打下的江山交給下一代，否則容易因下一代不會理財而經營不善。若你的下巴飽滿有朝，那下一代的接班成就會不錯，甚至有能力勝過現在的事業體。

案例分析．從面相找接班人

中國經濟的突飛猛進，造就了許多大企業，這些大老闆們事業有成，但大部份都已接近退休年齡，需要將事業體交給下一代繼續經營。我經常應大陸企業家邀請，前往鑑定風水，他們最常詢問的，就是能否把事業交給下一代。

　　面貌如同一個人的展示櫥窗，可分析出一切性格與資訊，想要觀察子女當中何人適合接班，就等於要觀他們的前途，面相學上觀三處：額頭看孩子的未來，鼻子看兒女的志氣，下停看後運。

　　假設你有三名兒女，從化術來論，長子情況看你的額頭與鼻子，次子觀看鼻子與顴骨，么兒則觀察下停。若你的顴飽滿、下停短縮，表示次子不聽話，意志不夠堅強，持續力不足；而且由於下巴短縮，所以無論誰來接班，事業方面很難有大發展。

　　若是你的下巴有朝（如下圖），兩側頤頦飽滿，具備這樣面相為佳，事業體交給下一代，將來必有成就。而且若你的下巴飽滿、耳朵佳，表示與六親的互動良好，到老會有六親來供養。

［下代有望的面相］

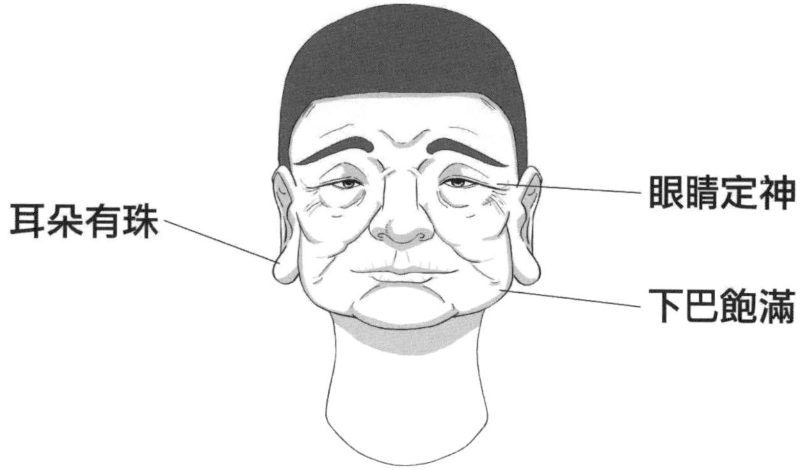

耳朵有珠　　　　　眼睛定神

下巴飽滿

林老師小叮嚀

　　我們常有所耳聞，許多企業家將事業體交給下一代經營，卻事業不振，甚至一敗塗地，這樣的人被稱為「敗家子」。但依照面面觀的論述，這其實與你的面貌有關係。下停能觀子女，若你的下巴削或退縮（化術），說明下一代處事無恆心，較無理財觀，你的事業不能交給下一代管理，很容易因為經營不善而被敗光。

3-08

養兒防老變養老防兒

冬至是一個節氣，古代的人很重視此節氣，認為冬至對人體有很大的影響，冬至前後天氣寒冷、變化多端，所以在冬至來臨時，要特別留意家中老者，他們較為虛弱，稍不小心就會導致身體不順，有的一嚴重甚至可能會與世長辭。

有一種行業，冬天是他們的大月，也就是醫院與葬儀社，從事風水命理多年，我認識了許多殯葬業者的人士，他們說冬至的節氣是大月，也就是生意好的意思，正是一次冬至前夕，到殯儀館為學員的父親送別，當時的情況讓我印象深刻，感慨不已。

 ## 實際案例：父母離世見人心

那天，我來到台北市的第二殯儀館，到了之後，發現旁邊的送別場有人意見紛紛，辦理後事本該肅穆和靜，但那邊卻不斷有嘈雜之聲入耳，好奇之下，我過去打聽，才知道那是一位李老太太的送別場，也了解他們之所以如此的緣由，李家的親戚感嘆李老太太的兒子不孝，打抱不平，所以彼此交頭接耳，憤慨不平。

　　李老太太的兒子長年在國外工作，母親過世，卻只有兒子回來盡孝，而不見李老太太兒媳的蹤影，親戚怒罵李老太太的兒子逆天，不盡孝道，與我同行的學員看到此景也感慨起來，便問我：「老師，逆天不孝的人，可以從面相看出來嗎？」走過鄰館，剛好在播放李老太太的一生，有李家兒子、兒媳全家與老太太合影的相片，我看到之後心中也有譜了，送葬結束後便與學員回到工作室，一邊泡茶，一邊聊起在殯儀館的所見所聞。

重男輕女是寵壞兒子的關鍵

　　這位李老太太的兒子，自從結婚後，與妻子偷偷地移民國外，全家在美國居住、工作，老太太怕兒子在外生活有困難，每個月將自己辛苦存起來的錢，大約二十幾萬寄給兒子。老太太周邊有人發覺此事，勸她說：「你這般重男輕女，寵壞孩子，將來必有因果。」

　　但老太太還是跳脫不出這個思維，生了五個女兒、一個兒子，她將所有的錢都給了兒子全家，幸好女兒顧念手足之情，不予計較，才沒有釀成更大的家庭紛爭。

　　在葬禮上，老太太的女兒們都很傷心，母親過世，兒媳婦竟不回來盡孝道，只有在沒錢的時候才想到母親，母親得到癌症在醫院治療，期間兒子一次也沒有回來探望，一開口就是要錢，完全不體諒母親，甚至連這次葬禮回來也是如此，李家兒子最大的用意就是要處理家中財產。

　　媳婦也輕視倫理，在國外的兒子一切都掌控在媳婦手上，連打電

話回家都不能自主，明明李老太太養育兒子、照顧他們的恩情比天還大，但卻得不到他們最基本的孝道，這讓李家的女兒們感到心寒。

 ## 從面相觀察&分析

聊到這裡，學員認為此事最大的關鍵在李家的兒子身上，並好奇人的孝順與否，也能從面相三質觀察嗎？那麼接下來，我們就切入重點，透過這對夫妻的面相分析，來解釋為何會有這樣令人感到遺憾的結果。

觀相一．李家兒子：營養質兼筋骨質

李家兒子的面貌，屬於營養質兼筋骨質，他的額頭高、天倉飽滿、眉清秀、眉尾隨下、鼻子低、顏面肉多、下巴飽滿，嘴巴小、聲音無力，只有眼睛亮還有一點筋骨質。

[李家兒子的面相]

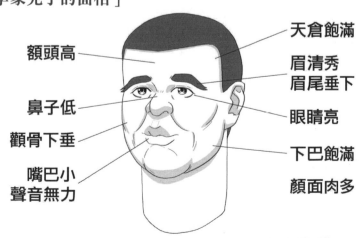

額頭高　　　　　　　　　　天倉飽滿
　　　　　　　　　　　　　眉清秀
　　　　　　　　　　　　　眉尾垂下
鼻子低　　　　　　　　　　眼睛亮
顴骨下垂
嘴巴小　　　　　　　　　　下巴飽滿
聲音無力　　　　　　　　　顏面肉多

從化相而論，額頭高加上天倉飽滿，表示李先生小時候的環境不錯；日月角豐隆，會讀書；眉清秀帶有文雅之氣；眉尾隨下，處事不會當面與人衝突；眼睛亮，表示處事有衝勁，但他顏面肉多、嘴巴小、聲音無力，這種格局反而不好。

額頭高表示思想豐富，眼睛亮說明他會有一點主觀，但因為嘴巴小、聲音無力，所以遇事不敢面對，再有想法也不敢表達，氣會往內吞，這種格局的男性，屬於無魄力、無主觀、無權力的男人，有事不敢面對，只是默默承受，加上顏面肉多、下巴飽滿，他的依賴心重，從小就被寵壞，所以婚後必聽老婆的話，不敢「吭聲」，容易導致夫妻關係失衡，是可憐的男人。

觀相二．李家媳婦：心性質兼營養質

再論李家的媳婦，她是心性質兼營養質。額頭低且有一點凸、天倉飽滿、眉尾稀疏、眼睛柔、鼻子挺、嘴巴大、聲音柔、嘴唇薄、顏面肉多、顴骨反、膚色白。

就三質比例上，李家媳婦心性質的比重最多，她對自己的要求高，追求時尚，額頭低表示思想單純，這裡要注意她的額頭有一點凸，因此會以自己的邏輯為主，加上眼睛柔，處事不知輕重，人際方面只顧自利，不會顧及別人的感受。

在面相學的理論上，鼻子挺的人大多主觀強勢（若搭配心性質更明顯），容不下別人批判自己，虛榮心重（愛面子），喜歡與人比較，就算自不量力她也會如此，不會考慮自身的條件。在家庭關係上，她

會要求丈夫以她的邏輯為主，丈夫只要稍有一點不足，沒有符合自己的邏輯或預期，她就會瞧不起丈夫。

　　李家媳婦還有一個特徵：眉尾稀疏。這樣的人情義淡薄，比較自私，與夫家的六親互動少。她的顴骨反，處事不定難捉摸；顏面肉多且膚色白，這種形質搭配她重自利的特質，變得只好享受而不付出；嘴巴大而聲音柔，代表她的氣質文雅，可惜嘴唇薄，所以處事刻薄、無人情味，而且嘴巴大，貪得無厭，所以不會體諒丈夫內在的感受。

林老師小叮嚀

　　本來我對李家的兒子感到很不滿，覺得這般不盡孝道的人真是卑劣可惡，但看到他配偶的面貌，發覺他太太虛榮心很重，而且作風強勢，為達目的會軟硬兼施，而李先生自己又聲音無力、不敢吭聲，不禁覺得他既可憐、又可悲。所以奉勸各位，一定要好好規劃自己的晚年，不要像本篇的李老太太，造成了許多遺憾。

3-09

面觀六親的健康狀態

人走到中年運時，上有父母，下有子女，一生為家庭努力打拼，此時除了財富之外，最關心就是六親的身體健康。身為兒女，我們都關心父母的身體狀況，其實從一個人的面貌，就可以觀六親，聽起來或許玄妙，但道理一看便明。

要觀察健康狀態，最明顯的就是看氣色。氣色能顯示一個人的喜怒哀樂，如若氣色明潤，代表你現在的心情愉快，行事無礙，相對在事業上的運勢佳；若你的面容帶怒，說明你內在充滿怨言和委屈；氣色暗滯，表示目前處事受到阻礙。而人的血緣遺傳，與父母最有關係，所以觀察一個人面貌，就能探知其六親的健康狀況。

 ## 從三停觀察親人狀況

欲觀六親目前的狀況，以臉部氣色為重點，以區域分割臉部，可分為三等份：上停、中停、下停。上停代表長輩和父母，中停代表夫妻和兄弟姊妹，下停則為子女與部屬。

一早起床，尚未洗臉之前，先觀自己的面貌氣色，因為從面相氣

色能觀察到許多情況。若是問父母親或長輩的健康情況，先觀察上停，因為此處為父母的位置。

上停區域 . 日月角，官祿宮

★日月角看父母身體

上停部位以額頭的日月角為重點，以眼睛中間為準，往上直至眉毛上方的兩區塊，就是日月角的位置，此位可判斷父母的身體情況。日月角有分為左右，左邊代表父親，右邊則為母親，但依我的經驗，不需要分左右，只要日月角部位氣色不佳或黯淡，代表雙親父母身體有變化，建議趕快帶他們到醫院做身體檢查。

★額頭，官祿宮

首先可看自己額頭官祿宮的位置，若該處生紅痘，又帶黑紅氣色，則須留意自己的身體，以及子女的狀況，以防他們遭遇意外傷害。額頭也可以論配偶（女性尤其明顯），額頭氣色欠佳者，丈夫的身體情

況不佳，須多加照護。

另外，額頭為官祿宮之所在，主文書，因此額頭可觀兒女在校成績，如若額頭氣色佳，則子女在學校的成績應該不錯；若日月角位置氣色晦暗，表示子女的求學有壓力，或在校成績不盡理想。也可從官祿宮判斷自己或配偶的事業，若官祿宮氣色欠佳時，表示你或配偶在事業上容易與人產生口舌爭論，與人相處時，說話要收斂、謹慎一些。

中停區域 . 顴骨，左右奸門

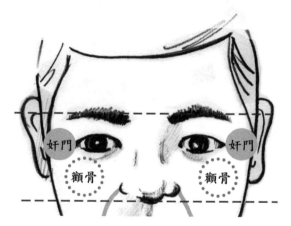

★顴骨氣色看事業

中停包含眉毛、鼻子、左右顴骨、眼睛、耳朵。中停最重要的部位在顴骨，顴骨主事業，如顴骨帶黑紅氣色，在事業上容易與人爭吵，嚴重甚至有官司纏身，若再加上額頭氣色暗滯，則更為明顯。

★左右奸門觀配偶

眉尾後方為左右奸門的位置（俗稱太陽穴），若奸門暗滯，要特

別注意配偶的身體不佳；眉頭至命宮氣色暗滯的話，則須留意兄弟姊妹的健康，以及事業受阻礙的情況。

下停區域 . 下巴，頤頦區域

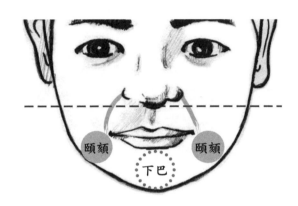

下停觀家庭狀況，下巴為下停最重要的部位，此處與子女最有關連。若下巴、頤頦氣色不佳，代表子女的事業恐有大變化，或者錢財出問題，建議趕緊去了解情況。

 林老師小叮嚀

　　男女同論，如果額頭的氣色暗沉，並維持了一段時間，氣色退氣，請多留意配偶的心情，因為這樣代表必有事情要發生。如果額頭氣色黯淡，加上鼻子有紅氣未消，代表事業的周轉有問題。若顴骨氣色暗紅，眉間氣色暗，則表示六親或兄弟姊妹在錢財出狀況；若是鼻子發紅，下巴及頤頦兩側氣色暗，則要注意女子女在錢財方面的規劃，或是出行所造成的傷害。

氣色是一門學問

我們常聽到一些事實，如電影裡提到「此人印堂發黑」或是「氣色暗滯，家中必有災難。」這一些說法其實有理可循，當然，也會有人拿這種話來開玩笑。我每次在教企業面相學中的氣色，都對學員說：「這是面相中最難判斷的一環，因為氣色的變化難以捉摸。」想要練習這一門學問，我都建議學員最好到醫院觀察。

在醫院走動的人大部份是來探病的，其中半數以上會與病患有親友關係，或是來照顧父母長輩的，這些人的氣色會直接表現在上停。若是在急診室，親友的額頭氣色會時有變化；若在普通病房，他們的氣色則大致穩定、氣色不錯，因為親人的健康正慢慢恢復中，觀察這些人，就是最佳的實際教材。

一個人的面相代表六親與你的關係，只要懂得識相，及早發現並預防，設法改善，對你與六親而言絕對是有益無害的一件事。

3秒面相觀人術

在面相學的理論上，若此人聲音有力，代表具備筋骨質特徵，一般在飲食方面比較難控制，因為筋骨質的人比較有魄力、有膽量，飲食要大魚大肉，他才會感到過癮，一般來說比較不重視身體保養。

聲音柔的人則屬心性質，比較重視養身，飲食也重視品味，唯一的缺點是遇到有難題不敢開口，習慣一切事情往內吞，這一種格局的人若產生健康問題，多半都是心情與情緒影響的。

3-10

從臉各部位觀疾病

「李總啊，你最近事業不太順喔！」

「對啊，最近業績有些滑落，天天被董事長盯，壓力很大。」

李總是我是相識多年的老客戶，近幾年常跑世界各地，此次回來，我看他額頭日月角部位出現明顯的暗沉，就面相學上來說，額頭為觀事業的地方，李總的額頭氣色浮現暗沉之色，表示最近事業不順，當天見面，我也順便跟他提了一句：「你父母的身體也要多注意喔。」

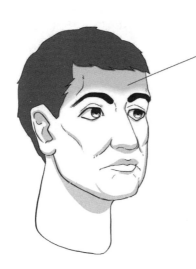

額頭氣色不佳、暗

［李總額頭氣色］

　　聽到我這麼說，李總回答：「老師，我今天來就是想請教這個問題的。我這幾天原本預定要去中南美洲洽談生意，一趟少則二十幾天，多則一個多月，但父親最近病況不佳，所以正在煩惱該不該去。」

面相的十二宮位

　　人的面貌分為十二個部位，每個宮位的氣色都與六親及自己身體有關係，十二宮位分別為：命宮（印堂）、官祿宮、疾厄宮、財帛宮、父母宮、福德宮、遷移宮、兄弟宮、田宅宮、夫妻宮/男女宮、子女宮、奴僕宮。

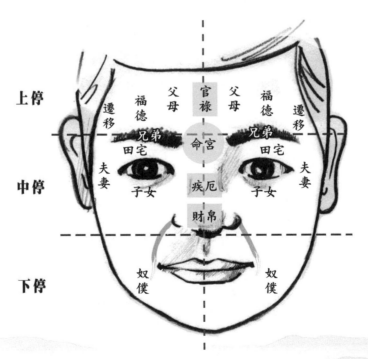

★額頭日月角看父母

就李總的情況來說，先前提到他額頭的氣色暗沉，額頭包括父母宮，父母宮位於眼睛中間的上方，左右稱為日月角，此處氣色不佳，代表父母身體有狀況。額頭除了與事業有關以外，還與父母、子女有關。額頭氣色暗，自身在事業上會有阻礙，觀父母可論有疾厄之災，觀子女可論學業或求功名受阻。

★病勢的快慢從三質判斷

李總父親健康有狀況，還得看病勢的快慢，最直接的方法就是觀察李總。李總鼻子高、聲音粗，說明李總屬於筋骨質兼營養質，筋骨質就化相而論，通常六親的病情也很快，表示李總父親的疾病來得快，去得也快。

若你屬於心性質兼營養質，加上鼻子低、聲音柔，則須以準頭（鼻頭）為主，準頭暗濁，表示父母親的疾病會拖。比較通俗的解釋是，鼻子一般論為財庫，鼻子氣色不佳，表示將有錢財耗損，耗損的原因就出於父母的疾病上。（化術上來說，心性質及營養質的疾病發展較慢。）

 一眼看穿身體與六親狀態

面相的各個部位也與健康息息相關，觀各部位氣色就能得知哪一處有狀況，各位讀者可以參考下一張圖去對照，除了自身器官之外，也別忘了十二宮位，兩相對照之下能獲得更多資訊。

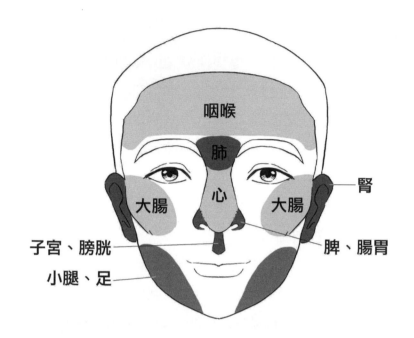

咽喉

肺

心

大腸　　大腸

腎

子宮、膀胱　　　脾、腸胃

小腿、足

❶. 命宮：命宮又稱為印堂，命宮氣色不佳者，身體方面要注意咽喉、肺、心臟。

❷. 遷移宮：在額頭兩側，掌管大腦、小腦的健康。

❸. 夫妻宮：位於眼尾（魚尾紋位置），氣色不佳，則肝、小腦、後腦、心臟、膽都需要留意一下，此處也代表夫妻的身體狀況。

❹. 兄弟宮：兩眉後段氣色不佳的話，身體要注意肝肺及小腦。

❺. 子女宮：眼睛下部稱為淚堂，也就是子女宮。若眼睛下方氣色不佳，須留意自己的小腦、心臟、腎臟、賀爾蒙等內分泌的問題，同時也可能表示子女身體出問題。

❻. 疾厄宮：指鼻子山根的位置，身體的直腸、心臟出問題，此處的氣色就會暗。

7. 財帛宮：也就是鼻子附近的區域，鼻子左右兩翼氣色不佳，表示胃、脾、大腸、小腸、十二指腸需要多加留意。

3秒面相觀人術

相信讀者常常聽到一種說法，印堂氣色不佳，表示最近運勢不順，其實除了印堂之外，還有一些部位能看運勢。例如位於眼睛與眉中間的田宅宮，包含上眼皮，此處氣色不佳，會有牢獄之災；福德宮在眉毛上方的區域，若左右氣色暗滯，則諸事不順。

確認求醫是否有效

一個人生病求醫，若想要知道診療是否有效，最簡單的就是觀察人中與耳垂，這也是我教李總的方法。如果他的父親在這兩個部位皆呈現紅潤氣色，耳垂摸來溫熱，表示病情控制得不錯，有慢慢康復的跡象；接著再看李總自己的日月角（父母宮），若此處也紅潤起來，就無需憂心了。

因為人中管理食祿，紅潤表示體力尚佳，有體力和病魔對抗，耳垂溫熱表示五臟的機能不錯，體內仍很活躍、氣足。當然，這邊還是要提醒各位讀者，人生病的話，一切還是得遵從醫師的專業，不要因為自己的妄加判斷而違背醫囑。

林老師小叮嚀

　　我們常會對病人說：「意志力要強，才能戰勝病魔。」但這是要看人的，除上述幾項觀察點之外，還要觀察病人的眼睛及聲音。眼睛亮、聲音粗的人鬥志夠，會與病魔對抗；而眼柔、聲無力的人，因為鬥志不足，往往會選擇放棄。此外，就三質來說，筋骨質者經常不重視小病小痛，結果釀成大病更難纏，營養質與心性質的人則重視小毛病，最會保養自己。

第四章

戀情甜蜜又升溫
感情運

陰陽相配論，三質面相配對

關於感情上的搭配，坊間有很多說法，最常聽到就是八字合不合、星座上的搭配，還有人說必須看夫妻面貌，有夫妻臉的人會比較配。確實，在所有來我工作室詢問的人當中，詢問彼此相性的情侶與夫妻非常多，有的甚至已經認識多年，都還會問：「老師，我們適合嗎？」可見一個人的性格，不是短時間的戀愛就能理解的，透過我多年的經驗，我也歸納出幾套建議的面相搭配。

人的面貌離不開三個質，也就是營養質、心性質、筋骨質，三個形質在個性上都不相同，適合的配對當然也不一樣，以下我們就分開來解說。

 ## 營養質的另一半配對

夫妻之間最好的配局，就是一陰一陽，男性為陽，女性為陰為最佳。一方為陽動（筋骨質），另一方屬陰靜（心性質、營養質），動的人付出，靜的人享受，最能創造出和諧的伴侶關係。

配對一．營養質＆心性質【佳】

★營養質男性＆心性質女性

若丈夫是營養質，太太屬心性質，處理家務事，雙方都會比較理智。可能有人會想：「老師，你常說營養質的人依賴心重，這樣的男性豈不都不幫忙家務，就算家裡亂糟糟，也只是等著太太處理嗎？」

其實，按理論來說，心性質的太太並不會吃虧很多。營養質的人好逸惡勞，如果你不約束他的行為，他的確就會以自己為主；但心性質的自我要求高，也會約束對方，再加上心性質的人懂得運用理智溝通，所以能讓先生共同分擔家務，若是筋骨質那種「你不做，我來做」的性格，才會導致問題。

★營養質女性＆筋骨質男性

筋骨質的人為陽動，營養質的人為陰靜。男性筋骨質很努力，願意為了事業打拼賺錢；女性豐腴，最好是營養質兼心性質，她會比較有理財概念，男方在外賺的錢可以交給營養質的女性來理財，而營養質的女性重視家庭（尤其下巴飽滿者），會將家庭打理得有條有理，讓丈夫在外工作無後顧之憂，「你勞碌，我享受；你願意付出，我來服侍」，相處起來氣氛融洽，這樣的夫妻配置剛剛好。

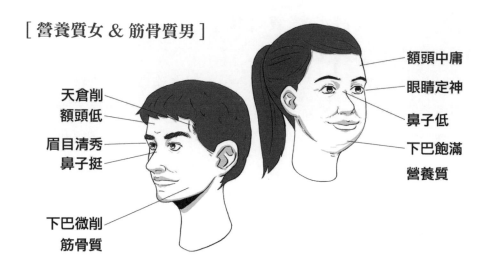

[營養質女 & 筋骨質男]

天倉削
額頭低
眉目清秀
鼻子挺
下巴微削
筋骨質

額頭中庸
眼睛定神
鼻子低
下巴飽滿
營養質

配對二 . 同帶營養質【差】

★同屬營養質兼筋骨質

營養質兼筋骨質、膚色偏紅黑、聲音有力,具備這種形質的人,不分男女,都屬於容易成家或早婚的類型。再加上筋骨質屬動態,兩人聚少離多,先生精力充沛、欲求旺盛,夫妻之間爭執不斷,導致家宅不寧,經濟不穩定。

★同屬營養質

具備營養質特徵的人,雖然會很有理財觀念,但比較喜愛享受,個性求安逸,而且依賴心重,如果配偶同屬營養質,那家裡的事務誰要做?雙方都只想要享受,沒人做出行動,最後家中會亂成一團,互生怨氣。

心性質的另一半配對

心性質重的人憧憬浪漫唯美的愛情故事，往往容易蹉跎青春，婚姻也較難維繫。他的依賴心重，且有話都放在心裡，所以夫妻吵架會選擇冷戰，不與對方交談；此外，心性質會希望配偶具身分地位，氣質、談吐都要有一定的水準。

配對一. 心性質＆營養質【佳】

我常說：「心性質的人配營養質，家庭和樂。」因為心性質的人有智慧、很聰明，也很會帶動氣氛，如果配偶是營養質，就會被帶動，創造和諧的氣氛；又因為心性質講究美食與氣氛，剛好合乎營養質的要求。心性質的人負擔家中經濟，營養質來享受，彼此互補，這樣的家庭就會和樂。

配對二. 同屬心性質【差】

依照陰陽的論述，夫妻雙方不宜同屬心性質，感情糾紛多，會讓家中不安寧，因為雙方都不會主動付出，容易造成溝通失衡。

我們先來說明心性質的個性，心性質膚色白、心思細膩（比較神經質）、想像力豐富。眼睛柔、聲音柔的人，比較喜歡別人來照顧他，依賴心重；重視品質，有唯美主義的傾向，但經常只想而毫無行動，也不會整裡家務。如果夫妻是心性質，雙方稍微有一點不愉快，就會冷戰，但又不承認自己的錯誤，長久下來感情易疏離（補充：若是鼻

子高、聲音清脆，夫妻吵架時會摔東西。）。

　　若妻子屬心性質，先生為筋骨質（例如聲音粗、膚色較黑，這些都是筋骨質的特徵），一陰一陽、一靜一動，就會是理想的搭配。

林老師小叮嚀

　　心性質當中，鼻子高的人無法容許配偶出軌，如果婚姻中受到第三者的介入，會斷然結束婚姻，屬壯士斷腕的類型。若女性為心性質兼營養質，而無筋骨質搭配，則比較懶散、不太會做家事，屬於養尊處優之人。

筋骨質的另一半配對

　　筋骨質重的人屬動態，會四處奔波，所以如果筋骨質男性膚色黑，夫妻聚少離多。此外，此形質的男性精力充沛，若犯桃花，常會導致妻離子散的結果。不過，如果太太鼻子高，則能化解聚少離多的問題。

配對一．筋骨質＆心性質【看狀況】

　　基本上來說，筋骨質和心性質是相配的。因為筋骨質的人具有刻苦耐勞的精神，不怕吃苦，在生活上講究務實性。心性質女性與筋骨質男性搭配，剛好一靜一動，陰陽相合；如果是筋骨質女性搭配心性質男性的話，女方比較勞碌，但不會計較，在家庭上任勞任怨，付出多而回收少，男性屬心性質，個性上希望有人服侍他，所以配偶是筋

骨質的話，他一生比較好命。

不過，筋骨質的人個性隨和，不會與人計較，處事比較不拘小節，也重視情義，在外人緣佳，交友方面顯得沒有選擇；心性質則剛好相反，不僅自我要求高，處事也很講究高品質，稍微有一點錯誤，就要爭到底，若沒有多加溝通，性格上的差距會導致兩人常因小事爭論，感情上還是會越來越疏離。

★筋骨質男性＆心性質女性

這一組搭配相當理想，因為膚色黑的人會為了膚色白的人付出，任勞任怨，筋骨質的男性在外面打拼事業，心性質女性把家庭照顧好，就能讓他的配偶在外沒有後顧之憂，但是過猶不及，雙方膚色也不能差距太大。

若男性為心性質，女性筋骨質，感情較難控制，因為女性付出超越男性，傳統上來說，此為家庭倫理顛倒，所以宜配與女同膚色，這樣才能取得平衡。

★筋骨質女性＆心性質男性

如果女性屬筋骨質、男性為心性質的話，這個配對就沒有前面那一組好。因為女性筋骨質比較勞碌，會造成不公平，雖然現在我們講求男女平等，但陰陽顛倒，對女性很吃虧。除了付出不對等之外，筋骨質的人本身比較好動，也靜不下來，喜歡掌握權力，這種個性的女生雖然對丈夫很好，對家庭也很有責任感，但是夫妻之間就是缺少陰陽調和，容易起爭執。

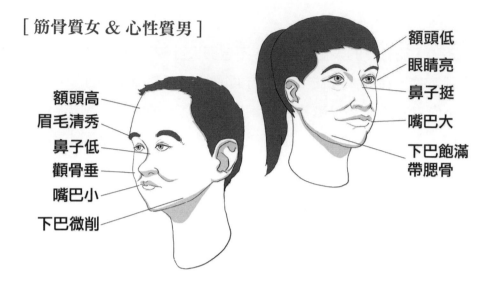

[筋骨質女 & 心性質男]

額頭高
眉毛清秀
鼻子低
顴骨垂
嘴巴小
下巴微削

額頭低
眼睛亮
鼻子挺
嘴巴大
下巴飽滿
帶腮骨

配對二．同屬筋骨質【差】

在三質中最會起爭執的組合，就是夫妻同屬筋骨質的人。因為他們主觀強勢、個性獨立，不喜歡被對方約束，重視事業及掌握權力，又不輕易認輸，發生事情會馬上發脾氣，夫妻之間互不相讓，但又無法好好表達，所以很難化解。

此外，筋骨質的動態不利於財富的累積，所以大多會為經濟煩惱。帶筋骨質的女性自立自強，比較不依賴丈夫，可獨當一面，但相對的，付出的辛勞也比較多。（補充：整體而言，膚色黑的人比較不會離婚，因為他們對配偶的感情極為執著。）

4-02

尋尋覓覓，眾裡尋他千百度

　　秋天某日，有兩位未婚的女性，到工作室找我看相，其中一位李小姐問我：「老師，你能幫我看面相嗎？我要怎樣才能找到適合的對象啊？」我見這位李小姐額頭高、鼻子挺、眉目清秀、顏面骨多、聲音有力，屬於筋骨質兼心性質，我對她說：「其實你的異性緣很好，不是沒有真命天子。」另一邊的蘇小姐馬上說「確實，老師，她的異性緣一直不錯，是不是她自己太挑剔，才會一直找不到？」

　　我對李小姐說：「的確，你周圍的異性很多，但是大部分的異性依賴心重，而你喜歡有魄力的男性，覺得這些人與你夢想的真命天子有差距，所以才會如此。」李小姐立刻點頭說：「沒錯，就是這麼回事！老師，我就是想要對象是有魄力、有肩膀的，但來追求我的人都比較軟弱，我不喜歡。」

 ## 你的理想型未必適合你

　　聽到李小姐的回應之後，我對她說：「一對男女要結合，最重要的是論陰陽，如果這位男性有魄力、有衝勁，但個性大男人主義，你

可以接受嗎？」李小姐馬上搖頭說：「當然不能接受，而且我又不需要靠他養我。」

這麼一看，各位讀者應該心中有譜了吧？李小姐在面相上屬於筋骨質兼心性質，額頭高，思想豐富；鼻子挺，主觀意識強烈；聲音有力，處事不喜歡拖泥帶水；顏面骨多，個性較獨立，凡事不依靠別人，自己有主張。若她的對象有大男人主義的傾向，雙方都強勢，各有主見，容不下對方的意見，就一定會起爭論。

我們常說：「女怕嫁錯郎，男怕選錯行。」挑對另一半，你的下半生幸福無憂，但如果選錯對象，就可能栽進完全不一樣的人生泥淖。現代婚姻大不易，如何才能找到一位可託付終身的理想伴侶，確實考驗著大家。離婚率越來越高，大家經常感嘆「遇人不淑」，也是因為許多男女只憑著感覺就結合，但婚姻不是兒戲，邁入家庭之後才發現，天天柴米油鹽醬醋茶，要如何維持一輩子，才是考驗的開始。

 ## 陰陽相合為基礎

中國的哲學理論上，有一說法叫做陰陽必須中和。這邊屬陽，那另一邊就屬陰，一對夫妻能白頭偕老，其面貌與個性必然陰陽調和，如男性鼻子低，他的太太一定鼻子高；如男生聲音有力，女生聲音柔；女性個性強勢，男性氣勢則較弱。從面相論陰陽者，就是觀察眼睛、鼻子、嘴巴三個部位。

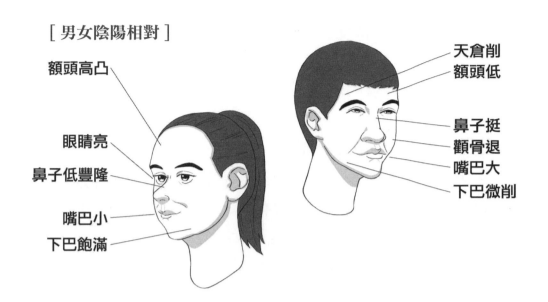

[男女陰陽相對]

額頭高凸

眼睛亮
鼻子低豐隆

嘴巴小
下巴飽滿

天倉削
額頭低

鼻子挺
顴骨退
嘴巴大
下巴微削

觀相一．眼睛亮：內在好動

一般來說，眼睛亮者內在較好動（屬於筋骨質），個性活躍，做事情積極又性急，這樣的人最好搭配眼睛柔（屬於心性質）。舉例來說，如果你的眼睛亮、鼻子挺，你的另一半也同樣眼睛亮、鼻子挺，就是陰陽不調和，雙方在談戀愛時不會有事，因為愛意會讓你們無條件地接納對方的缺點；但一旦結婚之後，兩個人的理念不同，就很常會有爭論。

觀相二．鼻子挺：主觀強勢

鼻主自尊，高挺者表示自我意識強。如果夫妻雙方的鼻子都很挺，雖然顯得處事有原則，但雙方在一起必然會有糾紛，因為兩人都主觀強勢，好勝心強、不認輸，一段時間後就會覺得對方很難相處。

　　如果你屬於這種格局，最好找一位鼻子低的人相配，因為鼻子低的人個性比較隨和，鼻子高的人個性主觀，鼻子低則溫和、重人情味，剛好一陰一陽，這個就是陰陽調和。

觀相三. 嘴巴：聲音聽急緩

　　嘴巴的聲音代表內在性格，聲音越有力，雖然處事有魄力，但個性急躁，要與之搭配，配合的聲音最好柔一點，否則兩個人產生摩擦一吵架，就很容易成為吵到鄰居皆知的組合。

　　如若上述三種特徵夫妻雙方皆具備，表示兩人都很有魄力、處事霸氣、講話各不認輸，很容易發生衝突，這也是為什麼我們在分析夫妻檔的時候，會發現同時具備眼睛亮、鼻子挺、聲音有力的搭配，其離婚率最高。

3秒面相觀人術

　　我常與學員說：「交友先觀眼。」從觀相學論述，眼睛為監察官，眼神為一切面相之總結，世間之機緣盡在眼神之間表露，因而產生結果。若是眼神穩定、不飄者，代表此人意念直接，對事情掌控的意願強；若眼神柔和，則思維細膩，眼柔代表感情疏離，一切化虛。故眼宜有神、定而藏。

陰陽並非強弱之分

　　觀察陰陽是很重要的一件事情，鼻子高的人管鼻子低的人，這就

叫陰陽調和。看到這裡，各位讀者一定會想：「一個鼻子低的人比較沒主見，找一個鼻子高的人，就一定會被他吃得死死的吧？」面相不能這樣論，而是因為你鼻子低，本就刻苦耐勞，所以你尊重他，在這種情況下，鼻子挺的人不見得就會欺負你。如果你有一個漂亮的下巴，其實對方還是會滿依賴你，屬於兩人互相依賴與尊重的關係。

若你的下巴飽滿，對象通常會依賴你，因為下巴飽滿的人比較有責任感，會把事情處理得好好的，對方比較主動，你屬於被動，這就是陰陽相合的形質。但如果你下巴削、鼻子又低，表示比較沒主見，但鼻子挺的那一方又不會依賴你，這樣就很難相處。那麼，陰陽相配究竟如何觀察呢？下面就針對幾個要點來做討論。

討論一．聲音柔的女性較好命

就《易經》的解說來講，聲柔屬靜、屬陰。這樣的女性格局比較高，通常一生較好命；若女生聲音有力，在家掌有權力，事不分大小她都要管，處事霸氣，但也容易帶給周遭的人壓力。

額頭高、鼻子挺、聲音柔的女性思想豐富、處事明理、有智慧；鼻子挺會受到尊重；再加上聲音柔，不會當面與人起衝突，也會受到丈夫的疼愛，一般比較具備享受的命格。

女生的額頭高，思想豐富，處事反應快；鼻子挺，個性強勢。聲音有力會帶給周遭壓力，特別是對丈夫的要求高，丈夫的動作稍微慢一點，她就會當面指責，長久下來夫妻必產生嫌隙，如果丈夫鼻子也高的話，互不相讓的情況更嚴重。

討論二 . 大男人主義的最佳伴侶

額頭高、鼻子挺、聲音有力，許多女性理想中的白馬王子，就屬於這種格局。但我們必須先了解，這種格局在相學稱為「大男人主義」，如果再加上顏面骨多，則為筋骨質的特徵。

這類型的男性帶衝勁、有魄力，在事業上肯努力、求上進，這是他的強項。但在家裡，處事有魄力，所以喜歡指揮別人，有時會顯得不尊重對方。鼻子挺，表示在家必須以他的邏輯為主；聲音有力，在家當霸王，配偶對他的付出，他很容易視為理所當然。

這種格局的人最好配營養質兼心性質的女性，因為營養質的人不會當面回嘴，男性會感覺受到尊敬；營養質兼心性質、聲音柔的人，會以理智來處理事情，也比較懂得撒嬌，以柔克剛之理，這會讓男性甘於付出，再苦也願意。

討論三 . 黑白有別，黑陽白陰

觀看《易經》理論會發現：黑白有別，黑為陽、白屬陰。在伴侶的搭配上，膚色黑的人付出多而回收少，膚色白則享受多而付出少。傳統上來說，女性膚色白，男性膚色黑為最標準的搭配，男性在外打拼，賺得的錢財投入家庭，為家庭付出，這是最適合的配對。也因此，自古以來男性的勞動質被視為理所當然，如果他的膚色黑，不管是鼻子高或低，都比較會付出。

若女性是膚色黑（筋骨質）的一方，而男性膚色白（營養質），則該名女性對另一半的付出多，如果男性營養質重，只會享受，那女

方就會更加辛苦。所以說女性尋找真命天子，建議考慮膚色造成的形質差異，不要選比膚色白你太多的白馬王子。

世界上的人不可能都是美女俊男，每個人都有自己的理想型，但你的理想未必是最適合的對象，想要找到能牽手一生的伴侶，就要先了解自己的面貌，再去量身訂做。如果你的個性急躁又強勢，那個性弱一點的對象跟你才會有結果；你的鼻子低，就會遇到鼻子高的人來相配；對方聲音有力，你的聲音就柔和；你的顴骨高，對方顴骨就低；額頭高的人，會找到額頭低的伴侶；你的膚色白皙，相合的另一半膚色就比較黑。讀者不妨多去觀察四周的親朋好友，那些能與配偶白頭偕老的組合，多半都屬於陰陽配。

林老師小叮嚀

《易經》上的所有演進都是陰陽相對的，我們在判斷伴侶時也是如此，夫妻雙方的臉形和性格，也多半是彼此相對。例如丈夫怕熱，妻子就可能怕冷；丈夫愛說話，妻子就比較寡言少語。有的人會說：找一個和自己極為相似的人，對方會比較理解自己。但其實就陰陽理論來看，一陰一陽、一強一弱才是最佳搭配。

4-03

偶像級浪漫 vs. 講究務實派

　　觀相學三質當中，要論最有情調者，當屬心性質，最沒有情調的屬於筋骨質；最有衝勁的為筋骨質；最會享福者則是營養質。形質不同，在不同的事情上就各有強項。而我們今天就要來解決許多女性的疑問：「老師，為什麼我的情人這麼不浪漫啊？」

　　我相信很多人在這方面都會有恨鐵不成鋼的心情，我們從小閱讀瓊瑤小說，觀賞偶像劇，都會覺得裡面的男主角好浪漫，女主角好貼心，講的那些甜言蜜語都讓人感到酥麻，但轉身一看，身邊的另一半卻粗聲粗氣，不解風情，總讓人忍不住在內心哀嘆一番。

 ## 三質中的浪漫因子

　　一個人的面貌能顯露出性格，想要知道你的對象是否懂浪漫，就從面相著手。三質裡面，舉止最文雅、交往時最有情調的就是心性質。仔細觀察，你會發現有的人看上去斯斯文文，但談起戀愛卻毫不浪漫，個性木頭又直接，這種人就面相來看，通常顏面骨多，最不懂情調的，就是這類筋骨質的人。

筋骨質的人個性比較直，顏面骨多所以講話直接；眉棱骨高，不懂得拿捏與人應對的分寸，只憑著他的直覺判斷。尤其是鼻子挺、顴骨高的筋骨質，個性特別硬，說一不二。所以，如果你想要享受戀愛的粉紅泡泡，就要找具備心性質與營養質的對象。

類型一．這樣的他／她有情調

膚色白屬於心性質和營養質的特徵，看人可以先從膚色看起。如果他的下巴飽滿、眼睛柔、聲音柔，表示他對吃的有講究，比較會享受，約會的時候，他就會帶你到環境優美、氣氛佳的餐館，他會認為這種地方比較有品味。

而且他下巴飽滿又膚白聲柔，講起話來溫文爾雅，你會覺得特別動聽，這種人就是具備了心性質、營養質的面相，談情說愛自然更羅曼蒂克。相反的，如果他下巴削、聲音有力，天生就缺乏情調，你想要他多說甜言蜜語，就太為難他了。

類型二．這樣的他／她好木訥

如果你的對象膚色黑、眉棱骨高、鼻子高挺、下巴微削，那就真的是一點情調都沒有。講話直白，處事直接不懂委婉；如果另外加上嘴巴小、聲音柔的特質，你會發現就算跟他一起去散步，他也不開口，就只是牽手而已，明明想要聽他的聲音（或甜言蜜語），聽他講話，但他就是難開金口。

曾經遇過一個案例，女方顏面骨多、天倉削、聲音有力、嘴巴大，

雖然前面說筋骨質不懂情調，但此女天倉削，那就不一樣，天倉削的人個性比較隨和，而且很有幽默感，所以她一開口，就能讓你笑得很開心，這類型的人最怕遇到聲音無力的人，因為不管講什麼，對方好像都沒有反應，會讓她產生難以交流之感。

 ## 不夠浪漫也是好情人

筋骨質的人個性太務實，太專注於工作，導致旁人覺得他一板一眼，沒什麼情調，找這樣的人來做男朋友，的確是不夠羅曼蒂克，但從另一個角度來看，這樣的人事業心重、做事有衝勁，雖然情調不足，但事業卻有成，可靠的感覺其實也相當不錯。

人家常說：「愛情與麵包都很重要。」如果你的對象談情說愛的能力一流，彷彿從偶像劇中走出來的角色，但卻光說不練，這樣日子能走得長遠嗎？愛情令人嚮往，但麵包也同樣重要，所以千萬別落入愛情至上的陷阱中，吃不飽、穿不暖的愛情，是很難長久的，重點是要找到跟自身陰陽調和的對象，對你才有幫助。

總的來說，如果你要的是談情說愛，最好找具備營養質、心性質的人；但如果你要求另一半事業有成，就要找筋骨質的人。我常講「有得必有失」，一體總有兩面，如果你要對方足夠浪漫也可以，就是他在事業上可能沒這麼衝，反之亦然，你自己要去衡量，不可能兩全其美的。

筋骨質也能談情說愛

　　看到這裡，各位也許會想：「如果我男友屬於筋骨質，就只能認命囉？」其實大家也不用這麼非黑即白地去看筋骨質。一個屬於筋骨質的男友或丈夫，處事比較強勢、有魄力，但他其實也會想要享受，只是他比較動態，而且其實筋骨質的人內在陽虛，你要跟他談情說愛、享受生活，一定要找安靜的地方，比如你找了一個熱門景點，他就會認為人太多而不想去；或者週末、連假出遊，這種他也會因為人多而興趣缺缺。

　　如果你的另一半屬於筋骨質，那你可能要多花一點心思。筋骨質人的內在其實是需要安逸的，但他平常整個身體都處於動態，所以你找熱門景點他不會想要去，可是要他開口講出需求，他會認為有失體面，所以不會解釋，你只要抓住一個準則：「他外在動，所以內在需要靜。」

　　兩個人要約會的時候，就不要往人多的地方擠，他反而不喜歡，因為平常動得已經很多了，那邊人多又嘈雜，到了那裡，他當然就沒那個心情和你講究情調；如果你能找到一個比較清幽的地點（甚至是屬於兩個人的秘密基地），他的感性因子就來了，這個時候比較容易講出甜言蜜語，自然會變得有情調一點。

實例篇：陰陽相配

[陰陽相配的男女]

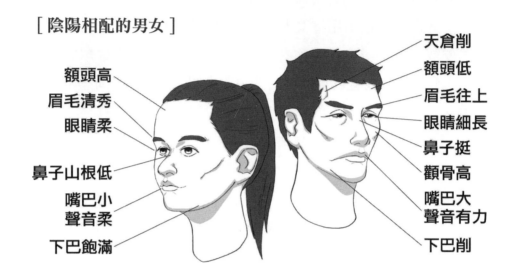

額頭高
眉毛清秀
眼睛柔

鼻子山根低

嘴巴小
聲音柔

下巴飽滿

天倉削
額頭低
眉毛往上
眼睛細長
鼻子挺
顴骨高
嘴巴大
聲音有力

下巴削

　　圖中男性為筋骨質兼心性質，女性則為心性質兼營養質。觀相學上，談到夫妻搭配的論述，上圖這種搭配就相當適合。男性帶筋骨質，表示他肯在事業上打拼，女性帶心性質與營養質，屬於妻財祿，理財性佳，也注重居家生活，夫妻之間的相處恰到好處。

　　若夫妻同屬心性質或營養質，只重視情調與氣氛，少了那個付出者，造成無法面對現實，長久下來必會因為失去平衡而失和。總歸一句，人的面相不分好壞，心性質、營養質、筋骨質都各有優缺點，你缺少浪漫沒關係，我能調劑關係就好，無論如何，能陰陽調和的伴侶，才能走得長久。

4-04

從面相破解單身魔咒

　　從事命理風水行業三十餘年，我發現前來詢問的女姓，會因為年紀的不同，而有不同的關心層面。年紀快到三十歲左右，最喜歡問兩個問題：「老師，我有沒有異性緣？要如何破解單身魔咒？」

　　某日，一位女性來工作室諮詢，小娟一坐下就問我：「老師，我什麼時候才有異性緣份啊？」小娟的五官文雅，長得漂亮，我對她說：「一直都有異性追你，只是大部分的人和你相處一段時間之後，就被你甩掉了。」小娟向我解釋，說那些異性都不了解她的個性、心態和思維，根本就不適合。我笑著跟她說：「其實你的個性才是最大的問題。」她才說：「難道真的是我太挑剔了嗎？」

 ## 實例分析：天倉飽滿的心性質

　　小娟的的額頭高、天倉飽滿，兩處特徵很明顯，表示她的思想豐富，但有時太過理想化。而且天倉飽滿的人防衛心重，只要異性的行為有一點瑕疵，她內在就會不斷去推敲。她喜歡掌控一切，雖然鼻子低重視人情味，但有時又毫無主張，小娟點頭：「確實，我對任何事情都很敏感。」

[小娟面相 心性質]

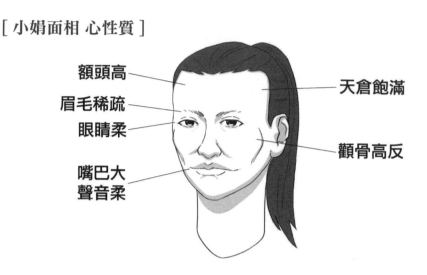

額頭高
眉毛稀疏
眼睛柔
嘴巴大
聲音柔
天倉飽滿
顴骨高反

　　膚色白、額頭高，與異性交往時，只要對方稍有瑕疵，比如做出一些不良的舉動，小娟就會排斥他，因為她凡事以自己的邏輯為主。

　　眉毛稀疏、顴骨高反，表示處事要求高；眼睛柔、嘴巴大、聲音柔，在觀相學上，屬於心性質重的人，遇到事情不會當面爭論，但會將同一個問題反覆提出，如果對象有一點個性，就會受不了。

　　於是我對小娟說：「你所交往的對象，只要稍微沒有達到你的理想，你就愛理不理，甚至甩掉他。我相信你周圍的異性朋友一定會說你難相處又挑剔。」小娟說：「老師你真厲害，我個性確實如此。」

3秒面相觀人術

　　以觀相學做論述，三質中比較容易步入婚姻的是筋骨質的人，如果心性質特徵所佔的比例較多，這個人的個性比較謹慎，而且對自己和他人的要求都高，所以在選擇交往對象時，眼光也比較高。

了解自己，包容他人

我常說：每一個人都覺得自己好相處，大部份都會怪別人不懂自己，但其實，無論你是想要交友順利，還是脫離單身，最要緊的一點就是了解自己的個性。於是我對小娟說：「你的個性比較重視精神面，因為你的本質屬心性質，需要別人來照顧、安慰，這樣你才感覺受到尊敬。」

「可是，對方要明白我的個性才適合啊，不然嫁一個不了解我的人，相處起來不是很痛苦嗎？還不如不要嫁了。」

聽到小娟的話，我忍不住跟她說：「你這樣的心態不利婚姻，你今年三十三歲，再不談婚嫁，就會連生孩子的黃金時刻也錯過，除非你不想結婚。」小娟接著問：「那老師，我到底何年能嫁出去呢？」我仔細觀察了一下，說：「如果沒有錯的話，你今年其實有談到婚嫁，但沒有談成，還惹了一些糾紛，這是為什麼呢？」小娟點頭：「老師，我五月的確有與男友談到婚嫁，但後來發現他有一些不良行為，所以婚事就告吹了。」

其實，每一個人都有優點及缺點，要步入婚姻，與另一個人共同生活確實不簡單，需要雙方彼此體諒，肯定對方的優點，接納對方的缺點，因為人沒有十全十美的，滿分的理想情人也不可能存在。

居高臨下，陽宅磁場影響婚姻

依照我的經驗，小娟的感情運一定與住宅有關連，因為一個人的運勢和婚姻最主要是受個性的影響，而陽宅的磁場就會影響一個人的想法與思維。

於是我問小娟住在哪裡，她說是一棟在山頂上的大樓。大樓總共有十二層，小娟住在十樓，我問她：「是不是居高臨下？」小娟覺得大台北的景色很美，每天辛苦工作，回到家中要清靜享受一下，所以當然要住高一點。

住宅分析・女性氣勢較強

接著我請小娟畫一張住宅平面圖，這是一間坐南朝北的格局，房子裡面的南方與西南方規劃為客廳區域，東南方為廚房，主臥室在東北方，西北面則有一間小臥室。大門則處於客廳的西南面，打開就對著電梯。

看到平面圖，我說：「就陽宅磁場而論，你家的女性之氣較強勢（陰氣），男性之氣平平，較為隨和（陽氣）。」就理論上來說，陽宅磁場引動最直接的，就是感應在面相上，所以從小娟的面相就知道，一定與住宅磁場有關。

我對小娟說：「若是沒錯的話，你的個性潔癖，兩人交往相處已論及婚嫁，但你的男友依賴心重，處事無魄力，最大的關鍵其實是受到磁場的影響。受到住宅陰氣磁場的影響，連帶著男主人個性也會受

受影響，若是未婚者，所交往的異性也會顯得依賴心重。」

　　小娟希望另一半稍微有點個性，與前男友談及婚嫁時，發現對方的性格無法達到要求，因此才分手。講到這裡，小娟略顯著急地想知道是否還有下一次結婚的機會，我跟她說：「依照你的面貌，三十五歲時，姻緣會再來。」她這下又喜又憂，問我：「老師，那下一個對象會不會還是依賴心很重啊？」

改變磁場．轉變氣流

　　陽宅磁場會與一個人的個性相互牽引，所以要改的話，從轉變磁場做起就可以了。我告訴小娟，要她在客廳大門一進來的地方，做一道屏風（正對著大門外的電梯），使電梯衝進來的氣流轉向，就能改變磁場。

　　小娟有點不可置信地問：「那麼簡單嗎？老師，不用再放一些擺飾嗎？」我向她解釋，風水牽涉的原理其實很複雜，不過就做法上，有時一個小動作就能化解。「你家的磁場陰氣旺盛，家中大小事都由女性承擔，改變磁場後，你將來就會遇到個性有魄力的對象，夫妻之間相處起來才會和諧。」自從小娟將家中的陽宅重新佈局後，在三十五歲結了婚，這幾年夫妻感情融洽。

4-05

紅鸞星動？姻緣來臨

　　我記得某次受邀參加一個座談會，談「男女之間的互動」，正與大家討論各種婚姻與感情的問題時，有位洪小姐問我：「老師，有相士說我是尼姑命，必入空門，這是真的嗎？」我告訴洪小姐：「不至於吧，你的面相看起來只是比較晚婚，還不致於遁入空門。」

　　遁入空門的女性當中，大部份的眉毛稀少，這是因為眉代表感情的拉力，從眉可觀夫妻歸屬力量之強弱，亦可觀一個人對感情是否專一，洪小姐的眉粗且清秀，依據面相學的理論，只是結婚較遲，生兒女的時間較晚而已。

　　我對洪小姐說：「你的眉如柳葉，加上唇厚，屬於筋骨質兼心性質，這種形質的人非常重感情，熱心助人，人緣很好，異性緣應該也不錯。」她旁邊的朋友立刻說：「對啊，有不少異性向她示好，她都退縮，都是因為那位相士，讓她對婚姻敬而遠之。」

 ## 面相分析：筋骨質兼心性質

　　在觀相學的理論中，判斷一個人的情份多寡，以眉為重點。雖然

眉毛稱為兄弟宮，但卻不僅包含兄弟姊妹的關係，亦包含朋友、異性、與姻緣，正所謂「眉目傳情」，所以講到感情，眉、眼當然為重點。眉清秀者異性緣多，比較重情義，對六親朋友付出多、回收少；若眉毛稀少，雖有異性緣，但比較不長久。

[洪小姐的面相]

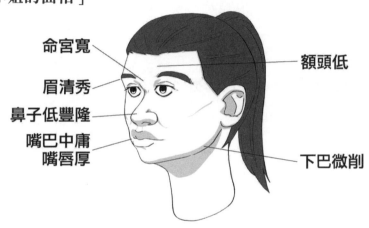

命宮寬
眉清秀
鼻子低豐隆
嘴巴中庸
嘴唇厚

額頭低
下巴微削

觀相一 . 眉毛清秀

眉毛清秀者重情義，稀疏者情感疏淡且理智。論男女之間的感情，以眉為重點。已婚者在 31～34 歲時，逢走眉毛運勢，若你的眉毛清秀，則夫妻感情融洽；若眉毛稀疏，夫妻間的感情將受到考驗，除了夫妻感情之外，在人際交往上也容易產生意見不合之現象。

洪小姐的流年走至眉運，眉毛代表異性緣的牽引，而她整個面相就屬眉毛最漂亮，所以一定會有很多機會，我勸洪小姐要多多把握，時機到了，自然會有朋友介紹異性給她。

林老師小叮嚀

若是男女來諮詢婚事，我會配合斗數命理及面相來解說，一般來說，超過30歲的未婚女性，若命盤裡的夫妻宮與交友宮無交集，表示紅鸞心未動。洪小姐32～43歲大運的夫妻宮位才有紅鸞心的交集，交友宮化祿，入疾厄宮時，才會有婚姻。

觀相二．雙眉寬，鼻子與顴骨平均

洪小姐雙眉的間距較寬，命宮寬，個性開朗隨和，但容易相信別人，所以她在聽了相士的話之後，才會一直認為自己與婚姻無緣。再者，她的鼻子與顴骨平均，不喜歡受約束，喜好自由。她看得開又容易相信別人，遇到好心人引導倒也無妨，但若不幸碰到心術不正的人，禁不住言語的誘惑，就容易受騙了。我問洪小姐：「那位相士除了說你是尼姑命之外，還有說什麼嗎？」

原來相士當時跟她說：「身帶尼姑命的人，大多要走修行之路，事業不順，與父母親無緣，但我可以幫你改運。」只是那位相士開出的價格，洪小姐一時拿不出來，所以先婉謝了。聽到這裡我不禁替她感謝上蒼保佑，在旁的朋友接話說：「還好你平常熱心助人，真是善有善報。」

身為五術達人，每每聽到五術界亂象，不免感到痛心，其中有故弄玄虛者、有裝神弄鬼者、有藉機斂財者……尤其是良莠不齊的術士，把自己的一知半解加上宗教混淆，在這混沌的亂象中，一般人才會將

五術視為迂腐、迷信，甚至認為是社會亂源之一。

身為五術界達人，看五術被如此矮化，真是痛心疾首，但單憑一己之力，無法與大環境相抗衡，在此僅能叮囑大家，謹慎為要。

紋眉能改運勢嗎？

有一種說法，稱女性若運勢不佳，可用紋眉改運。的確，眉與人緣及事業有關，眉清秀的人異性緣佳，與同事互動良好；眉毛不佳的人，人際方面的互動不佳，事業較不順，如果你的眉稀少，建議你最好以畫眉來增加氣色，補不足之氣。

我從事命理面相諮詢，也見過一些客戶去紋眉，問他們原因，都說紋眉能改變運勢，但就結果上來看，個性時好時壞，也不覺得有改變運勢。

古書上有一句話，「身體髮膚，受之父母，不敢毀傷，孝之始也。」一個人的長相自娘胎就注定，也聯繫著你此生的進程。我的建議是最好都不要改，盡量保持原貌，因為只要一動，命運就不同。若想增強運勢，與其紋眉，不如應用陽宅和五行相生的磁場，才能改變自己的運勢。

怎樣的格局是大男人主義

現代社會講求男女平等，女性主義抬頭，雖然我不是大女人主義，但我也希望未婚的女性們不要找到太過於大男人主義的對象，或者就算有大男人主義也不過度，是能夠與你相合，相處無慮的男性，畢竟夫妻要共同生活，步入婚姻前當然要慎重選擇。

 ## 大男人主義的特徵

❶. 筋骨質居多：就三質（營養質、心性質、筋骨質）來說，具大男人主義的以筋骨質佔多數，聲音有力者更明顯。

❷. 面相特徵：他們天倉飽滿、額頭高，鼻子挺，主觀意識強；鼻子挺，聲音有力，嘴巴大，所以顯霸氣。

雖然對女性來說，有時他的霸氣會顯得不講理，但從事業面來看，這股衝勁能讓他在事業上做出一番成就，獨當一面，也容易受到長輩或上司的提拔。

[大男人主義面相]

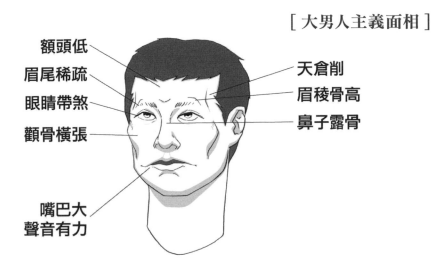

額頭低
眉尾稀疏
眼睛帶煞
顴骨橫張

天倉削
眉稜骨高
鼻子露骨

嘴巴大
聲音有力

觀相一．鼻子表主觀意識

鼻子是面貌的中心點。鼻子的高與低，代表一個人處事的主觀性，鼻子山根低者代表承受，有人情味；高者具攻擊性，也代表主觀意識。山根低的人意識容易渙散，個性拖泥帶水；而鼻子高者則具備自己的想法，一般代表他事業上有成就，你找伴侶，總會希望對方有所成就。

觀相二．聲音看魄力

一般來說，聲音有力的人才有魄力，敢做敢當，簡單來說，大男人主義的個性就是霸氣，不過，所謂的大男人主義，也並不是不好的事情，因為他的強勢有主見，能讓他比較容易拓展事業，有自己的想法，所以也容易受到上司與長輩的提拔。

觀相三 . 下巴飽滿或削

如果一位男性的鼻子挺、聲音有力，還可以觀察他的下巴，最怕是搭配了下巴削的人，因為下巴削者人際關係較差，容易與人發生爭吵。比較好的格局搭配是下巴飽滿的人，這樣他除了大男人主義，對家庭也很有責任感，外在霸氣，內在很照顧家裡。而且人脈廣、人緣好，對家庭又帶著責任感，雖然霸氣，但還是會尊重另一半，對女性來說，是很可靠的存在。

 ## 適性與相處之道

身為女性，對方陽剛氣比較重，那你可以溫柔一點。因為這種人死要面子，如果發生什麼事情，在眾人面前請一定要留面子給他，否則他會立刻翻臉。自古以來，英雄難過美人關，《易經》也說，夫妻之間需要陰陽互動，也就是運用女性的一面，用溫和的軟性應對，這就是英雄難過美人關的意思。

相反的，如果你跟他硬碰硬，沒有留面子給他，他大男人主義的性格就一定會爆發出來，所以千萬記得，無論如何都要給他留面子，回到家裡再用溫暖的一面溝通，就能化解。

我常常說，大男人主義是一種性格的敘述，但就另一方面來講，對家庭比較有責任感，也很願意衝事業，如果你剛好是很傳統、小鳥依人又溫柔的女性，兩個人陰陽調和，就會成為一個圓滿的圓，也是一個滿好的組合。所以其實講到找對象，「不用挑最好，只要挑最適

合的就行。」要應對大男人主義，就用一個比較溫和、柔情的態度，相信他就會被你的溫柔融化了。

林老師小叮嚀

　　夫妻要共同生活確實不容易，要用智慧去面對，互相包容彼此的缺點，如果你是大男人主義的人，請記得，這種性格用在事業方面很棒，但回到家裡，也要學會轉變態度，才能成為妻子心中的好丈夫、兒女眼中的好爸爸，事事都固執己見，夫妻無法溝通，最終就很容易以離婚收場。

4-07

會撒嬌的女人最好命

面相上來說，沒有十全十美的長相，今日得意，未必明日如意。要如何運用自己的優點與人相處最重要。在面相學理論中，一邊強勢，另一邊就要柔，你要能知進退，懂得拿捏分寸，就會過得好命。

自由時報中曾有一篇文章，描述電影《撒嬌女人最好命》。記得民國 109 年春天，我在台北教授企業面相學，學員就拿著報紙文章，來問我什麼樣長相的女人最會撒嬌。

三質中心性質最會撒嬌

心性質的典型特徵包括：膚色白、聲音柔、眼睛柔，看一個人會不會撒嬌，與聲音是否柔和有很大的關係，講話文雅、聲音柔，給人感覺就很溫和。

性格上來說，心性質的依賴心重，心思細膩，極具想像力，自尊心強，內在很怕受到挫折，稍微受到一點打擊，就感覺自己受委屈，找人講述她受到的委屈，希望獲得別人的認同及安慰，加上她聲音柔，所以講到會撒嬌的類型，大家都比較會聯想到心性質長相的女性。

三質的撒嬌各有不同

透過上面的說明，大家或許能了解為何心性質給人最會撒嬌的印象，但難道營養質與筋骨質的人就不會撒嬌嗎？並非如此，其實無論是屬於哪一種形質的女性都會撒嬌，但是她們行為的背後具有不同的意義，以下我就針對三種形質做解說，以便大家理解。

形質一. 筋骨質女性：求助型撒嬌

要談筋骨質的女性，就要先了解她的個性。筋骨質的女性屬於陽動，一般而言個性獨立，對自己很有自信，凡事不認輸，遇到事情也不會輕易低頭，個性較固執衝動，有時容易發脾氣。但她對人很熱情，處事乾脆，只是在感情上屬於付出多的那一方，你要他撒嬌，簡直難如登天，她開不了口。

同樣的事情，心性質的女性恐怕已經直接說出來，以尋求他人認同，但筋骨質的女性不會當面表達。不是說筋骨質的女性不懂撒嬌，而是不到一個程度，她不可能開口，只有在某方面遇到她無法解決的瓶頸時，她才會求助於他人。

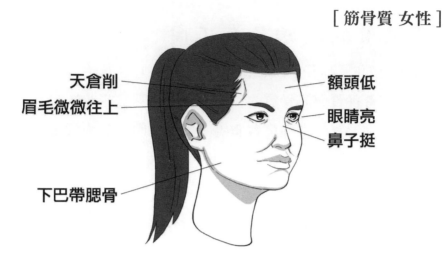

[筋骨質 女性]

天倉削
眉毛微微往上
下巴帶腮骨

額頭低
眼睛亮
鼻子挺

因此，如果你的女朋友屬於筋骨質，你發現她出現撒嬌的口吻時，千萬不要忽略她，務必伸手去幫她的忙，因為她必然是遇到相當嚴重的事情，自己無法解決或排解，才會向你撒嬌，因為筋骨質的女性表面上強勢，其實內在空虛，獨立自主的背後，也需要你在特定時候幫助她。

形質二．營養質女性：內心受打擊型

營養質的人個性大多偏好安逸，不喜變動，個性上重視慾能享受，處事上較知進退，個性沉穩、處事冷靜，就算遇到挫折，也不會輕易表達，屬於有問題會自己去解決的類型。

[營養質 女性]

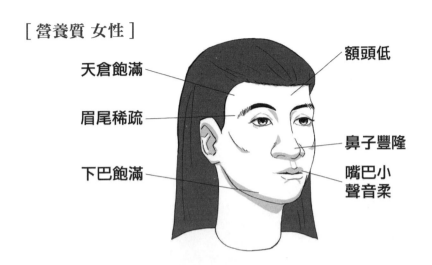

天倉飽滿

眉尾稀疏

下巴飽滿

額頭低

鼻子豐隆

嘴巴小
聲音柔

　　如果你的交往對象屬於營養質，她的撒嬌舉止通常也很含蓄，不容易察覺。如果她找你訴說事情或心情時，表示她已經受到某方面的打擊，你一定要主動去安撫她，才會讓她覺得自己受重視。

形質三．心性質女性：弱氣型撒嬌

　　「會撒嬌的女人最好命」這句話就是在形容心性質的人。她們心思細膩、感覺靈敏、比較神經質；同時姿態雍容、舉止文雅；穿著上追求時尚，注重品味，跟她在一起，會讓很多人羨慕。

　　各位讀者不要聽到會撒嬌，就認為她是好命格，其實，心性質的內在本質比較空虛，她的依賴心重，又總以自己的邏輯為主，動不動就想要尋求他人認同、肯定自己的想法，加上聲音柔，所以不管她說什麼，旁人聽起來都會覺得是在撒嬌。受到委屈時會一哭二鬧三上吊的，通常也屬於心性質這一型，所以大部分的男性遇到她們，都會讓一步。

★天倉飽滿 vs.天倉削

　　同屬心性質，但天倉削與天倉飽滿，在撒嬌時會有完全不同的思維。天倉削的人個性比較主動、無心機，遇到委屈時會顯示本質，會將訴求直接表達出來，並希望他人安慰、認同她，所以在表達時會更撒嬌，以求得你的照顧。

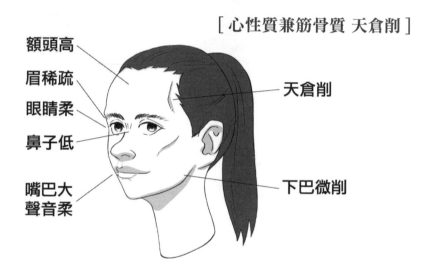

[心性質兼筋骨質 天倉削]

額頭高
眉稀疏
眼睛柔
鼻子低
嘴巴大
聲音柔

天倉削

下巴微削

　　但如果她屬於天倉飽滿的心性質，那就不一樣了。她一面撒嬌，一面察言觀色，觀察對方的行動，如果你只是口頭安慰，沒有做出行動，不去重視她的話，天倉飽滿的女性會記在腦海裡，有一天會來算帳，將她的不滿一次表達出來。

3秒面相觀人術

　　就三質而論，心性質的女性最會撒嬌，稍微受到一點委屈，就會表現出來，希望別人來安慰她，受到照顧。若是營養質女性，她的撒嬌行為不是很明顯，隱密性較強，若是她的行為中帶有撒嬌的成分，說明她內在希望有人主動，伸出手來幫助她。筋骨質的女性個性獨立，遇到困難時，會自己去克服一切，若她的行為有一點撒嬌時，說明她遇到的事情嚴重了，你一定要先安撫他，並在適當的時機伸手去幫忙，她會感受到你照顧她的尊嚴而心生感謝。

 # 實例分析：男女互動救援法

問題一．要進還是要退？安撫的藝術

　　曾有學員問我：「老師，我的女友屬於心性質，她心情好的時候我們關係很融洽，但當她受到一點委屈時，如果我稍微慢一點理會她，她就會馬上發脾氣，怨我沒有重視她受到委屈，其實她所在意的那些事情，很多我都覺得是小事，生活中難免會發生，但在她眼裡卻彷彿天大的事，真的很讓人傷腦筋，也不知道該如何相處，明明想要對她好，卻又想離她遠一點。」在場的其他男士也跟著點頭，似乎都受此問題困擾。

　　這種類型的對象會認為她受委屈時，你必須很重視她才行。此時與她互動時，不要講是非對錯，建議盡量以讚美取代指責，用詞不可

以太直接，她會感受到你的重視，並因此對你更加依賴，雙方感情也會變得更加融洽。

尤其是心性質兼營養質的人，她對你撒嬌的時候，最好先放下手中的事情，主動去關心她，若你的動作稍微慢一點，她就會認為你根本不關心她，搞不好還會因此鬧得更兇。

問題二．心性質特別情緒化嗎？

學員問：「我有一個同學，聲音柔，如老師說的是心性質，我們常常見面聊天，但我這位同學一遇挫折就發牢騷，尤其特別會埋怨她的丈夫，總說丈夫不會主動關心她，這是不是心性質的特性啊？」

聲音柔的女性，有一點撒嬌的表現，就希望你能主動靠近、關心她，若你不重視，她就會覺得受委屈，往往眼淚往內吞，讓你摸不清她在想什麼，她可能不理你，也可能突然與你陷入冷戰，讓你措手不及，所以說會撒嬌的女人，真的是會讓人又愛又恨。

林老師小叮嚀

筋骨質、心性質、營養質三質在撒嬌時，各有不同的表達方式。筋骨質屬於求助型撒嬌，會發生在遇到困難時；營養質撒嬌時所表達的，是希望你以行動去重視她的訴求；心性質受到一點委屈時，最希望他人主動來關心，她會因此認為你很重視她，對你更加依賴。

4-08

尋找感情中的第二春

現在的婚姻關係中，離婚所佔的比例都快追上結婚比例了，很驚人的數字，難怪現在社會上的單親爸爸與單親媽媽越來越多，特別是這些離婚者也希望能再次走入婚姻，但又害怕悲劇重演而猶豫不決，畢竟，男女要共同生活已經不容易，更何況是雙方離過婚，還各有子女呢？

人有七情六慾，情慾牽動，緣份來臨時，躲也躲不過。是帶來好的姻緣，或是變得更糟糕，這些念頭在腦中揮之不去，讓人更加困擾。一般希望能找到新對象再婚的人，來論命時都希望老師能指點迷津，告訴他第二次的婚姻是否會是完美的歸宿。

一個失婚者想要步入第二次婚姻，除了要面對現實之外，還必須考慮小孩與對象的相處，所以來工作室詢問的這些人，都會希望從命理或面貌看出端倪，以了解對象是否能接納自己的小孩。

 ## 八字與斗數命盤分析法

從事命理三十餘載，客戶來找我論命，詢問再婚對象以及第二次

婚姻會如何時，我會以八字及紫微斗數命理而論。由於大部份再婚者的內在心態偏重在家庭和諧，所以我會先觀察夫妻宮的對待，再看子女宮的對應。

以八字論述，夫妻宮合入大運或是喜神，說明夫妻恩愛，若是沒有沖到時柱，說明感情第二春的家庭和樂。以斗數命理分析，大限夫妻宮化祿加上大限命宮，或自己大限化祿入夫妻宮，說明雙方感情融洽；除此之外，配偶宮不能化忌沖子女宮，這樣新的家庭就會和樂。

實例分析：離婚的單親媽媽

小芬是一位離婚的單身媽媽，離婚後自己帶一位女兒，這十幾年遇上困難，無論是工作還是家庭問題，都會到工作室詢問我。這天她來找我，我便問她：「有一段時間沒有看到你了，最近在忙什麼呢？今天來應該是有重要的事情吧？」小芬說沒錯，的確是有很重要的事，我請她先不要講，由我來觀察。

一個人的喜悅之情最明顯，氣色會浮現在臉上。從小芬的面相來分析，就能看出端倪，若是額頭氣色不錯，眉毛及奸門的位置會明潤，說明喜事來臨，通常在戀愛中的男女，都有此面相，春風得意、笑口常開。於是我問小芬：「應該是感情方面的問題吧？」小芬點頭，說因緣際會，認識了一位張先生，她從皮包裡拿出一張照片，問：「老師，你看這位先生的面相如何？」

張先生的年紀看起來比小芬大很多，小芬說：「張先生大我十五歲，老師您之前幫我看我的八字與斗數命盤，說我想找再婚對象的話，

找年紀大的對婚姻才有利，老師您可以幫我看看張先生怎麼樣嗎？」

我告訴小芬，無論男女，想要再次尋得一段良緣，最大的關鍵就是看對方是否能接受你的子女，下巴是否飽滿是最要緊的，因為下停代表家庭狀況，下巴飽滿者比較會照顧子女，下停削的話，雖然愛你，但不代表他能容納別人。

張先生的面相：心性質兼營養質

過了一段時間之後，小芬帶她的男友到工作室來，這一位張先生的五官結構還不錯，聲音穩重，有一點柔軟，說明他的經濟還算穩定，只是處事比較保守。

當天晚上，小芬打電話來詢問我，問：「老師，這個人適合作為我的再婚對象嗎？」於是我分析張先生的面貌給她聽，張先生的額頭中庸、眼睛有定神、眉毛清秀、聲音柔，說明他處事保守，其中最重要是他的下巴飽滿。

[張先生的面相]

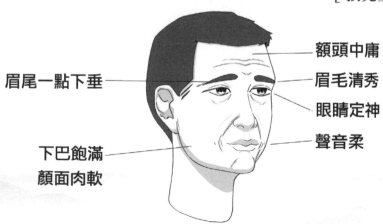

額頭中庸
眉尾一點下垂
眉毛清秀
眼睛定神
聲音柔
下巴飽滿
顏面肉軟

觀相一 . 下巴飽滿最為關鍵

就觀相學的理論來說，看一個人有沒有肚量，是否能接納你的子女，以下巴為重點，下巴飽滿者為佳，若對方下巴削，那他只是愛你，但不見得會照顧你的子女；除了下巴，也要觀察嘴巴和聲音，若對方的下巴飽滿且聲音穩重，則會有房地產。確實，張先生的經濟狀況還不錯，有房地產，小芬說張先生還有兩間房屋，而且對方的兒女都已成年，各分有一間房屋了。

女性要找第二春，下巴為觀察重點，因為下巴飽滿的人比較會接納和關心別人；此外，鼻子也是重點，若鼻子豐滿、嘴巴中庸、聲音柔，代表此人錢財豐裕，最好顏面肉多，表示他的個性溫和。

觀相二 . 陰陽調配才相合

按《易經》所言，宇宙本就是兩極的現象，人與人交往，男女要能進一步結合，說起話來一定要投機，能陰陽調配。小芬的個性主觀強勢，剛好張先生的性格有一點軟弱，所以能互補，這是最基本的搭配。

我常對單親媽媽或單親爸爸說，尋找感情第二春一定要謹慎，若是你的老運中，夫妻之間還是有對沖時，建議最好只戀愛、不結婚，否則走到老運，又回到以前婚姻的不幸狀態，只會重複傷心的過程。

所以在找第二春的對象時，要多方面地思考，不然老來還是帶著煩惱糾紛，不值得。同時，在遇到新的第二春對象時，自己的心態也得好好調整，雙方各自有小孩的話，不能太計較對方與孩子的互動，

就能取得良好的關係。

3秒面相觀人術

　　不管是自己還是對方，帶著孩子再婚總是會讓人多一層顧慮，那麼，什麼樣形質的人比較能與再婚對象的孩子相處愉快呢？

　　膚色白、下巴飽滿的人與子女的互動不錯；聲音柔講理；鼻子挺的人大多會受到子女尊敬；而下巴飽滿且耳朵有珠的人，大多可受子女供養。除了這幾個條件之外，眼睛也不能太亮，否則處處看不慣，處處都要管，子女自然會逃避；另外就是，聲音不可粗，聲音粗的人，愛管別人又會碎碎念，子女除了不服氣之外，還會敬而遠之。

八字不是一切，態度才是

　　談到感情問題時，大家最常想到的就是合八字，但實際上，陷入戀愛的男女鮮少會考慮八字的問題，看對眼了就在一起。其實八字不合的夫妻也有白頭偕老的，但需要了解彼此個性，掌握對方的優缺點，並調整自己的心態，若能如此，就算天生的八字不合，仍能牽手相伴一生。

　　根據媒體報導，現在的離婚率越來越高，100對的佳偶當中，就約有60對成為怨偶，近年來找我談論離婚案件的人也呈倍數增長。男女之間感情發展，最終都希望有情人能成眷屬，但有些最後卻無法共成連理枝，歸咎其原因，個性佔有絕對的影響力。

 ## 實例分析：個性不合

　　從面相學理論來講，鼻子高的人，優越感強，自尊心也重，不易接納別人的建言，也不輕易認錯，除非提出事實與證據，他才會採納別人的評論。

　　年前一位客戶讓我印象深刻，這位王太太來到我的工作室，看到

我牆上貼的對聯：「未待君開口，能知君心事。」半開玩笑地說：「老師，如果你可以像那對聯一樣，知道我今日為何事而來的話，就包個大紅包給你。」

若從人的臉部氣色來論，官祿宮氣色明潤的話，說明事業一切順暢；若是要問夫妻關係，以夫妻宮為主（眼睛的眼尾，稱為奸門），這附近氣色暗滯，也就是眼尾氣色不佳的話，說明與另一半有糾紛，或對他不滿意，有一股怨氣。

我瞧她夫妻宮處顏色晦暗，對她說：「王太太，你聲音粗、嘴巴大，有一個得理不饒人的個性，你今天來，應該是來問夫妻之事的吧？」王太太呆了好半晌，娓娓道出心聲。原來，王太太為了愛，為了與先生結婚，排除一切萬難，為此還差點鬧出家庭革命。婚後，她在家中一心一意地做個好妻子、好母親，在事業上也盡量分攤先生的憂愁，更在先生財務出狀況時，到處想辦法。

觀相一．天倉削者付出多

王太太的天倉削、聲音有力，有一句話這麼形容天倉削的女性：「未嫁者為娘家付出，嫁後為夫家付出。」在先生財務出問題時，王太太甚至厚著臉皮回娘家借錢，來輔助先生的事業，一點一滴都為了先生與家庭在努力著，兩人從一貧如洗到現在事業小有成就，但夫妻之間的情誼卻越走越冷淡，最近更是吵架不斷，「先生居然罵我太霸道、太自以為是，他說他再也受不了我的脾氣，說我們個性不合，要求離婚……」王太太說到傷心處，淚珠兒也潸然落下。

　　一般來說，筋骨質、天倉削的女性很有責任感，對家庭付出多，一生鍾愛家庭，王太太愛她的先生，根本就不想離婚，所以前來諮詢，請我幫忙，看有什麼法子可以挽回她的先生。

　　我問了王先生的面相特徵，對王太太說：「在家裡通常都是你的話比較多，對不對？」王太太點點頭，我繼續說：「王太太，其實你是一個好妻子，會為了愛情無怨無悔地付出，甚至犧牲自己你都願意，但你們的婚姻會走到這個地步，其實你要負大部分的責任」。

觀相二 . 鼻高鼻低都是關鍵

　　鼻子在觀相學上代表一個人的主觀，若是聲音粗、鼻子又高，凡事都要以自己為主。「王先生聲音柔，他爭不過你，也不想跟你爭，但你會得理不饒人，所以你先生說你霸道，一點都沒錯啊。」

　　「妳先生的鼻子高，自尊心強，喜歡人家尊重他，若不是無法可想了，他其實很不願意藉助你娘家的力量。但因為他聲音柔，很多事情會放在自己心裡面，不會當面跟你說，時日久了，就有爆發的一天，嚴重者就會一發不可收拾。」

觀相三 . 聲音粗者處事霸氣

　　人的面相有分為內命以及外命，眼睛為外命，聲音為內命。聲音粗的人處於筋骨質，比較熱心，處事有一點霸氣，什麼事情都要管，讓人覺得囉嗦、氣勢凌人，王太太就有此現象，所以夫妻相處久了，就變得越來越無法溝通。

「老師，難道他就不需要負責嗎？」聽到我的話，王太太不禁感到有些不平衡。婚姻是兩人的事，真的說起來，雙方都有責任，王先生的問題在於他不善表達自己，屬於比較悶的性格，在無法理解他內心想法的狀況下，溝通自然更加不順。

其實，夫妻相處不容易，不能老是以自己的個性去處理，而要用智慧去面對，互相包容對方的缺點，才能夫妻融洽。於是我建議王太太由她改起：「你們兩人的鼻子都高，都希望對方能尊重我，但因為你的聲音比他粗，會『先聲奪人』，他吵不贏你，就把氣悶在心裡，或者根本不理你，這樣當然會漸行漸遠；之所以說由你改起，是因為你的態度可以影響你先生，試著多多引導他，將內心世界表現出來。」

小結：態度轉，關係跟著變

夫妻面貌大多數符合陰陽配，這就是面相的奧妙。個性雖各有不同，但夫妻之間必須去學習尊重對方的思想。例如本篇的王先生，他的聲音柔，雖然對外會表現得無所謂，但其實內心很希望被別人尊重，我相信王太太的改變，她先生一定會感受到的。

兩個性格與生活背景完全不同的人共結連理，摩擦是在所難免的，個性就是關鍵。個性影響著雙方的表達能力與思想，如果能了解另一半的性格，在對待上做個修正，相信要做一對比翼鳥並非難事。婚姻是一生一世的，學著體諒、相互尊重、彼此包容，這一路上才能相伴，成為彼此的依靠。

林老師小叮嚀

　　無論卦理或是萬物，都符合《易經》所說的陰陽對待。比如八卦包含萬象，乾為天、坤為地；乾為陽、坤為陰，一陽一陰的對待，這道理無處不在。

　　仔細觀察夫妻的身體結構，也是陰陽相對，就是形的性格。假如丈夫臉形長而狹窄，妻子臉形就可能短而寬。本篇故事中，夫妻的鼻子都高，陰陽不相對；而男性聲音柔，女性聲音粗，這點雖符合陰陽，但卻顛倒了。本該男性屬陽，女性屬陰，陰陽相合為佳，觀察許多夫妻失和的案例，大部分都有陰陽顛倒的問題。

4-10

婚姻失和，性格所致

在一個悶熱的下午，有位李先生汗流浹背地來到我的工作室，他的神色黯淡，才踏進工作室就迫不及待地跟我說：「老師拜託你救救我，指點迷津，我的生活一切都不如意，難道我的運勢就這麼倒楣嗎？」

我注意到李先生的山根部位（兩眼之中）有一條橫紋，他適逢41歲，走的正是山根的運勢，山根部位有橫紋、傷疤等，現在運勢不佳。

一個人的身體狀況，從臉部可以看出一些端倪。依照中醫的論述，這樣的山根代表腸胃不好，氣色不佳代表腎經方面有問題，會有腰痠背痛的現象，若以運勢而論，一切都不如意，無論家庭、事業、財運甚至健康都會受影響。

從李先生的眼眶發黑、魚尾紋很多來看，他的工作應屬於勞碌奔波型，他說他是計程車司機，我便提醒他，要多注意身體，最好也要多留意家庭狀況，他卻給了一個令我驚訝的回答：「老師，我現在有家像沒家一樣，太太跑了……」太太拋下他，但他完全不知原因，頓時讓我啞口無言。

實例分析：婚姻失和的配對

從面相上來看，李先生在三質中屬於筋骨質，額頭高、眉壓眼、眉尾稀疏、眼睛神韻不足、山根凹陷、下巴微削、聲音粗而有力、額頭氣色暗，一看就是運勢不佳的面相。

[李先生面相]

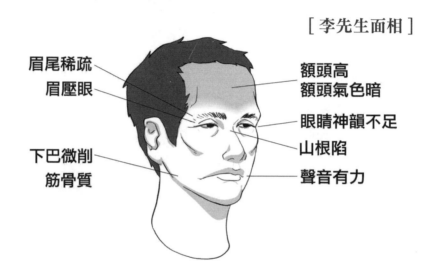

眉尾稀疏
眉壓眼

額頭高
額頭氣色暗

眼睛神韻不足
山根陷

下巴微削
筋骨質

聲音有力

觀相一．眉壓眼，田宅宮窄：個性急躁

李先生的眉壓眼，田宅宮很窄（田宅宮：眉毛與眼睛間的距離），面貌看上去筋骨質的比例佔得比較多，顏面配合不適當的話，處事會缺少考慮、個性急躁、脾氣不好。

觀察之後，我對他說：「你個性很急吧？做什麼事情都求快速，如果沒趕快解決，你就不耐煩，脾氣就上來了對不對？」他回說：「欸，時間就是金錢。尤其是像我們這種開計程車的，時間對我們來說很重要啊。」

觀相二. 眼睛柔、山根低：無主張

男女之間論感情及姻緣，最重要的關鍵在眉與眼睛，眼睛柔的人處事抓不到重點，也不知輕重，相對上也比較不會察覺配偶的想法，夫妻溝通會有問題。我對李先生說：「你的山根低與個性最有牽連，因為山根低，自己比較沒有主張；眼睛柔則更糟糕，無法掌握關係，若是聲音柔，這個問題又更加明顯。」

李先生眼睛柔而神韻不足；鼻子低，所以行事較無主張；聲音有力，個性上不認輸，性格主觀又強勢。他的聲音粗而有力，在家庭中，凡事以他自己的邏輯為主，以霸氣對待，無形中會帶給家人與配偶一股壓力。

林老師小叮嚀

李先生面貌中最大的關鍵在於：眼睛柔、山根低、聲音粗，這種人處事抓不到重點，有時很盲目，也會疑神疑鬼，太太與他共事會很痛苦，加上他的眉尾稀疏，人情淡薄，與配偶間的感情吸引力就不夠，嚴重時就會各分東西。

觀相三. 太太聲音柔：默默承擔

我接著問李先生他配偶的聲音如何，他說太太是位聲音柔和的人，講到這裡，相信有人會產生疑惑：「老師，不是說夫妻之間的配合以

一陰一陽為最佳嗎？李先生的聲音粗，他太太的聲音柔，不正符合陰陽相對？怎麼會搞到離家出走的地步呢？」

　　理論上，這個邏輯是正確的，不過，就算天生的個性有陰陽相對，有時隨著環境的變化，會影響一個人的思維。比如李先生的配偶，她的聲音柔，遇事會默默承擔，但是人的耐性有限，兩人的溝通受阻，長久下來，就會改變她的思考。李先生與太太婚後沒有小孩，如果有小孩的牽制，以他太太聲音柔的特徵，就算李先生行為不良，她也會咬牙忍受，但沒有小孩就完全不同，所以當她的忍耐到達極限，就會一發不可收拾。

　　我對李先生說：「你常把在外不如意的情緒帶回家吧？而且你這急躁性格，在家一定動不動就發脾氣。你太太聲音柔和，對你這種爆脾氣，她只能逆來順受，還好她聲音柔，如果她聲音粗，你們肯定吵無止盡。」

　　每個人都有個性，再溫柔的人也會有個忍耐的底線，想必他太太的不滿已經累積到臨界點，才會如此。我繼續分析：「你的眉毛稀疏，表示對夫妻間的情誼本就不重視，我想這應該是你太太出走的原因之一吧。」

　　李先生一副無奈的表情，我猶豫了一下，問他：「我的直言你要聽嗎？」李先生表示但說無妨，我不諱言地說：「你們夫妻間的床第生活也不佳吧？」李先生一臉錯愕，驚訝之情全表現在臉上，他問我是如何看出來的，我解釋說：「你眼眶發黑、山根陷，在中醫學裡，代表腎經有問題，有腰痠背痛的現象，建議你去醫院做檢查，而且41、42、43歲這幾年，開車要小心，多注意行車安全。」

小結：面相解溝通能力

　　面相上來看，額頭高的人思想豐富，額頭低者思想單純，且反應較慢，如果他的額頭紋路多，則思考力與判斷力雜亂，處事疑神疑鬼，也不果決。眼睛有神能掌握對方，眼睛柔而無神的人則無法，因為這樣的人處事抓不到重點，而且與人應對也不知輕重，所以無法掌握配偶的動向。鼻子露骨表示個性主觀強勢，山根陷則較無主張，容易相信別人。

　　聲音柔、鼻子低的人大多會逆來順受，不敢表達自己的意見，此種類型的人比較容易得到憂鬱症，所以與他們相處，要適時地讓她（他）有抒發的空間。

4-11

夫妻共苦，卻不能同甘

　　在坊間經常聽到一些報導，一對夫妻在創業中，相處融洽，雙方都很努力地打拼事業，但當一切辛苦有了回報、事業有成時，夫妻間卻反而出了問題。讓我想起之前看到的某篇報紙，一家芒果店在夫妻共同的努力下聲名大噪，但在生意變興隆之後，夫妻間反而出現理念不合的問題，翻臉最終分開，這類型的故事總讓人不解，竟然有人會能共苦，卻無法同甘。

 ## 付出最多是筋骨質型人

　　一對夫妻在創業之時，必須要有一個共同點，就是雙方都肯努力，具備不怕吃苦的精神，才可能有好結果。面相中三質包括營養質、筋骨質、心性質，其中，筋骨質型人會付出最多，筋骨質女性尤其如此。

　　三質當中，筋骨質的人顏面骨多、聲音有力，屬於動態，比較刻苦耐勞，能付出；若是營養質，他們顏面肉多、聲音柔，不喜歡勞力付出，吃一點苦就會受不了；心性質的話，額頭高、眼睛柔、聲音柔、皮膚細膩且膚色白，比較會動腦筋，最忌勞力吃苦。

男女之間分陰陽，本來男性就屬陽動，女性屬陰靜，若女性稍微有陽氣，他在處事上會勝過男性十倍。所以我們會看到許多成功的女性企業家，都長得有一點女生男相的味道，處事真的很有魄力，在各方面都不遜於男性。

很多白手起家的男性企業家，其配偶的面相也帶筋骨質（顏面骨多且聲音有力），例如從小工廠開始做起，配偶也會很有衝勁，幫助夫君的事業，所以說起來，最大的功臣應屬配偶。

實例分析：事業有成後的夫妻變調曲

說起這類型的案例，民國107年秋天來到我工作室的丁女士讓我印象最深刻，她和我約在下午兩點，說要來諮詢命理，來到工作室，丁女士問的第一句話就是：「我的夫妻緣如何？」聽到這個問題，我大致心裡有底，我見她一副貴夫人的裝扮，但額頭氣色不佳，額頭代表事業及夫妻間的對待，說明她一定是夫妻之間出了問題。

「就現在來看，你與丈夫之間面臨的問題很多。」一聽到我這句話，丁女士的眼淚就往下掉，「老師，我已經聽過那些俗語，什麼女怕嫁錯郎，男怕選錯行，我都毫不在意，因為我相信夫妻能互相體諒、同甘共苦，一起為事業和家庭打拼才是重點，但現在我卻不確定了……」

丁女士結婚十多年，與丈夫一起經營事業，白手起家，一路辛苦過來，終於獲得成功，在中小型企業中也算有一點成就，她以為他們從此以後就能安穩度日，卻沒想到，自從事業漸趨穩定、經濟穩固之

後，她先生的性格卻大為轉變。

根據丁女士所言，她先生原本是一位盡職忠厚的男性，自從事業有成之後，經常外出與客戶應酬，最近整個人的性格大變，「不管我說什麼，都嫌我嘮叨，什麼事情都要管他，害他在朋友面前抬不起頭來，說他尊嚴受到打擊。」發生爭執時，其實話還沒講完，先生就跟她說要離婚。

觀察面相 . 忍氣吞聲 VS. 絕不憋屈

舊時代的傳統女性，一輩子任勞任怨，就算犧牲自己，也要成就對方，為愛付出的多，多半為家庭而心力交瘁，就算遇到挫折，再苦眼淚也往內吞，總想著顧及先生的面子，所以先生外遇也會默默承受，屬於先生再不好，還是會等他回到自己身邊的類型。

在面相上，如果一位女性鼻子低、眼睛柔、聲音柔，那就很容易忍氣吞聲；相反地，若女性的聲音有力、眼睛亮，就不會讓丈夫自由地在外亂來。聲音有力屬於筋骨質，處事有魄力，眼睛亮代表她能抓到重點，特別是，如果丈夫在外花天酒地的話，一定會被她抓到，而且她不會讓丈夫好過。

丁女士面相分析：筋骨質兼心性質

丁女士問我：「老師，是不是我的八字中注定，先生會有第二個女人？」我對她說：「一半是你的八字運勢有牽連，但從面相也看得出來。」

從面相來分析丁女士，會發現她的額頭高、天倉削、眉尾略為稀疏、命宮寬、眼睛神韻不足、鼻子低而豐隆、顴骨高反、下巴微削、嘴巴中庸、聲音有力、耳朵反骨、膚色微黑，屬於筋骨質兼心性質的面相。

[丁女士的面相]

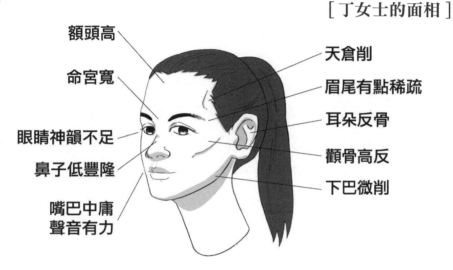

額頭高
命宮寬
眼睛神韻不足
鼻子低豐隆
嘴巴中庸
聲音有力

天倉削
眉尾有點稀疏
耳朵反骨
顴骨高反
下巴微削

觀相一. 總體面相

❶. 額頭高：額頭高的人思想豐富，她的頭髮細，表面上感覺她處事有魄力、很能幹，帶其實處事相當細膩。

❷. 天倉削：出嫁前為娘家付出，婚後則很會為夫家付出。

❸. 命宮寬：表示她在與人交往時知進退。

❹. 眉尾稀疏：對錢財方面比較敏感，也重視理財觀念。

觀相二. 天倉看會不會約束丈夫

要看妻子對丈夫的約束程度，天倉是最重要的部位。天倉削的女

性，大部份比較會給先生自由，不會約束；鼻子低的人，只要說清楚，她就會相信丈夫。相比之下，天倉飽滿者防禦心重，稍微有一點風吹草動，就會追查到底，如果鼻子挺，就不會輕易放過丈夫的不良行為。

丁女士的天倉削、鼻子低，所以只要先生說清楚，她就會選擇相信；顴骨反，喜歡掌握權力，對賺錢方面敢去冒險；因為聲音有力，所以處事有魄力，但是眼睛神韻不足，有時會抓不到重點，不過在工作上刻苦耐勞，一天可當三天用，是一位標準的勞力者。

聽到我的分析，丁女士點頭承認，說她的個性確實不喜歡拖泥帶水，在事業上也很願意與先生一同打拼，白手起家的過程艱苦，但她也願意，事業發展至今都不錯，經濟上無後顧之憂。

但她不明白的是，以前在創業初期，先生大多時間都很尊重她，不敢與她吭聲，為什麼事業有成之後反而性情大變，三天兩頭與客戶應酬，回到家裡，只要她稍微念幾句，她先生就頂嘴說女人不懂。丁女士忿忿不平地表示：「如果沒有我與他共苦，會有今天的成就嗎！這也太不公平了，老師，這跟我的八字運勢有關嗎？」我告訴她，八字是固定的邏輯，個性，才是改變命運最大的關鍵。

 ## 從個性挽回婚姻

我對丁女士說：「其實，婚姻關係會走成這樣，你自己也要負一些責任，以前事業還在發展期時，你們兩個都只要顧工作就好，但事業越做越大之後，客戶群變多，你的先生要應對客戶，應酬自然就多，他以前不常應酬的情況之下，踏入花花世界，在酒店遇到的女性既貼

心、又比較會撒嬌，當然就容易變。」

「從你先生的面貌來分析，他的鼻子高，死愛面子，希望受到尊敬，虛榮心重。他晚一點回來，你就碎碎念個沒完，因為你的鼻子低、聲音有力，兩人一發生爭執，就喜歡將以前的舊帳翻出來，而且不會顧及旁人，當面直說，這會讓你先生覺得沒面子，害他下不了台階，因為你們現在的身份跟以前不同了。」

方法一．留面子給鼻子高挺的配偶

依照面面觀的解說，筋骨質重的女性，處事有魄力，付出的多，但最後可能無功還顧人怨。這種案例我聽了不少，每每都讓女性感到很不甘心，自己的奉獻只換來另一半的花天酒地，實在很無奈。

我告訴丁女士，夫妻之間的糾紛不能單論是非對錯，而必須運用智慧去處理，按她先生虛榮心這麼重的面相來看，不管他有多失態，也不要在眾人面前指責，留一點面子給他，讓他保有男性的尊嚴，這點一定要先做到。

方法二．以柔克剛，多撒嬌

第二點是知道先生要去應酬，不要急著念他，睜一隻眼閉一隻眼，只要關心他別喝太多，以免傷到身體即可。他應酬結束回家，顯示溫軟的一面，這就是以柔克剛，例如丈夫在外應酬而晚一點回家時，什麼都不要說，等他回到家一起吃飯，這樣丁女士的先生會覺得是自己的錯，因為他而牽連了家人；甚至在房事方面也要多撒嬌，夫妻關係

才會融洽。

　　「你的先生鼻子高挺，就是死要面子，虛榮心重，若你能以柔克剛，你先生必會回頭，回到溫暖的家庭。」自從丁女士聽我的建言之後，這幾年來，聽說他們夫妻很融洽恩愛，這就是應用面相的陰陽，找出最適當的相處之法。

林老師小叮嚀

　　《易經》談到陰陽對待，以柔克剛為上策，一方強勢，另一方就要柔，其實這也是《易經》中不變的定律。關係的相處上，一方太過陽剛時，最佳的應對就是「柔性化」。其實五術中的一些含意，都可以應用在生活上，不僅能拿來運用，也能提供更多的判斷資訊給我們。

4-12

愛不對人，瀟灑轉身吧

　　曾看過一篇文章〈你覺得跟我適合嗎？〉，寫關於男女之間的感情。當兩個人相遇時，你認為是有緣來際會，在戀愛中只覺得彼此非常速配，然而經過一段時間的交往，關係更加親密後，才發現雙方的生活習慣有差別，價值觀、個性等不同而無法溝通。

　　伴侶相處涉及很多現實面，真的生活在一起，就有更多現實必須思考，有些人會因為生活中的困難而陷入自卑的情緒，感覺自己配不上對方；有些人則會一直哀嘆對方不是我心目中的理想對象。

　　世間中最難搞的事情，就是男女之情。往往婚後才發現對方的缺點，越看越多，也不若當初戀愛時那般讓你動心。有時明知雙方不適合，還硬想要撐下去，總相信自己能跨越這道坎，最後反而讓自己苦不堪言、受困一生。有人說，男女之間就是前世的債，很多人在結婚之後感覺對方根本是來向自己討債，糾紛不斷，接下來我就透過一則故事，來告訴大家，就理論來說，什麼樣的面相與你最相合。

實例解析：為情所困的面相

　　某年夏天，一位羅小姐約早上十點來工作室諮詢面相，來到工作室便問我：「老師，你可以從面相分析一個人的個性嗎？」我說大約可以，於是她打開手機中的照片，那是一位男性，我看了一眼羅小姐和照片中的男性，大略能知道她為情所困。

觀相一 . 額頭氣色

　　這一位羅小姐的額頭及眉毛氣色不佳，額頭代表與對象未來的希望，如果是還沒有結婚的關係，那額頭氣色則表示一個人的戀愛狀態。若男女朋友或夫妻間的感情融洽，對他的對象滿意時，你的氣色便紅潤有光澤。若對象讓人不滿意、或令人失望時，額頭便會顯示出氣色不佳，自然暗沉下來，表示他對兩人的未來沒有信心，感到失望。

觀相二 . 眉毛氣色

　　不管你是已婚者，還是正在戀愛中，眉毛都是很重要的觀察位置。因為在觀相學中，眉毛屬於交友宮，也表示男女之間的感情線，先有交友，才有夫妻之間的姻緣。若你現在與對象的交往情況順遂，那眉毛的氣色也會顯露出來，有一句話叫做「眉宇開朗，笑口常開」，說明你與對象感情融洽，所以眉毛部位也被稱作男女宮。

　　一個人的內在心思，會很自然反映在氣色上。羅小姐的額頭氣色不佳，加上眉毛位置黯淡，氣色不潤澤，說明她為情所困。我對羅小

姐說，你男朋友跟你在一起，剛開始雙方應該談話很融洽的，她說：
「對！可是是交往了一段時間後，感覺我們談話越來越有距離，話不
投機的時間也變多了。」

羅小姐面相：心性質兼筋骨質

羅小姐的額頭高、天倉平削、眉毛細長、眼睛柔、鼻子低、下巴
微削，但顏面骨多，聲音柔中帶剛，在面面觀中屬於心性質（較重）
兼筋骨質者，對事物有自己的邏輯，比較重視理想，處事不喜歡拖泥
帶水，並期望對象尊重她的想法。

我向羅小姐解釋：「你的面相屬於心性質兼筋骨質，心性質較重，
比較神經質，也重視自己的自尊心，若對方無意中講了一點不是很尊
重你的話時，你就會覺得自己的自尊受到傷害；對方稍微有一點不對
勁時，你就會很沒安全感，疑神疑鬼。」

而羅小姐的交往對象，也是心性質重，這位男性的額頭高、眉骨
高、眉尾略為稀疏、眼睛神韻不足、鼻子挺、嘴巴小、聲音柔，這種
面相的人表面文雅，講話斯文，但做起事情來毫無衝勁，又沒有自己
的主張，但有時又態度強硬，若你們話不投機時，他也不吭聲，有時
愛理不理的。

羅小姐坦承說：「沒錯，就是如此。所以交往了一段時間之後，
總覺得我們因為觀念不同而常起衝突，我最不能接受就是對未來的規
劃，比如我說事業上該如何發展，他竟然回我『為何？』說人生本就
該活得輕輕鬆鬆，何必自討苦吃。」

　　我對羅小姐說：「因為你的聲音比他有力，你總希望在社會上努力，才能佔一席之地，不會被別人瞧不起。依你的面相而論，你會比較喜歡有衝勁、有點個性的異性。」羅小姐說：「沒錯，但也不能太大男人主義，我前男友就是太強勢了，所以我接受不了。後來經過朋友的介紹才認識現任男友，剛開始認為他很忠厚老實，在一起都以他為主，交往一段時間才發現，他的依賴心太重，光會說又無鬥志，硬要在一起，我很不快樂，導致心理壓力很大，老師，就你來看，他會是適合我的伴侶嗎？」

　　我對羅小姐說：「硬要在一起的話，將來有得你吃苦了，因為這位男性的面相心性質重，喜歡別人來服待他，內心主觀強勢，以他的邏輯為主，但處事又抓不到重點，一和你有爭執，就不吭聲，導致你無法摸清楚他的想法。就我的專業看來，你們並不適合在一起。」

陰陽相對為最佳搭配

　　談到夫妻緣、異性緣等話題，總離不開陰陽對待，你的聲音有力，對方就聲音柔；你的顏面骨多，伴侶就顏面肉多；你的體溫熱，對方就偏冷，萬物之間以陰陽而相配，這是最自然的邏輯。

　　在面相學有三個質；筋骨質、心性質、營養質，人的面貌離不開此三質，三個質的個性都不一樣，適合的配對自然也各不相同。以下圖為例，大家能很清楚地看到男女各部位面相都符合陰陽相對之理：

❶. 女性：額頭高、天倉飽滿、鼻子低、嘴巴小、聲音有力、下巴飽滿，為心性質兼營養質。

❷. **男性**：額頭低、天倉削、眼睛小、鼻子挺、嘴巴大、聲音無力、下巴削，屬筋骨質兼心性質。

[**陰陽相合的面相**]

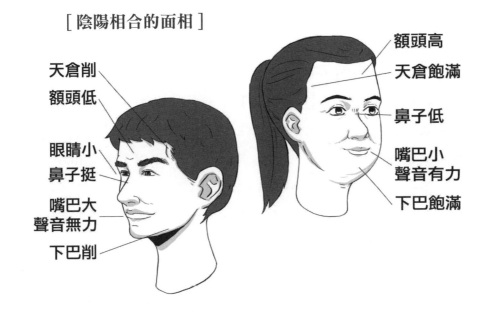

天倉削
額頭低

眼睛小
鼻子挺

嘴巴大
聲音無力

下巴削

額頭高
天倉飽滿

鼻子低

嘴巴小
聲音有力

下巴飽滿

　　為了讓各位讀者更容易理解，我大致整理了幾種相配的格局，幫助大家找出與自己相合的面相。

類型一．丈夫為營養質

❶. **丈夫營養質，太太營養質【差】**：不是好的搭配。因為營養質較重視享受，但不重視家務，依賴心重，雙方都要求享受，誰去付出呢？所以這個組合會導致兩人缺少打理家務的觀念。

❷. **丈夫營養質，太太筋骨質【佳】**：不錯的搭配。丈夫營養質較會享受，家務則由太太負責承擔，太太會比較勞碌，雖然看似不平

衡，但一個願打，一個願挨，所以夫妻之間還是很恩愛的。

❸. 丈夫營養質，太太心性質【佳】：不錯的搭配。雙方處事都比較冷靜，所以夫妻之間能理智相待。

類型二．丈夫為心性質

❹. 丈夫心性質，太太心性質【差】：最差的搭配。兩個人都比較理想主義，自尊也強，互不相讓，婚姻如何能幸福呢？剛開始談戀愛會感覺調適得不錯，但婚後各有自己的理想，誰要付出？一遇到困難，雙方態度就會很消極、冷淡。

❺. 丈夫心性質，太太筋骨質【佳】：好格局，太太很會照顧家務，掌有夫權，因為太太為筋骨質，付出多，回收少，但一陰一陽的格局，配合得還不錯。

❻. 丈夫心性質，太太營養質【佳】：不錯的搭配。丈夫會懂得運用腦筋取財，成果會樂於讓妻子來享受。

類型三．丈夫為筋骨質

❼. 丈夫筋骨質，太太心性質【普通】：普通，但不是非常理想。因為丈夫處事不拘小節，但心性質較以自己的邏輯為主，雙方理念不同，所以會有爭論。

❽. 丈夫筋骨質，太太筋骨質【差】：不好的搭配，兩人會忙於工作導致家庭缺乏溫暖。雙方的主觀都很強，重視事業，也都很獨立，若遇到意見不合有爭論時，雙方都不退讓。

9. 丈夫筋骨質，太太營養質【佳】：最佳的搭配。丈夫付出，妻子來享受。這一種格局最完美，因為男性屬於筋骨質，屬陽為動，付出多，女性營養質，依賴心較重，屬於陰靜，較有理財概念，會把家庭打理好。

　　羅小姐和男友的搭配屬於第4項（心性質配心性質），為最差的組合，都重視精神及物質需求，互不相讓，若是勉強在一起，結婚之後會有很高的機率離婚，讓自己不快樂，為情受困。我告訴羅小姐：「和你最合的配對，屬於第3項，丈夫為營養質，太太屬心性質的搭配，這樣的對象能與你理智地溝通、冷靜相處。」

林老師小叮嚀

　　夫妻之間最好的格局，就是一陰一陽，男性為陽，女性為陰。例如：筋骨質的人為陽動，營養質的人屬陰靜。動的人付出，靜的人享受。筋骨質的男性會很努力，為事業打拼，賺錢交給營養質的女性來理財；而營養質的女性則能把家庭照顧得很完美，讓丈夫在外工作無後顧之憂。你來勞碌，我來享受；你願意付出，我來服侍，所以會是最佳配對。

面相
Q&A
筆記

我們都想從母胎單身畢業，尋得那一位知心人。
讀完本章後，請觀察你自己的面相，分析你三質（營
養質、筋骨質、心性質）的比例，考慮陰陽調和的理
論，說說看最適合你的另一半面相如何。

第五章

讓工作順風順水
事業運

從面相觀察內在與長處

5-01

　　無論身處哪一行，每個人都想要開發潛在的金礦，做業務的人思考著如何陌生開發、行銷人員考慮著效果最大化的行銷手段、開發人員絞盡腦汁就為了開拓出市場的新道路……其實，想要強化效果、增進表現，最根本的辦法就是掌握自己的優點，將優點最大化，就能讓你脫穎而出。每個人都有自己的優缺點，如何找出強項，最快的方式就是從面相判斷。

 ## 認識三停與影響

　　要分析面貌，不妨從最容易判斷的三停著手。先將自己的面貌分為三等份，由髮際至眉毛為上停，眉毛到鼻子為中停，鼻子到下巴為下停，從三停的分布範圍與細部特徵就能掌握很大一部分的內在性格。

1. 上停區域： 髮際線至眉毛

2. 中停區域： 眉毛至鼻子

3. 下停區域： 鼻子至下巴

觀相一．臉的上停與其能量

上停包含額頭、髮際、天倉部位，早年運勢需要觀察上停。如果你的額頭比較高，代表你天生思考豐富，在溝通方面很有一套，具備協調事務的能力。若天倉削（天倉凹），表示本身的戰鬥力強，做事自發自動、體力充沛，判斷很直接，不喜歡拖泥帶水。如果你遇到的客戶兼具額頭高與天倉削兩種面相特徵，則處事乾脆，具吃苦耐勞的精神，與他相處要表現得有衝勁，讓他感覺你真的有在做事，會給他留下好印象。

如果面對的客戶額頭高、天倉飽滿的話，個性較為安逸，為人比較專斷一些，也好面子，這樣的人有智慧，思考力發達，防衛性較高，所以會保護自己，與這樣的客戶相處，就要謹慎一些，不要被他抓到你言談或舉止前後矛盾，否則他就會追問到底。

觀相二．臉的中停與其能量

中停的範圍從眉毛到鼻子，包含眉骨、命宮、眼睛、鼻子、顴骨、耳朵，一般三十幾歲至五十歲左右的運勢可觀中停得知。此部位管人事以及在外的人際關係、主觀意識之強弱、是否掌握權力及資訊等等，中停漂亮的人，在外人緣佳。

例如眼睛黑白分明就屬於眼睛亮，這樣的人處事果決，不會拖泥帶水或猶豫不決；而眼白較濁的人，通常決斷力較弱。鼻樑高挺代表自尊心較強，凡事較以自我為中心，若配以高顴骨，這樣的人通常都很有領導能力。

觀相三．臉的下停與其能量

下停顯示一個人的人脈及家庭關係，在工作上是與同事、部屬的關係，五十歲以後的晚年運勢也可以觀下停，下停飽滿且具光澤的人，晚年安樂、有福。下停包含嘴巴、頤頰（腮骨與下巴兩處）、人中、聲音、法令也是一個看人是否守信的部位。

下巴就是面相常說的地閣，若豐滿圓潤，代表此人晚年享財帛，而且以不動產方面為多。下停不只代表老年運勢，也能看出晚輩運，所以下巴豐滿的人，兒女運也相當不錯，讓他老來不必一直操煩兒女的事情。

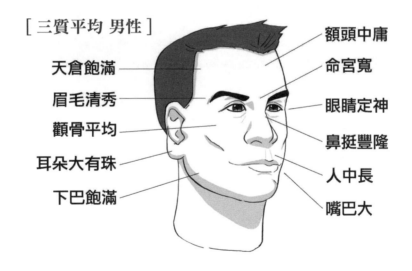

[三質平均 男性]

天倉飽滿
眉毛清秀
顴骨平均
耳朵大有珠
下巴飽滿

額頭中庸
命宮寬
眼睛定神
鼻挺豐隆
人中長
嘴巴大

上圖為三質平均的面相：額頭中庸，天倉飽滿，命宮寬，眉目清秀，眼睛定神，顴骨平均，鼻挺豐隆，人中長，嘴大，下巴飽滿，耳朵大而有珠，兼具營養質、筋骨質、心性質的面相優點。

臉部五官的影響

　　除了三停的範圍之外，臉部五官的特徵也會產生影響，以下介紹五官各自掌管的性格特徵，在三停大範圍的判斷之後，藉由細部五官，掌握自身與他人更詳細的內在。

1. 眉毛看人際：眉毛漂亮、清秀者與朋友的情誼會不錯。

2. 鼻子看主觀：主觀意識可觀鼻，鼻子越挺，主觀意識越強。

3. 聲音看鬥志：聲音有力者鬥志越強，衝勁也足夠。

4. 眼睛看掌握：眼睛越亮的人，越能夠抓住機會。

案例一．眉毛漂亮，鼻子挺

　　想知道一個人的人際關係如何，最重要的部位就是以眉為主。眉毛清秀者個性上比較重情義，與朋友之間的感情會不錯。鼻子則看主觀意識，鼻子挺代表處事有原則，較為強勢，如果你的客戶有此相貌，與他洽談時要抓緊重點討論，因為鼻子高的人，不喜歡囉嗦，重視專業，所以拿出俐落的專業度最能取信於他。

案例二．額頭高，眉清秀，眼睛亮，顴骨高

　　一般來說，這種面相中筋骨質佔的比重較多，能掌握時機，喜愛掌權，處事志在必得，重視實務性。因此，與這樣的人相處時要謹慎，由於額頭與鼻子高的人重視專業，因此談話時最好以專業領域為主。

具備此面相格局的人很重情義，你付出多少，他必會回報多少，建議
盡量跟他搏感情。

案例三．眉清秀，眼睛亮，鼻子低

　　一個人的主觀意識看鼻子，想知道鬥志如何聽聲音，能否把握時
機則觀眼。例如此人的鼻子較低，代表他比較沒有自己的主張，也有
人情味，若你身為業務，以人情相待能得到最佳效果，眉毛越清秀、
鼻子越低的人，就越怕人情壓力。

 # 耳朵對事業的影響

　　在面相學的理論上，耳朵也分為三個質，耳朵的上半部為心性質；
中間耳輪為筋骨質；下方的耳珠則屬於營養質。耳輪反（俗稱反骨耳）
的人屬筋骨質，在處事上比較不穩定，如果給他的資訊一片大好，他
多半會懷疑，也比較不會理財，所以與耳輪反的人相處時，不要一下
給他太多資訊比較好。有耳珠的人處事較為穩重、依賴心也重，和這
樣的人相處時，盡量不要給他太多壓力。

聲音特質的應對之法

　　一個人的協調能力以嘴巴為主，嘴巴大且聲音有力的人，口才流
利，講話比較會搶風頭，這時候可以加上法令紋去做判斷。如果這個
人沒有法令紋（或者很淺），表示此人只會說，光說不練；法令紋很

深的人處事有原則，也比較守信用。如果嘴巴大、聲音柔，這樣的人具備心性質的特徵，思考很細膩，城府也比較深一些。

3秒面相觀人術

要看一個人的信用，以人中為主，人中長表示比較守信用，他講出來的話必會執行；而人中短的人，處事比較會有變化，有時會有三心二意的情況。

頤頦的差異與應對

要看一個人的人脈，以觀頤頦為主。也就是說，下巴飽滿代表人脈多，這種格局為營養質的特徵，下巴越飽滿，處事越有魄力，懂得運用人脈來幫助事業發展（比較懂得利用人脈各自的強項），與這樣的人對談時，最好以人情待之；下巴削的人重視自己的利益（講白一點就是個性自私），講話比較直接，無包容心，有時會顯得自私，和這樣的人相處不妨乾脆一點，不要拖泥帶水或挾帶人情，才不會吃虧。

林老師小叮嚀

人不可能十全十美，必然會有優點與缺點，最重要的是能識人識己，從面貌掌握自己的優勢，展現才華。除了從面相看性格之外，時運好壞也各自有時，也就是人們常說的流年運勢，想要看運勢，同樣也能從面相來查看。

5-02

什麼樣的人大器晚成

　　大器晚成，我們分成兩個階段來論，一個是能力，一個是老來得運，一般解釋上，筋骨質兼營養質的人具備大器晚成的格局。按面相學的理論，這與三停（上停、中停、下停）有牽連，有句話這麼說：一生年少吃苦，老來運勢就會轉好。

　　既然是大器晚成，也代表你的老運越來越好，額頭低的人，中停、下停就會比較長，「少年吃苦，老來得運」就是在形容這種格局的人，所謂少年得苦就是講他額頭比較低，這是格局。如下圖男性：額頭低、天倉微削、眉目清秀、鼻子低、鼻翼豐隆、嘴巴大、聲音柔、下巴短而飽滿、顏面肉多。

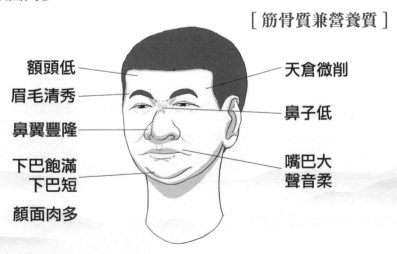

[筋骨質兼營養質]

額頭低　　　　　　天倉微削
眉毛清秀　　　　　鼻子低
鼻翼豐隆
　　　　　　　　　嘴巴大
下巴飽滿　　　　　聲音柔
下巴短
顏面肉多

★額頭低較務實

額頭低的人處事重視務實性，講求實際，思想執意而不會轉彎，其人早年勞碌，運程發展著重於中晚年的運勢。

★天倉削為筋骨質

天倉削的人偏於筋骨質，戰鬥力強，體力充沛，判斷直截了當，不拖泥帶水，處事抱持著「先做再說」的態度，聲音粗者更明顯，但比較欠缺周全的思慮。額頭低、天倉削的人，性格上肯努力、肯奮鬥，少年吃苦，老來得運，最好搭配的眼睛要亮，最好是黑白分明，老來運勢會不錯。

既然講到大器晚成，講得當然是年紀稍微長一點之後的運勢，所以在三停（上停、中停、下停）當中，觀察重點必須擺在中停與下停這一塊。

中停：打老年運勢的基礎

中停（眉毛至鼻子）看三十至五十歲的運勢，此期間正好是人生推動得最旺的時機，也是打老年運基礎的位置，下巴則觀老來是否得運。中停包括眼睛、顴骨、鼻子，與一個人是否大器晚成最有關聯。

觀相一．眼睛首重黑白分明

走到三十五歲後至五十歲，眼睛很重要。眼睛黑白分明、清澈見底為佳，表示心中平靜，無壓力煩惱，也沒有別的非分之想，屬於精

神層面的內涵。無論男女，只要眼睛黑白分明，工作能力均強；僅有眼睛亮（但不黑白分明）的人處事粗心大意，缺乏思考的能力，相比之下，我們常會講說眼睛黑白分明的人，態度穩重，按部就班，不會粗心大意。

觀相二. 顴骨高表魄力足夠

再來就是顴骨，顴骨代表你的權力以及鬥志，也能顯示出你的魄力有多少。顴骨包有肉者為佳，代表帶權力又受別人尊重。看你目前身處的環境也是看顴骨，這裡越漂亮，表示四周的環境對你越有利。

我常常說，有顴骨就是有權力，但如果你顴骨太高，反而會讓人感覺太過強勢、壓迫感太重，不舒服，如果你的顴骨有肉包起來則佳，稱為有威有權。如果你的鼻子豐隆，與顴骨搭配不錯，在協調方面能發揮專才，轉變為中庸之道的格局，老來自然得運，大家會喜歡你握有權力，才是一個大器晚成的特徵。

3秒面相觀人術

我們常常講到眉毛是感情的拉力，在面面觀的理論上，眉毛代表交友宮，眉目清秀者，表示你有困難的時候，親朋好友都比較會主動跳出來幫你。

下停：老年是否財富無虞

鼻子代表一個人的財運，嘴巴則看我們的財庫，若鼻子大、嘴巴

小，表示雖然有賺錢的機運，但錢財卻守不住，有財無庫。這也會影響到老年運勢，而且鼻子屬於中停，稱為平輩，所以鼻子大、嘴巴小的人，賺的錢被朋友拿走，到老又苦了。

面相不能單論一個部位，一定要配合起來觀察。觀察許多成功的企業家之後會發現，他們大多鼻子大、嘴巴大、天倉削。天倉削表示肯努力，有努力才有機會，下巴飽滿為佳。下巴飽滿的含意，如左右有堤防來保護水庫（嘴巴稱為水庫），水庫旁邊飽滿，就如同堤防有圍起來，水庫中的財不外流。

觀相一．下巴飽滿

下停包含頤頦與嘴巴，若屬於下巴削者，水庫（嘴巴）左右的堤防削削的，水庫會破掉；水庫的堤防就是頤頦的兩塊肉，這兩塊肉越厚、越飽滿者，對財運有利，表示你能夠將錢收起來。

每個人都希望財富豐滿，但有財進來，也必須要有庫存的地方，所以若一個人只是鼻子大、嘴巴小，即便錢進來也沒有地方存，錢還是會流掉，所以這樣子不算大器晚成，因為就格局上來看，老來都還可能沒什麼錢。

觀相二．嘴巴大，頤頦飽滿

從企業面相學來看，嘴巴大、兩邊頤頦漂亮的人，處事有遠見；下巴削者，眼見短淺，看事情只看短暫。兩者相比之下，下巴飽滿者有遠見、有魄力，眼光看得比較遠，若為創業者，表示公司或工廠能

逐步發展規模，所以能老來得運。

　　所以，要觀察自己的老年運勢，必須從下停著手，尤其是頤頦這兩塊，特別重要。各位讀者不妨看看自己，有沒有這種大器晚成的面相，或是多觀察你的老闆以及身邊朋友，來做個應證。

3秒面相觀人術

　　有一句話說：「少年吃苦，老來享受。」最重要的是下停部位。第一點為鼻子豐隆，人中在面相學為四瀆，是重要的通路，宜寬而深長，將水流入大水庫，也就是說由嘴巴入庫，但嘴巴要大，水為財，水庫能存水，財富才能累積。第二點有水庫，也就是下巴飽滿，下巴左右頤頦代表堤防，左右肉硬者稱整塊為玉佩，肉硬者為佳；若下巴飽滿，但左右肉軟者，表示錢財守不住，財來財去，只有好看而已，不能稱為大器晚成。

5-03

容易大起大落的相貌

翻開報紙新聞，總會看到一些報導，比如某人因為事業有成，受到政府表揚，風光無限，但不久後便因為經營不善，宣告失敗，在這當中，有些人就此銷聲匿跡，但有些人卻能在一段時間後重新爬起來，本篇就來談談這些大起大落之人。

有的人事業一旦失敗之後，就像溜滑梯一般，一路咻到了最底部，再也起不來。但有的人非常特別，雖然曾經跌跤，摔到谷底，但之後又再迎來事業第二春，那麼在三質（營養質、筋骨質、心性質）當中，哪一種能禁得住人生中的風浪呢？

大起或大落，關鍵都在筋骨質

一般而言，筋骨質的人聲音有力、個性獨立、自信，遇到任何困難絕不輕易低頭或認輸，脾氣固執衝動，處理事情乾脆，講求速度，但思慮不夠周全，導致事業上容易大起大落。不過，一個人失敗之後，是否能東山再起，也需要具備筋骨質，因為筋骨質屬動能，有鬥志，就算失敗也不認輸，有能力重開局面。

[心性質兼筋骨質]

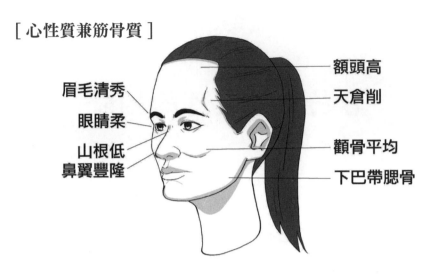

眉毛清秀
眼睛柔
山根低
鼻翼豐隆

額頭高
天倉削
顴骨平均
下巴帶腮骨

❶.筋骨質:顏面骨多,個性刻苦耐勞,比如在外面受風吹雨打的人多半屬筋骨質,骨多不怕風雨,才有本錢再翻身。

❷.營養質:顏面肉多,圓圓胖胖,這類型的人好安逸與享受,風雨一打就不想再做了(受不了辛苦)。

❸.心性質:天倉飽滿、下巴削。額頭高反應快,思考能力很強,追求理想,有時理想太高,反而跌得越慘。

3秒面相觀人術

　　論大起大論的面相,額頭高低為關鍵。額頭低的人行事務實,也比較保守,因此,很少會看到額頭低的人事業大起大落,一般都是額頭越高,理想高,加上他有鬥志的話,就會爬得快、跌得也快。

聲音為內氣，眼睛表外氣

人的面貌有兩相，一相叫眼睛，二相叫聲音，從這兩個地方就能看出你一生的成就。

格局一．眼睛亮，聲音有力

眼睛代表你的靈魂，眼睛越亮者，一般花樣比較多，但想要事業有成，眼睛一定要亮，這樣才懂得把握時機，不會錯過眼前的機會；如果再加上你聲音有力，代表你行事志在必得。

但是能把握機會，抓住賺錢的可能性，也必須能守財才行。一般聲音太粗、講話太有力的人，可能會賺錢，但理財觀念沒有這麼好，不一定守得住財。套用在三質來看，筋骨質的人通常很努力賺錢，但他缺少思考，只會衝而不會守，守不住錢財，所以事業上容易大起大落。

格局二．眼睛亮，聲音柔【佳】

如果某個人眼睛亮而收柔，這種格局就更好，因為眼睛亮能把握機會，聲柔屬靜，表示賺錢之後能守住財，所以比上一種格局好。

由行止改變個性：穩為佳

一般在事業上有成就的人，面相多半都兼筋骨質，才有鬥志與魄力，但筋骨質也容易在事業上大起大落，那麼我們該如何改善，才能

讓事業更加穩定呢？

　　首先，要先觀察你的行動。如果你走路快、個性急躁，請務必把行動改掉，因為行動代表你的內在無法穩定。若你的聲音有力、眼睛亮，具備筋骨質特徵，走路的腳步要慢，你才能穩定下來，從這裡開始，慢慢練出你的思考能力，因為從行動可以改變一個人的思考力。

　　有的人說走路慢、聲柔的人，處事沒魄力，但是很有心機，原因就是走路慢，他的思考力比較強。一個筋骨質的人，最適合走路慢、聲音穩，一下子改變可能很難，但可以試著講話拉慢一點，因為慢者思慮才周全。

　　無論是講話的聲音放緩，或是走路動作放慢，都能藉此延長你的思緒，思考周全之後，就比較不容易犯錯，也可以藉此防範事業大起大落的現象。面相就是這樣，飽含著有趣的哲理，如果我們可以多了解面相的奧妙，藉此看出別人的優缺點，也給自己一個借鏡，就能善用自己的優點，並改正自己的缺失。

林老師小叮嚀

　　舉個例子，把一顆糖果放進你的嘴巴，如果你咬得很快，代表心情太急躁；有的人吃糖果，會慢慢舔，這種人叫做有智慧，處事方面就穩重。個性急躁的人要學習人家的優點，不妨從吃糖果來練習，一顆糖果原本一分鐘之內就被你咬破，你現在就練習花五分鐘慢慢吃，練習久了自然就會有智慧，處事也會變穩重。

5-04

東山再起的強人面相

心性質、筋骨質、營養質三質中，若遇事業失敗者，筋骨質的人比較有機會東山再起，因為筋骨質表生命之動能，一生雖然容易大起大落，但他具韌性、不認輸，所以論從谷底翻身，必須要是筋骨質的人才行。

夏日裡的某一天，我正在工作室整理一些八字命理的資料，打電腦時，忽聞門口傳來一陣聲音宏亮的打招呼聲，這位先生一進門就說「老師你好。」我看了他一眼，跟他說：「老師還好，但你不好。」

這位先生姓蘇，他的聲音有力，依我的經驗來看，筋骨質較重，事業會有成就，但是聲音有力，一般思考上缺乏周全的思維，所以大部分具備此格局的人，事業上會大起大落，若是走到中老年運，聲音還很有力，就能知道他還有很多事情未完成。

 實例分析：詢問事業的蘇先生

就面相學裡的三質來看，動態最強的是筋骨質的人，這樣的人比較勞碌，做事不喜歡拖泥帶水、不怕吃苦，具有冒險犯難的精神，但這種人最大的缺點是欠缺思考，聲音越有力，事業越容易失敗。

於是我對他說：「先生，你是經歷過失敗過的人。」蘇先生愣了一下，反問我：「怎麼會，我哪有不好？」我對他說：「你在事業上絕對敗過兩次。」蘇先生很不服氣，走出去外面，看我在門口寫有一對聯『前無古人開乾坤，後有來者起屯蒙。』蘇先生又進來，哈哈大笑，對我說：「我所見過的大師中，就你最會臭屁。」

我也不客氣地對他說：「沒有兩下功夫，我敢亂開口嗎？」蘇先生又說：「確實是有功力。」他看了一下四周的牆面，另一副對聯寫著『未待君開口，能知君心事。』於是他又問我：「老師你真厲害，一開口就說中我的心事。」蘇先生饒富興趣地問我，是怎麼看出他的煩惱的。我解釋道：「很簡單，看你年齡估計已超過五十五歲，走中老年運。」蘇先生頓時不解，問我：「跟年齡有關嗎？」

在論相時，必須配合特徵及年齡，一位已經走中老年運的人，一般走路形態及聲音會穩重，表示他的內在無牽無掛、與世無爭、無憂無愁，臉上有一股自然的氣色，整個人呈現出平靜的形態。但若一個人走到中老人的年齡，眼睛亮、聲音有力又宏亮，說明他的內在還有一股不服輸的心態，表示他有尚未完成的事情，而蘇先生正屬於此類格局。

面相練習．是否能東山再起？

一個人若要東山再起，聲音為關鍵。比如以下兩位中年人，各位讀者不妨自行比較一下，哪一位事業失敗後比較能翻身呢？

★額頭高，眼睛柔，鼻挺，嘴巴中庸，下巴削，聲音柔

屬心性質，聲音柔者無鬥志，即便想要重新來過，也只會想，行動力不足，魄力也不夠，人到老時體力不足，要靠人脈，但他的下巴削，表示人際公關與互動不佳，所以這樣的人想要東山再起就難了。

★眼睛神韻足，鼻子挺，顴骨高，下巴飽滿

此人屬於筋骨質兼營養質，若自己創業，必歷經失敗，但他的下巴飽滿，說明人脈極多，聲音有力有衝勁，而且人到了中老年，想要成功往往不能靠體力，而是看人脈，所以他更有東山再起的潛力。

蘇先生的面相：筋骨質兼營養質

聲音關係動態，在觀相學上來說，聲音粗或有力者，是筋骨質的格局。聲音代表一個人內在思想及行動力，就事業經營不善而失敗的人當中，聲音有動氣，才有機會東山再起，蘇先生他的面相中就蘊藏著一股不服氣，他問我：「老師，那我以前的事業如何？」

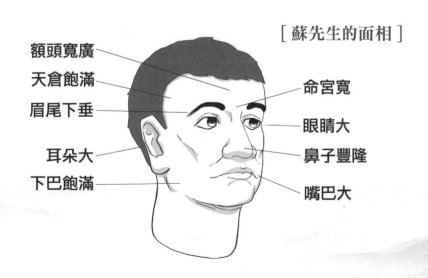

[蘇先生的面相]

額頭寬廣
天倉飽滿
眉尾下垂
耳朵大
下巴飽滿

命宮寬
眼睛大
鼻子豐隆
嘴巴大

以蘇先生的面貌來論，屬於筋骨質兼營養質，顏面骨多，額頭有一點凸、眼睛亮、眉目清秀、鼻子豐隆、嘴巴大、頤頦飽滿帶腮骨、聲音宏亮。

確實，他以前在事業上可稱得上是風光一時的人物，蘇先生問我：「老師，我的事業為何大敗？」我跟他分析：「是因為朋友的事情引動吧，才導致事業不利。」蘇先生苦笑著說：「老師，你讓我佩服了，我確實被朋友連累，導致事業大敗，已經過去了，就不多談了吧。」他原本高亢的聲音越講越小聲。

依蘇先生的面貌，屬於筋骨質兼營養質，眼睛亮、聲音宏亮，處事上不喜拖泥帶水，這是好事。「但是你的個性太霸氣，如果沒錯的話，以前你在事業上主觀強勢，又有一套自己的邏輯，不容許下面的職員有意見，他們稍微不同意時，你就會強勢地主導，讓其他人倍感壓力。」蘇先生坦承說：「以前確實如此，但現在我已經反省過了。」看出他的無奈，我跟他說：「既然如此，那我就教你如何扭轉乾坤。」

改變命運，從自身開始

一個人走到中老年運，已經沒有勞力及體力了，想要翻身，轉換乾坤，就必須靠智慧與人脈才行。

我對蘇先生說：「你的行足充滿衝勁，聲音宏亮，有不輸給年輕人的鬥志，代表你處事有魄力，但現在必須改變了，將你的聲音拉慢一點。」聲音代表一個人內在的鬥志，若聲音無力，心有餘而力不足，這固然不好；但聲音粗而有力，個性急躁不夠周全，這也不行。蘇先

生表示，道理雖然能明白，但是要把講話速度放慢還是很困難。

「你想想日本人，日本人練劍道時，會要求學員坐禪，講求定力，主要是他們的眼睛必須定神，才能抓住對方的弱點，一發致勝。宗教裡也要坐禪，才能安靜思考。若你一時間定不下來，不妨從聲音開始鍛鍊，譬如念經，平常五分鐘就唸完的經，現在就拉長，十分鐘唸完，慢慢地唸，練習將心定下來，久了眼睛也會定神，內在的智慧與思考才會增長。」

在面面觀的理論上，聲音是很重要的因素。聲音同等宏亮有力也沒有關係，只要能將聲音拉慢一點，就會有所改變，就是知命，懂得改變命運才是最關鍵的事。

3秒面相觀人術

故事中的蘇先生屬於筋骨質兼營養質，聲音有力，個性豪爽，具實力，有好東西願與好朋友分享，做事有魄力，處事不喜歡拖泥帶水，但個性專制，尤其他聲音有力又宏亮，所以非常固執，難以改變心意。

眉毛清秀的人對朋友重情意，也就容易被朋友劫財，眉越清秀，越容易受到朋友牽連，這是筋骨質的特徵，對朋友只會付出，較無防禦心，在社會上容易吃虧。

5-05

照顧部屬的主管模樣

面貌如同一個人的展示櫥窗,將每個人的身心狀態及個性、運勢等情況誠實地展現出來,在職場上,如果能得知主管的性格,他的喜怒哀樂會被什麼事情牽引,就更容易相處。

舉例來說,顏面肉多、肉軟者稱為營養質,如果你的主管屬於營養質,職員會比較輕鬆,因為胖的人跑不動,要求不會太高;若主管顏面骨多、身材瘦,就屬於筋骨質的人,這類型的人本身好動,無法安定下來,所以你的事情多,相對要求也比較多。

實例分析:好主管怎麼看?

某次我受邀,前往新竹科學園區的一家科技公司,參加他們舉辦的座談會,席中有一位先生的面貌,引起了我的注意,這位先生姓魏,我說:「如果沒錯的話,你應該是高級主管吧?」他點頭回應,之後座談會進行到一半,談到主管的面相,其中一位小姐詢問:「什麼樣的面貌,是一位能照顧部屬的主管呢?」我指向魏先生:「這個人就在你的面前。」在場的員工不禁拍手叫好,而這位魏先生,正是公司

的管理部經理。

　　要成為主管階級，在面相上必須要有三骨，眉棱骨、顴骨、腮骨。相信所有職員都希望自己的主管能照顧屬下，又能承擔一切。脾氣和藹可親，處事有擔當，更重要的是，能與部屬溝通，聽進建言，這就是員工眼中值得尊敬的主管，接下來，我們就透過魏先生的面相，來逐一分析好主管具備的特徵。

魏經理 . 營養質兼筋骨質

　　要看一個人會不會照顧別人，重點就是下巴，因為下巴代表與部屬的對待。魏經理下巴飽滿，又帶一點腮骨、額頭高、眼睛亮、眉目清秀、鼻子低而豐隆、顴骨平均、嘴巴大且聲音柔、法令紋淺、耳朵有珠、膚色黑、顏面有一點肉，屬於營養質兼筋骨質，笑起來和藹可親，有一種親和力。

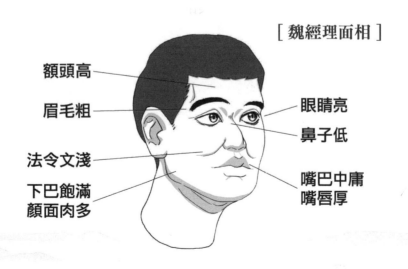

[魏經理面相]

額頭高
眉毛粗
法令文淺
下巴飽滿
顏面肉多

眼睛亮
鼻子低
嘴巴中庸
嘴唇厚

★額頭高凸看上司緣

魏先生的額頭有一點凸，額頭代表與長輩的相處，一般若是額頭高，又有一點凸的人，比較會頂撞上司。額頭高者雖然容易得到上司的提拔，但是太凸的人比較會有意見，不過，這也有一項優點，就是他的思考帶有一點突破性，遇到大家無法解決的困難時，額頭凸的人通常是那個會突破瓶頸的人。

★眉清目秀者重情義

一個人眉目清秀，代表他重視情義，對朋友或同事、部屬付出的會越多，簡單來說，就是有情有義的人。如果面相眉清目秀，加上鼻子低而豐隆，則處理事務時較有人情味；而且鼻子豐隆者捨得花錢，加上魏先生的嘴巴大，除了表示協調能力強之外，也看得出他能容納他人的意見。心量可容四方，有好康的也會與人共享，加上他下巴飽滿，所以對家庭有責任感，對晚輩與部屬更加愛護。

★有腮骨者對部屬付出多

魏先生面相上最大的重點，在於下巴飽滿帶腮骨。有腮骨者對部屬付出多，處處為部屬著想，而且他的聲音柔中帶剛，遇到事情時敢去爭取（尤其是部屬的福利），下巴代表一個人的財庫，加上照顧晚輩，所以只要涉及部屬的權益，他會不惜代價地去爭取。

問題．是好主管，卻沒有升遷運？

魏經理接著問：「老師，那你可以把我的優缺點都講一下嗎？」

我說：「如果沒錯的話，魏先生你一直無法再往上升吧？」魏先生看了我一點，說人生苦短，何必去與人爭權奪利。此時旁邊一位小姐接話：「老師，魏經理真的是一位很負責任的主管，對我們都照顧有加，為什麼就是沒辦法升遷呢？老師是從哪裡看出來的呢？」我解釋說：「因為魏先生的法令紋不夠深，代表他待人處事比較講理。」

想要看升遷運，額頭是關鍵。魏經理的額頭有一點凸，對部屬的事情敢去與上司爭取，有時會頂撞上司的意見；而針對上司所要求的事項，只要是對部屬不利或無理的要求，他就不忍心下達命令，這樣的人在上司眼中，就不會是最先提拔的人。

有魄力的高階主管格局

那麼，什麼樣的人能夠做到高階主管呢？我看了現場的人士，注意到現場坐在第二排，最右邊的一位女士。「這位小姐，如果我沒講錯的話，你是高階主管吧？」現場又是一陣掌聲，表示我說對了，這位女士姓陳，我問她是否介意我分析她的面相，她說：「沒關係，您盡量說，順便讓大家了解我的個性及作風。」

[陳小姐面相]

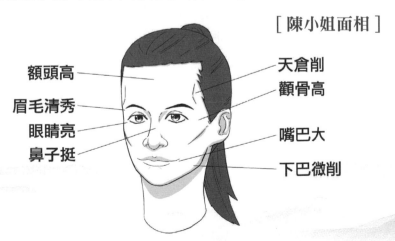

額頭高
眉毛清秀
眼睛亮
鼻子挺
天倉削
顴骨高
嘴巴大
下巴微削

陳小姐 · 筋骨質兼心性質

　　這位陳小姐的聲音有力、顏面骨多、天倉削、額頭高、眉目清秀、眼睛亮、鼻子挺、顴骨高、屬於筋骨質兼心性質的特徵。個性主觀，有時候很強勢，聲音有力表示處事有魄力，凡事不認輸。

★法令紋深會動用權力

　　陳小姐的法令紋深而長，呈現筋骨質，法令代表律則，表示社會地位與尊嚴，也代表高度權威、自尊與嚴謹。她是非分明，說話算話，不容許他人有反駁的空間，威嚴足夠，所以別人不敢打馬虎眼，不過會帶著強硬，迫使別人服從。與陳小姐這種格局的人共事，確實會有困難，光是要跟上她的腳步就有壓力，雖然如此，她底下的人卻能學習到很多經驗。

★眉清目秀者重情義

　　我問陳小姐願不願意聽我給她建議，她點頭說願意，我告訴她：「你表面上看來是一位嚴格的主管，但你私底下對部屬很好，當部屬遇到困難時，你會不惜代價地幫忙，尤其是錢財方面。所以你的表面嚴格，內在卻有一顆慈悲的心。這是因為你眉目清秀，比較重感情，所以你一生不管是對朋友、部屬、兄弟、親人，都會有付出多而回收少的情況。」她聽完哈哈大笑，表示她的個性的確如此，想必她也聽懂我話中的暗示了。

小結：筋骨質 vs.營養質主管

想在工作中學到專業知識，找筋骨質兼心性質的主管就對了，但同時你要有心理準備，因為筋骨質屬動態，凡事要求嚴格，遇到事情也不會妥協或退縮，必定會要求部屬完成任務，他自己不怕吃苦，自然也會要求下屬達成使命。

雖然跟著這樣的主管會很吃力，但相對上，你可以藉此學習到很多專業知識，因為筋骨質的人肯付出，教導部屬時不會留一手，他會樂於讓你成為一位能幹精明的員工。

若希望在工作上輕鬆又愉快，那就跟著營養質的主管，他不會給你壓力，你會感覺很輕鬆，但相對的，你在職場上也不會有上進的念頭，因為營養質處事不積極，在這種人底下工作久了，你也會變得混水摸魚，吃虧的一定是你自己。

5-06

從面相看懂主管，相處愉快

在公司上班，無時無刻都是考驗，考驗我們如何與同事和平相處，特別是主管，與主管相處需要智慧，了解主管的性格、作風，縮小與他認知上的差距，要能做到這一點，最簡單的方法就是從面相觀察開始，因為面相學最主要的功能，就是成為與人溝通的橋樑。

每次一講到主管特質，大家都會有各式各樣的問題，比如哪一種主管難相處、哪一種屬於佛系主管、請我幫忙看主管面相……要看透主管，首先必須從三質著手，不過很少人是單一形質，或多或少都會兼具兩個或以上，接下來，我們還是透過案例，來學習如何分析吧。

 ### 被主管叮得滿頭包

某日，許久不見的學員小張來我工作室找我，我問他是不是有什麼壓力，他回答：「什麼事情都瞞不住你啊，老師，確實有事，最近上頭來了一位新主管，什麼事都要管，什麼細節都要了解，什麼事情都不肯放手讓我們執行，真的是被叮得滿頭包。」

小張主管 . 筋骨質兼營養質

我看了一眼小張新主管的面相，這位主管的天倉削、額頭低、顴骨高、鼻子挺、眉骨微高、眼睛亮、下巴飽滿、嘴巴大，屬於筋骨質兼營養質。

★額頭低，眼睛亮，眉稜骨高，顴骨高

屬於筋骨質特徵。表示他個性中充滿傲氣，不喜歡受約束，處理事務有自己的一套作風，喜歡掌握權力，主導一切。

★體型微胖，下巴飽滿

此為營養質格局，下巴看人際關係，具備此格局的人善於運用人脈，而且極愛面子，熱愛排場面，雖然做事有擔當，但是喜歡攬權，一生喜掌權力，面子重於一切。

整體而言，我認為小張的新主管還算可以，至少有一些事情這位主管會親自處理，只是難免會讓部屬產生自己無用武之地、不被信任的感受。

如果具備相同的五官特徵，但身材高瘦的話，則屬於筋骨質兼心性質，個性上就會有差別，這樣的主管頭腦會更靈活，而且以他自己的邏輯為主，如果這種形質搭配聲柔，就更顯得優柔寡斷，會強人所難，會要求別人做他們不願意的事。

筋骨質搭配不同聲音特質

在三質中,筋骨質的人本來就最注重權力,沒有掌權他會很痛苦,不過,同樣身為筋骨質的人,如果聲音特質不同,他的掌權力又會有差異。

格局一．筋骨質,聲音有力

聲音有力的筋骨質,行動力十足,又喜歡掌握權力、處事有全部一手包辦的傾向,同時具有正義感,雖然愛掌權,但同時也是個有擔當、具備責任感的人。

格局二．筋骨質,聲音柔

聲音柔的話,正好陰陽調和,處事有原則,也善於管理和規劃,這類型的主管雖然喜歡權力,但拿捏得宜。基本上會受部屬的擁戴,不過,這種主管對權力很有慾望,而且是會要心機的。

格局三．筋骨質,聲音無力

如果筋骨質卻聲音無力,代表他所掌握的為虛權,聲音虛,展現不了任何權威,所謂的有權無威,在處事上會很吃力,這種主管如果不是好好先生,就是容易被下屬欺負的類型。

小張與主管的最佳應對

　　以小張的案例來說，以柔克剛為上策。例如小張膚色黑、顏面骨多，屬於筋骨質成份重的格局，遇到這樣的主管，他會感覺自己的權力被剝奪了。幸好小張的聲音柔，處事穩重，做事前會三思，雖然對主管不滿意，但還是能與主管共事；如果是一位聲音有力的部屬，恐怕三天一大吵，兩天一小吵，到時候不知走的是哪方人士。

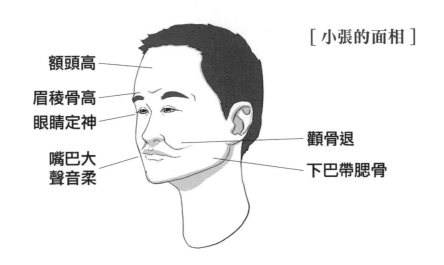

[小張的面相]

額頭高

眉稜骨高

眼睛定神

嘴巴大
聲音柔

顴骨退

下巴帶腮骨

　　在面相裡，一方強勢，另一方就要柔，這也是《易經》說的陰陽對待。當一個主管太過陽剛氣，所搭配的部屬就最好能柔性化。同樣的道理，夫妻之間也必須有一位陽剛、一位柔靜的搭配，家庭才會相處融洽，這就是以柔克剛。

　　其實，筋骨質的人雖然以權力為重，喜歡掌控，但較無心機。若是心性質的人，內心的優越感重，以自己為中心，而且心思細膩、神

經質，常疑神疑鬼，當主管級的人為筋骨質兼心性質時，必須有所掌控，他才會有安全感。

　　若你的主管額頭高、髮細膩、眉棱骨高、眼睛小而細長、鼻子挺、顴骨高，這一種形質的人，要注意在他面前不要搶風頭，因為他屬於靜態取向，表面上不吭聲，不代表他沒有意見。若是你太搶風頭，他會認為你不實在，因為額頭高表示思想細膩，眼睛小的人容易疑神疑鬼。

從實際例子解面相

　　職場的一言一行，往往關係到日後的前途，如果因為不了解主管性格，而在無形中得罪他，就會阻礙你的升遷，所以，想要順風順水的職場運，除了工作能力之外，一定要掌握達成「人和」的關鍵。

　　某年的秋天，一位周小姐與陳先生同時來找我，兩人都是因為對工作環境感到不滿，工作得很不開心，想要找我諮詢。周小姐一談起主管就滔滔不絕，她說主管做決定都很不乾脆，又很愛碎碎念，常常把以前的事情翻出來講一輪才結束，邊說邊拿出主管的相片給我看。

實例一 . 周小姐與主管的相處

　　周小姐的鼻子高、眼睛亮、聲音有力，我一邊看周小姐，一邊看她主管的照片，心中有譜，對周小姐說：「你與人共事時，一定希

望別人照你的邏輯，否則你會不高興，而且別人出錯，你一定當面指責。」她回答：「那是當然啊！做錯當然要指正！」

坐在一旁邊的陳先生此時說：「你不覺得你的主管跟你很像嗎？」「哪有！我才不會像她那樣碎碎念呢！陳年舊帳都翻出來講。」就周小姐的面相來看，她的主觀意識強，有自己的主見，只要看到不順眼或不如意的事，就會直接說出來，我繼續看周小姐的主管面相。

★周小姐的主管：筋骨質兼營養質

從周小姐主管的面貌來分析，此人的眼睛亮、眉清淡、鼻子低、顴骨高、嘴巴大，下巴飽滿、法令紋淺，在觀相學上屬於筋骨質兼營養質。聲音有力，有事情不說出來她會很難受，自然容易碎碎念，以及翻舊帳；不過，鼻子低的人比較念舊，所以雖然嘴巴愛念，但還是滿照顧部屬的。

[周小姐的主管]

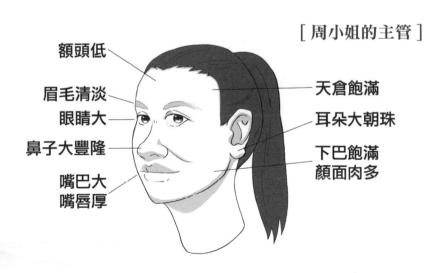

額頭低
眉毛清淡
眼睛大
鼻子大豐隆
嘴巴大
嘴唇厚

天倉飽滿
耳朵大朝珠
下巴飽滿
顏面肉多

★鼻子低、下巴飽滿，人情味濃厚

　　鼻子低的人較缺乏主見，所以處事容易反覆，但是鼻子低的人比較重視情誼；再加上周小姐的主管除了鼻子之外，還有一個飽滿的下巴，這種格局重視人情味，而且能採納別人的意見。只是她的嘴巴大、聲音有力，一方面行動力十足，二方面很愛面子。

　　整體來說，周小姐的主管嘴巴上愛念，但還是滿關心部屬的。與這種主管相處，盡量跟隨她的腳步，不要搶她的風頭，私下也可以適度地給予建議，她其實會覺得你很上道。

實例二．陳先生與主管的相處

　　在旁邊的陳先生說：「老師，我的主管個性很難捉摸，高興時就對你好，不高興時你怎樣做都是錯。」我對陳先生說他的主管額頭寬廣、膚色白，此種格局的人容易受到長輩的提拔，他表示：「確實！他在公司升遷得最快。」

★陳先生主管的面相特徵

　　一個人容易受到上司的提拔，必有他的優點。陳先生主管的額頭寬廣、膚色白、聲音柔、眉棱骨微高、鼻子挺、顴骨高、嘴巴大、聲音有力，有這些特徵的人，會具備以下的性格：

❶.額頭寬廣、眼睛柔： 處理事務時思想細膩，推理能力很強。

❷.眉棱骨微高： 表示他具備判斷的能力。

❸.**顴骨高**：顴骨表權力，所以他善於掌握事情。

❹.**嘴巴大、聲音有力**：處事有魄力，有霸氣，也顯得強人所難。

陳先生點頭表示他的主管的確很霸氣，如果沒有照他的意思做，那就要倒楣了，而且明明是主管決策錯誤，他也不承認，最後倒楣的還是部屬！說起主管，陳先生就滿腹的委屈。

3秒面相觀人術

很努力而一生勞碌的人，大多為顏面骨多，屬於筋骨質的人（也就是勞碌命的格局）。此質代表生命動能與勞動力，付出多。若鼻挺無肉，表示他主觀強勢；若鼻子低而顴骨高，表示他表面上強勢，但其實內心很有人情味；若聲音有力，性格就顯霸氣。

★完美主義者常陷入自責情緒

像陳先生主管這一類型的人，確實會讓人不由自主地感受到壓力，但是我們從另一方面來探討，他會受到上司的提拔，必有過人之處，才會受到長官的賞識。

我常說，人要成器，必須具備三骨：眉棱骨、顴骨、腮骨。陳先生的主管顏面骨多，顯示他做事不屈不撓；他的鼻子挺，主觀強勢，處理事情很有原則，遇到困難會想盡辦法克服；加上聲音有力，個性主動積極，這在長官的眼裡，就是盡職盡力的員工。

這位主管額頭高、鼻子挺、聲音有力，做事不喜歡拖泥帶水，加

上膚色白，有完美主義的傾向，所以對部屬的要求甚多，也因為他完美主義，所以無法承受自己犯錯，或在判斷上失誤，表面上他指責別人，但其實他的內在很懊惱，對自己的過失感到自責。

想要與這種格局的人相處融洽，說來也不難，多多跟他聊天，因為聲音有力的人怕寂寞，有話不說他會很痛苦，所以你先讓他開口陳述他的理想，有意見的話，選擇適當的時機委婉反應，就能相安無事。

林老師小叮嚀

人與人相處確實不容易，隨時都會有令自己不滿意或不順心之事，尤其在職場上，但是，與其花時間厭惡對方，讓自己心情不愉快，倒不如換個角度，去了解對方的優點，學會欣賞與接納，轉換自己的工作心情，讓職場換個氣氛，才是上策。

5-07

一眼看穿不擅管理的他

講到「不擅管理的人才」，相信各位讀者都不希望那個人是自己。如果你是公司的老闆或高層主管，可就更緊張了，因為我們都希望自己拔擢的經理或管理人員是能夠勝任的，所以本篇就要來教大家透過面相，看出哪些人不擅長管理職，好好考慮要提拔哪些人上位。

面相不能獨論，五官配置差一點點，就差很多。面相是一門很有趣的學問，你的眉毛、鼻子全部加起來之後，進行綜合考量，才會知道你是怎麼樣的人。例如眉毛看人情味，眉清秀者，容易受到人情的壓力；鼻子代表一個人的主觀，鼻子低，與人相處重人情，這樣的格局就比較不善於管理。

 ## 不擅長管理的面相特徵

依我多年的經驗，比較屬於不善於管理的人員，大致有幾種特徵，例如心性質帶營養質，像額頭高者就是心性質，肉多則屬於營養質。再來是額頭高、天倉飽滿者，命宮與田宅宮寬的人也不適合做管理人員，以下就分別做解說。

格局一 . 心性質兼營養質

就面相來說，心性質兼營養質的格局比較不適合擔任管理職。比如一個人額頭高、顴骨高、鼻子挺、眼睛柔、眉淡、下巴飽滿、聲音無力，就屬於這類型的格局。

此質屬於心性質，本來頭腦特別靈活，很聰明，很會享受；不幸的是，因為下巴飽滿，顏面肉多，只會想而沒有動力。如果格局中帶一點兼筋骨質，整個質就會大轉變，例如聲音有力、眼睛又亮則帶筋骨質，再加上頭腦好，會精打細算，再配合有衝勁的性格就比較好。

格局二 . 額頭寬，天倉飽滿，命宮寬

有人說額頭寬的人比較好命，對一個人來講，額頭愈高、天倉愈飽者，祖上有積德，小時候環境很棒。天倉屬於推理及理財宮，天倉飽滿的人善於推理，但最忌諱就是命宮（兩眉之間的距離）太寬，如果三者特徵兼具，就不適合管理方面的職位。

命宮寬本來是一個很好的格局，比如交朋友，交到命宮寬的人，心胸開朗，與世無爭。如果田宅宮寬，則個性溫和，是個好人。就男性來講，我們稱他是好好先生，女性則會是個好太太，但就是依賴心太重，也欠缺責任感。

若擔任管理職的話，這樣的性格反而是致命傷。因為職位必須管理人，要細心，夠細膩，條理分明，下達的指定必須很清晰，但是命宮寬、田宅宮寬的人很隨和，個性隨便，所以不適合。不過，另一方

面來說，他在公關方面有利，不與人計較的性格應用在交際上，格局就會拉高。

 ## 如何看出稱職管理者

觀相一．眼睛炯炯有神為佳

依據觀相學的論述，眼睛是察言觀相最重要的部位。要看一個人是否能成為稱職的管理人，也要從眼睛著手，搭配三質不同的特點，就會產生不同的結論。

❶. **筋骨質**：眼睛炯炯有神、黑白分明屬於筋骨質，處事能抓到重點，一眼能觀察到許多細節，並喜歡追根究柢。

❷. **營養質**：眼睛透出一點光芒，但柔韻，煞氣不強，不會逼人，一般來說是大而圓的雙眼。容易心軟，處事較慈善，任管理職較吃力。

❸. **心性質**：眼睛柔，個性溫和，遇事有時抓不到重點，對自己及他人的約束不夠，也不適合在管理職位，會很吃力。

所以說，適合管理的眼睛要有神韻，一看就知道所有事情，如同老虎、豹、獅子的眼睛，表示這個人處事敏銳，眼睛一盯就知道獵物往哪個方向跑。如果一個主管眼睛柔，又沒有什麼神韻，那作為他的下屬就很快活了，不過對於這位主管來說，他沒有權威，管理起來會

很吃力。所以一般而言，一個眼睛有神韻的人才適合管理；如果太過好命，反而做事不積極，不適合管理的職位。

依照觀相學，眉淡本來是一個好的格局，也比較聰明，但如果命宮寬、田宅宮寬，這種人反而沒有責任感，也不適合當管理者。因為要擔任管理者，個性不能太隨和，否則就無法監督、盡責，所以無論男性還是女性，命宮都不宜太寬，比如一些喜憨兒的面相，他們的命宮、田宅宮就比較寬，眼睛神韻不足，個性非常隨和，但也顯得傻傻的、沒有責任感。

觀相二．柔中帶剛的聲音讓人心服

作為一名管理者必須要有權威，聲音有力代表魄力，這樣的人下達指令才有威嚴，部屬會去執行。最好的聲音是柔中帶剛，處事能讓下屬心悅臣服。相反的，若是聲音柔甚至無力，下達指令無威嚴，部屬處事不積極（如蚊子叮牛角，不痛不癢），當管理者會很吃力。

有一句話說：「人未到，聲先到。」就很符合一名主管的特質，主管人還沒到，聲音先到，眼睛亮，交代事情會要求部屬如期完成，這就叫做魄力。講到適合成為管理者的面相，那就是額頭高、天倉微削、鼻子挺、顴骨高、眼睛定神、嘴巴大且聲音有力、下巴頤頦飽滿。

額頭高的人思想豐富；天倉微削者凡事較主動；鼻子高挺主觀意識強；顴骨高表示能掌握一切事情；眼睛定神者遇到事情能很快把握重點；嘴巴大而聲有力的人，處事有魄力、不拖泥帶水；下巴頤頦飽

滿者處事有原則。

林老師小叮嚀

如果你是老闆，趕緊看一下你們公司經理級以上的職員，若是管理者有此篇提到不擅管理的面相特徵，那可就要好好觀察一下了，若這些職員真的在管理職上吃足苦頭，身為老闆也要懂得彈性調整，發揮適人適任的眼光才好。

5-08

能獨當一面的部屬

「什麼樣的人是能夠獨當一面的人才呢？」相信大家都對這個主題很有興趣，除了可以觀察自己之外，身為公司的老闆或高階主管，也想要找這樣的員工，現在我們就來談談，如何透過面相找出這些最具成器潛力的部屬。

無骨不成器

一個人要當領導者，必須要有三骨，第一骨是眉棱骨，人一定要有眉棱骨，下達命令才有權威；第二為顴骨，顴骨司管一切權力；第三為腮骨（下巴左右的骨），腮骨代表處事的堅持力與恆心。

從面相學來說，有骨的人肯付出勞力，不怕吃苦，三質中以筋骨質佔比最多。若顏面有肉，則屬於營養質，這種人好享受，光說不練。相比之下，顏面骨多的筋骨質處事有魄力，具備獨當一面之格。

能在專業領域當中佔一席之地者，多半為具備筋骨質與心性質特徵的人。因為顏面骨多的人個性比較直，判斷直接，行動力快；而心性質的自我要求高，做事要求完美，比較細心，所以筋骨質兼心性質

是最容易在專業領域闖出一片天的格局。（如下圖女性）

[筋骨質兼心性質]

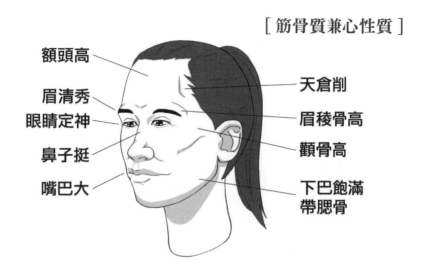

額頭高
眉清秀
眼睛定神
鼻子挺
嘴巴大

天倉削
眉稜骨高
顴骨高
下巴飽滿
帶腮骨

　　而營養質兼筋骨質的人，則大多擅長公關、協調，例如下巴飽滿的營養質，是善於經營人脈的格局。若論職場搭配，一般專業人士主觀強，性格剛直，需要個性圓融、穩重的人來配合，這也就是《易經》所論，一陰一陽的對待法則。

3秒面相觀人術

　　身為領導人，額頭高、天倉削、眉稜骨有凸者為佳。眉稜骨代表直接的判斷能力，身為領導者，下達命令要很精準；若眉稜骨平，處事三心二意，要領導別人，眾人卻不服你，管理起來會很吃力，所以要成為管理職，就必須要有眉稜骨。

有肩膀有擔當

看一個人是否能擔當大任,一個看面相,另一個則是肩膀。能挺起肩的人才能擔責任,一般領導格局都有肩膀,不可能垂下來,大部份都是抬頭挺胸。若各位觀察軍人,就會發現他們走路都抬頭挺胸,肩膀要挺起來,看起來才有精神,也有權威,所以有句話這樣說:「無肩膀不成器。」

一個人有肩膀,看起來就很有魄力。肩膀分為兩種解釋,如果是男性,百分之百是有肩膀為佳。若女性有肩膀則不同,女性標準為垂肩,女性肩膀挺,代表她帶有男性的味道,屬陽動態,具備男性的魄力,要獨當一面,就女性的角度來說,這種叫做勞碌之命。

從服裝也能看出肩膀的差別,例如以前的女性套裝,會加上墊肩,上班族女性很常穿,其實就是為了看起來更有肩膀、有氣魄,增加擔當的格局。另一方面,女性穿旗袍的時候,就不會有墊肩,肩膀處會自然垂下,整個弧度很美,這種服裝就能增加女人味。

無論是用墊肩,還是天生的肩膀格局,肩膀比較高挺的人會顯得更有魄力,想要找出能獨當一面的員工,肩膀也是很重要的觀察重點。

 ## 觀察面相五官

觀相一. 額頭與天倉為重點

額頭高、天倉削的人,學習能力很強,對事情比較有遠見,想法

比較豐富，若要與人談判，這種人才是真正的高手。

天倉削呈現筋骨質，戰鬥力強、體力充沛、判斷直接、不喜歡拖泥帶水，遇到困難時，會想盡辦法面對及處理；天倉飽滿的人，防衛心重，比較自私。就領導人來說，一定是要能夠解決問題的，就這點而言，天倉削者更適合。

觀相二 . 鼻子有肉才能服人

能夠獨當一面的人必須有主見，主觀及意識看的重點是鼻子。但鼻子不能露骨，一定要有肉為佳。鼻子露骨的人，個性極端，與人相處時要佔風頭，不懂得人情味，講話不客氣，太強勢所以無法讓人跟隨。鼻子挺而有肉，才有人情味，一名領導者的格局，本身一定要有人情味，眾人才會服你。

鼻子挺的人比較有擔當能力，不過也比較主觀強勢，如果你是老闆的話，要如何把這樣的人才留在公司呢？一般來說，個性強勢的人（尤其是筋骨質）重視權力，沒有掌握權力會很痛苦，所以身為老闆，遇到這樣的員工，請盡量授權，讓他感覺受到重視，一定會很忠誠地付出。

觀相三 . 下巴飽滿有部屬緣

下巴飽滿者，代表下面的人會信服你，會有人脈扶持。不管你的聲音多有力，還是無力，一定要了解下巴對性格的影響。因為此處代表你的個性，下巴削的人個性比較孤獨，這樣的人做到領導階級，就

必須先有自知之明，並且盡量在同事之間與人溝通，來輔助你天生人脈不夠的缺陷。

此外，若你身為老闆，對於下巴飽滿的下屬，老闆開的支票可以開得遠一點，因為他比較有耐性；下巴削的人，來得快也去得快，所以老闆必須跟他講清楚、說明白。身為領導者，遇到這兩種不同的部屬，就要採取不同的應變之道，做長期的話與下巴飽滿的人談，下巴削的則必須在短期間給他好處，因為他是很現實的。

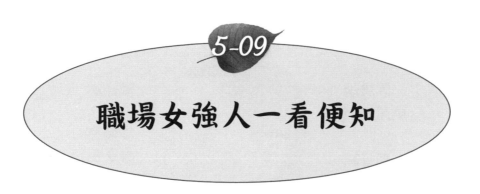

職場女強人一看便知

　　想要知道誰具備巾幗不讓鬚眉的特質，能突破職場的性別天花板，闖出一片天嗎？這一篇就來講講那些能讓人折服的職場女強人。在面相學裡，這樣的女生具備「女生男相」的格局。我們說女生男相，代表她的面相絕對與眾不同，其實很簡單，把男性的臉型特徵，丟到這個女生身上就行了，這樣的女性會有股魄力，也就是能在工作上脫穎而出的類型。

心性質兼筋骨質為最佳配置

　　心性質兼筋骨質的女性是在商場最能獨當一面的格局。聲音有力者善於交際，能言善道、口才流利、應變機智，雖然表面強勢，但其實心性質的人內心浪漫，這種格局是最漂亮的，所以就女生來講，眼睛柔看起來浪漫、楚楚可憐，反而是好的，這樣的女性通常人緣佳，對事業發展有利。

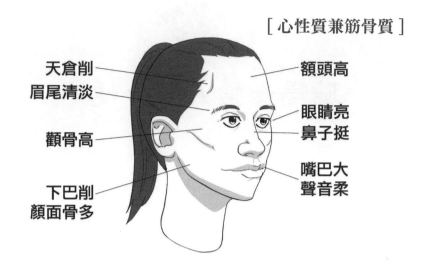

[心性質兼筋骨質]

天倉削
眉尾清淡
顴骨高
下巴削
顏面骨多

額頭高
眼睛亮
鼻子挺
嘴巴大
聲音柔

　　我常說，三質中最會動腦筋者當屬心性質，要做生意，額頭一定要高，這樣的人頭腦機敏、反應快；若眼睛定神，代表處事按部就班，臉部有骨者更佳。有骨的人比較有刻苦耐勞的精神，在商場上，與人洽談業務，顴骨部位很重要，顴骨高者有掌控力，有魄力的人才適合談判，就實際案例來看，我們也很少看到圓圓胖胖的人出現在談判桌上，與人進行協商。

　　顏面肉多屬於營養質，這種人很難在商場上獨當一面，如果有的話，可能也不是很成功。一般來說，營養質面相的女性是享受型的格局，這種女性好命，也是富貴型的，但卻不是商場高手。

3秒面相觀人術

若你與一個眼睛亮、眉粗清秀、聲音有力、下巴飽滿的人洽談聲音，可從面相得知他屬於筋骨質兼營養質，處事乾脆，且凡事喜歡掌有權力，所以與這樣的人應對進退，盡量多由他來主導，而且你的態度必須明確、乾脆，才得博得他的好感。

有擔當的女性格局

想在社會上佔一席之地，必須要有骨，臉上有骨屬於筋骨質，代表有衝勁、具魄力。想要成為女強人，必要具備陽面的格局，例如顏面骨多、眉毛往上、聲音有力、體態有肩膀等等。

觀相一．肩膀挺

以前的社會重男輕女，標準的男性要有肩膀，女性則是要垂肩。但現在的社會氛圍已大不相同，我看到許多女性到五星級飯店去談生意，走起路來，都是抬頭挺胸的，不會垂肩而柔弱，這樣就是具備擔當的格局。

觀相二．眼睛定神帶柔

若把男性的眼睛神韻放在女性身上，也是女強人的特質。眼睛神韻足，就能把握良機，正所謂「機會稍縱即逝」，眼睛神韻足的人懂得把握機會，讓人刮目相看。但如果女性的眼睛太亮，就會變成勞碌，

所以最佳的格局是眼睛定神帶柔，看起來清澈，同時也很雅氣、文秀。

觀相三 . 聲音有力

男性本身就是陽質，陽要動。女性只要稍微有點男性的氣魄，就勝過男性十倍。比方說，聲音有力的男性通常個性都比較強勢，如果一個女性的聲音有力，那她的魄力就會勝過男性，處事甚至會比男性更強勢，在商場上自然能獨當一面。

 ## 洽談生意前先觀察面相

格局一 . 鼻子高挺 vs. 鼻子低

鼻子居面貌的中間位置，表示一個人的主觀意志力，鼻子高的人重視規則，意志堅強，性情耿直，呈現筋骨質特徵。膚色越白則越以自我為中心。而且鼻子高的人有克服困難的精神，具專業研發之素養，所以在商場上，他們喜歡講專業。若與這樣的人做生意，事先要把專業細節都準備好，因為他們不喜歡囉嗦，膚色越白，越講究專業知識。

反過來說，鼻子低的人比較有人情味，他們的本質靈巧、懂變通，言語坦承，凡事好商量，處事非常熱心，所以在人際方面十分活躍，本著「好吃道相報」的心態到處交朋友。所以鼻子低的人十分適合從事保險、推銷、或需要人脈的行業，這方面他們是一流的高手，但還是必須搭配其他五官來搭配才能確定。

遇到鼻子低的客戶，請先跟他交朋友，講感情、拉關係，例如詢

問他住在哪裡，「喔？你住在南部，我表姊也住那裡耶。」透過這樣的話讓他感受到人情味，對事業洽談就很有幫助。

格局二. 下巴飽滿 vs. 下巴削

下巴飽滿、比較有肉的人，他的優點是人脈多，重視人情味，所以洽談時多與他拉關係，靠人際關係來做生意。但如果你的潛在客戶下巴削，就比較不重視人情味，他們看的是專業度，所以請拿出你的專業與他談話，例如你的報告寫得夠具體、富專業，他就會認為你值得交談。

下巴代表人脈，如果碰到下巴飽滿、聲音有力的人，請記得他「吃軟不吃硬」，你跟他一樣強勢，跟他來硬的話，他比你更硬，雙方就會不歡而散。一定要改變態度，語氣放柔、態度軟一點，說不定他就願意把生意交給你做了。

林老師小叮嚀

學面相一定要知道陰陽對待論，與一個人初見面，雖然還不了解個性，但可以用運面相學的訣竅，抓到一些性格，順著對方的毛摸，生意就容易談成了。

273

5-10 適人適任，管理人才面相學

　　身為企業老闆，如何找到千里馬，一眼看中接班人，都是很重要的議題。我常講，一人好才華勝過百人，百人的能力不如一人優秀。身為老闆，想找的就是讓你萬中選一的優秀人才。人力銀行的網頁上永遠都在應徵人才，各式職位都不乏人應徵，究竟哪方面的工作適合你？公司主管又要如何判斷這個人是否適合目前的職缺？這些都可以透過面相看出端倪。

 秘書型人才

　　企業想要找一位秘書，需要的是處事細膩的人，而且他必須有靈機應變的能力，才能讓主管更心無旁鶩地處理公事。從面相的角度來說，這可以從兩處觀察：

❶.額頭高、眼睛亮： 這樣的人具備思考能力，而且看事精準，處理事務能隨機應變。

❷.膚色白、眉尾下垂： 這種人的性格不會衝動，遇到任何爭議，不會當面與人發生衝突，協調能力佳。膚色白者更有思考能力，如果

他的下巴飽滿就更加分，表示他會面面俱到，只要是上司交辦的事務，他都能如期完成，不須操心。

 ## 業務型人才

一名成功的業務，通常必須擁有幾種性格特徵，對進行陌生開發、維繫客戶才更有利，什麼樣的人適合從事業務工作呢？下面我就列出幾種面相特徵，大家不妨檢視一下自己是否具備這些條件。

❶.面貌必須有骨：有骨的人比較有冒險犯難的精神。
❷.天倉削：此為筋骨質特徵，體力充沛、戰鬥力強。
❸.眼睛亮：看得清楚，處事懂得抓緊機會。
❹.聲音要有力：有膽量，遇事敢面對面與人洽談。
❺.下巴飽滿：下巴代表人脈，懂得經營對業務有利。

問題一.心性質兼筋骨質，但眼睛柔？

按照上面的幾點特徵來看，如果一個人額頭高、天倉削，但眼睛柔，是不是就不適合往業務領域發展呢？

這種格局屬於心性質兼筋骨質。額頭高表示他會運用智慧來處理事情，加上天倉削（筋骨質），所以做事情會很主動，不怕吃苦。眼睛柔的人比較三心二意，但給人的感覺很實在，如果是女性，那就是最佳格局，她的聲音柔，處事不急躁，會讓客戶想要照顧她，但如果是男性，男生女相，在業務上就會比較吃虧。

問題二. 聲音柔者就不適合嗎？

再者，眼睛亮、聲音有力者比較適合業務工作，那麼聲音柔者是否就不適合擔任業務人員了呢？

聲音確實會有差別，一個人的眼睛越亮，處事越能把握機會，加上聲音有力屬於動態，靠口才的行業一般都是聲音有力者比較吃香，但這種人有時太衝動，欠缺思考，比較粗心大意。如果事業要以文秀細談，那聲音柔的人就比較適合，他們具備心性質特質，思慮細膩，洽談時才不容易出錯。

管理階級的人才

一名成功的企業家，除了自己有智慧、能力強之外，最重要的是具備找出人才的慧眼，如同漢高祖劉邦一般，那麼，哪些人的面相格局更適合管理，為老闆分憂解勞呢？

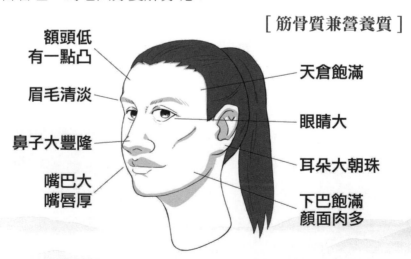

[筋骨質兼營養質]

額頭低
有一點凸

眉毛清淡

鼻子大豐隆

嘴巴大
嘴唇厚

天倉飽滿

眼睛大

耳朵大朝珠

下巴飽滿
顏面肉多

就面相來看，筋骨質兼營養質的人最有管理能力，以下就各個面相特徵做解說，兼具者為最佳：

❶.眼睛要定神：這一點很重要，身為主管，必須看得清楚，眼睛定神者處事能抓緊機會。

❷.顴骨要高：顴骨高的人會適當地展現權力，對待下屬帶威嚴，發號施令才會有人聽。

❸.眉棱骨有一點凸：太過優柔寡斷不利於管理，而眉棱骨高的人第六感敏銳，判斷直接，該決斷時不會拖泥帶水。

❹.鼻子要豐隆：鼻子豐隆的人處事有原則，不會人云亦云。

❺.嘴巴大且聲音有力：這樣的人處事有魄力，不會因為太軟弱而無法駕馭下屬。

❻.下巴飽滿：光只有威嚴無法讓人心悅誠服，下巴飽滿者照顧下屬，能得到部屬的尊敬。

找到企業的接班人

對於白手起家的企業家而言，自己花費一生打拼得來的天下，最怕就是下一代的人無法接位，辛苦經營的企業王國毀在自己子女的手中，面臨接班，往往都很困擾。

我常說：「你面貌的格局，會影響到下一代的接班人以及他將來的成就。」例如你的眼睛定神、下巴飽滿，那接班人就會有成就；若你的下巴較短，下一任接班者就會很吃力，也就是說，他們的成就不如你。

堯舜君王位選賢禪讓，這樣的制度確實為美談，但對一般人而言，要將事業的版圖交給別人，確實不簡單，如果你的下巴較短（或比較削），代表下一代接班會很吃力，建議將財務方面的管理交給有能力的人，對你來講會比較輕鬆，對事業最有利。

觀面相 **.好的接班人格局**

在尋找接班人的時候，對方最好具備以下幾項面相特徵：眉清秀、眼睛定神、下巴飽滿、聲音有力。這些特徵其實前面都有解說過，眉毛清秀的人比較重情義，性格不會太過涼薄；眼睛定神者處事有原則；下巴飽滿能接納別人的意見，不會淪於剛愎自用；聲音有力則有魄力，這些都是管理企業必要的格局。

把人才放在適合的位置

正所謂，沒有不能用的人，只是看你能不能把他們放在最適合的職位，發揮他們的強項。最好的管理，就是把人放在適合的位置上。

❶.嘴巴大：因為善於口才，聲音有力，必較愛搶風頭，這一類格局的人，盡量安插公關、交際類型的工作給他。

❷.額頭高，眉棱骨高，聲音穩重：他的頭腦靈活，處事敏捷。聲音穩重，表示在工作上不喜歡變動，喜歡安靜，所以適合從事企劃方面的工作，這樣能發揮他的專長。

❸.**天倉削，鼻子挺：**處事主動，不怕吃苦，工作態度上進。如果下巴飽滿，則處事圓融，在外人緣佳，與人互動良好，兼具衝勁與交際手腕，適合往業務發展。

❹.**額頭高，眼睛定神，聲音柔：**懂得應對進退，這種人的協調能力強，擅長管理，由他來帶動精英份子，最適合不過了。

5-11

又愛又恨？才幹型員工相貌

　　所謂相由心生，相貌可以影響人的一生。懂面相者，商場上能知人善任，在生活上可以趨吉避凶，在感情上能抓到對方性格，察覺對方的心意，將有助於自己，成為處理人際關係的佼佼者，而且能幫助你化解各種糾紛。

　　人沒有十全十美，心順就好，常聽到一句形容，青少年與長大後會有不同的造化，有的人小時了了，有的人則大器晚成。無論是哪一種，一般來說，能力卓越突出的人，會散發出一股與常人不同的氣質，尤其越能幹者，氣質越驕傲。

 ## 實例分析：筋骨質兼營養質

　　某日，一位小姐來我的工作室詢問命運，我看了一眼，對她說：「洪小姐，你的能力很強，任何事情交代給你，結果都會令人滿意，所以你深受主管的賞識，但你同時也讓主管感到很頭痛，因為你做事太有自己的原則，主觀意識非常強。」

觀面相．女性筋骨質，最有魅力的美

我常說，女性稍微有一點筋骨質，處事必勝過男性。就洪小姐的面相特徵來看，她的額頭低、天倉微削、眉棱骨高、眉毛往上如劍眉、眼睛亮而有神、鼻子挺、顴骨高、嘴巴大且聲音柔、下巴頤頰飽滿、膚色白、耳朵反骨、顏面的肉比較硬。

[洪小姐面相]

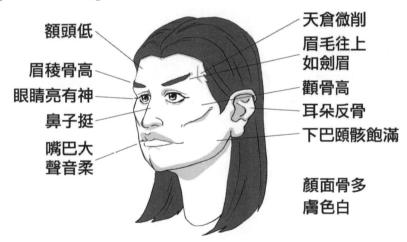

額頭低
眉棱骨高
眼睛亮有神
鼻子挺
嘴巴大
聲音柔

天倉微削
眉毛往上
如劍眉
顴骨高
耳朵反骨
下巴頤骸飽滿

顏面骨多
膚色白

依照面相分析，洪小姐主觀強勢，如果沒有按她的邏輯行事，她完全不理會。這一位洪小姐確實很能幹，但脾氣時好時壞，有時候會讓上司氣得牙癢癢的，但是又礙於她的才幹而束手無策，不曉得該拿她怎麼辦。

女性的吸引力分為兩種，一種是讓人動心的女人味，另外一種就是洪小姐的類型，由才幹所散發的魅力，她會讓人有壓力，可是因為特別能幹，讓人欣賞，總會讓人對她又愛又恨，這就是另外一種深具

吸引力的氣質。

 ## 面相細節分析

前面章節提過「無骨不成器」，能獨當一面的人必定面相有骨，比較有幹勁，洪小姐的面相就屬於這種，顏面有骨，肉有一點硬，也就是女生男相的格局。

觀相一．額頭低

額頭低的人講究務實性，思想上較單純，不會轉彎，加上洪小姐的眼睛亮，處事積極且直接，所以講話容易得罪他人。

觀相二．眉毛往上如劍眉

眉毛往上的人屬於筋骨質，個性積極，英明勇猛，在面相學上來說，這種人適合往武警方面發展，如果一位女性擁有這樣的特徵，就能知道她有多麼能幹。

一般女性大多眉毛清秀，眉環抱，按相書論述，新月眉的個性較溫和，也是標準的女性眉毛格局。若女性眉毛往上（如劍眉），為女生男相，處事積極，不喜拖泥帶水，也比較能幹。

觀相三．天倉削、鼻子挺

天倉削者，處事方面會主動出擊，也肯付出，洪小姐的顏面比較

硬，加上鼻子挺，本身具備領導格局，但這種格局的人也不好相處。因為她主觀強勢，以自己的邏輯為主，稍有一點與她的思考不同時，會消極地反抗，讓主管很頭痛。但這種格局的人能力確實強，一人能抵三人，在職場上很拼。

觀相四 . 下巴頤頦飽滿

洪小姐最大的優點，就是在業務上能獨當一面。因為她的口才流利，人脈極廣，因為下巴飽滿代表人脈多，加上她的嘴巴大，可以容納四方，最重要的是她的聲音柔。

一個人顏面骨多又聲音粗的話，霸氣有餘，但難免會讓人很有壓力，這方面洪小姐剛好搭配了聲音柔，所以她表面強勢，但一開口講話，聲音就自帶一股魅力，剛好緩和了她的強勢。

如何帶領這樣的部屬

部屬能幹是好事，如女帝武則天，頤頦如玉珮，處事有衝勁、有膽量、有智慧、讓人自然而然地被她的魅力吸引。像是歌仔戲、平劇當中看到的角色，女性化妝扮成男性，英氣十足，為女中豪傑，洪小姐就散發出這種氣質。

不過，這種格局的人，確實難以與她相處，她有能力又驕傲，這種人就是「吃軟不吃硬」的格局，要擔任她的主管確實不容易，又愛她的才華，又怕得罪她而撕破臉，如何共事並不簡單。

重點一．相對論：主管 vs. 部屬

一個人不管如何地強勢，必有他的優點與缺點，俗話說的好：「知性好相處」，了解對方的性格，就能知道該如何與他應對。面對洪小姐這般能幹的員工，身為主管的你要明白，她屬於不見棺材不掉淚的類型，個性不服輸，越是強勢如她，就越怕自己的尊嚴受打擊。

洪小姐表面上很強勢，但其實內在空虛，她是女中豪傑，所以不容易有知心的朋友，但她的面相格局有很重的筋骨質，筋骨質的人最重情義。所以她的個性是標準的「吃軟不吃硬」，你給她三分恩惠，她必定回饋你七分。帶領這樣的部屬，一定要做好表面功夫，有需要時睜一隻眼、閉一隻眼，在大眾面前一定要給她留台階下，不要當場讓她難堪。

因為她的鼻子挺、眼睛亮，不輕易低頭，而且她的聲音柔，代表內在思考細膩，也就是說，不管她外在看起來有多麼強勢，內在其實很需要別人的關懷，如果工作上出了差錯，沒有人與她交談的話，她會覺得很委屈，這時候你花點時間與她談話、給予意見，她會覺得你很重情義（聲音有力的人則永遠不認輸，就算明知有錯也會硬幹到底）。

重點二．相配論：找到適合的搭檔

身為主管，如果你的部屬剛好也屬於洪小姐這種，能幹型的人才，你也要懂得選一位能與他共事的人，工作才能順利，選用人才時請抓緊一個原則，就是《易經》中說的，以陰克陽才能中庸，萬事才順利。

★眉尾下垂者為佳

首先，與他共事的同事，不分男女，個性上必須要能忍耐，依我多年累積的經驗，眉下垂者最好，因為眉尾下垂的人，個性比較溫和，與人意見不合時，不會當面對峙，才能好好處理事情。

★額頭高，眼睛柔較搭

額頭高，眼睛柔，如果再搭配膚色白者最佳，這種人善於推理，但不會強勢主導，與洪小姐這類人的格局剛好一陰一陽，加上眼柔者不會與人搶風頭，對於能幹型的員工來說，能留給他台階下的人，搭配起來最合宜。

5-12

業務高手的面相特徵

　　做生意的時候，相信大家都會有感觸，為什麼有些人在拉生意方面就是特別得心應手，開發客戶時那麼如魚得水。那些人談業務，怎麼談都成功，但有些人就是死纏爛打也無法成交，究竟是什麼造成這樣的差異呢？什麼樣的人是天生的業務高手呢？本篇就來談談善於跑業務的這些人。

 ## 從觀察上停開始

　　成為一位業務高手先觀察上停的部位，包含額頭與天倉，額頭高的人肯做，到處跑也不辭辛勞，這樣的人才具備業務的格局。天倉削的人比較有鬥志，體力充沛，刻苦耐勞，基本上屬於筋骨質。

[筋骨質兼心性質]

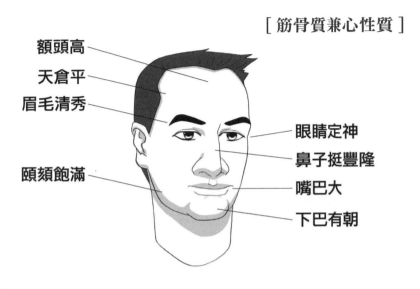

額頭高
天倉平
眉毛清秀
頤頰飽滿

眼睛定神
鼻子挺豐隆
嘴巴大
下巴有朝

格局一 . 額頭高的人反應快

額頭高的人，做業務是一流的。因為額頭高表示思想豐富、反應快，在面對不同的客戶時，能瞬間判斷做反應，所以額頭高是做業務的基本特徵。額頭比較低的人，做事情重視務實性，反應沒那麼快，比較慢三拍。

格局二 . 天倉削者更果決

天倉削屬於筋骨質特徵，戰鬥性強，體力充沛，判斷直截了當，不喜歡拖泥帶水，凡事先做了再說，在業務這種需要不斷嘗試的工作上更有利。

格局三 . 眉清目秀者招人緣

一流業務的客戶緣都很好，但人緣與長相沒有直接的關係。有些

人看上去就是得眼緣、順眼，這當中最要緊的，就是觀察眉毛與眼睛的部位。要眉清秀，不能壓眉，壓眉會讓人感覺你做事太急躁，眉清秀、眉宇開朗為佳，也就是眼皮部位開一點、寬一點比較好。

從影歌星來探討也很明顯，若是他的眉毛清秀，粉絲就特別多。面相中有所謂的彩眉，也就是眉毛往上微揚，眉帶清秀，帶著一股英姿凌人之氣，容易成名，這種類型的人緣特別好。因為這部位代表人緣，眉屬木，額頭屬火，木來生火，人緣必佳。

格局四．眼睛定神最佳

除了上面說的眉宇開朗（眼睛與眉之間有一點距離）之外，眼睛不能太亮，因為眼睛過亮會讓人感覺很強勢，反而不利於業務。正所謂「過猶不及」，眼睛太亮的人看起來太強勢，客戶會因此產生「你會佔我便宜」的印象。

但是，眼睛太不亮、飄來飄去，也會讓人看不起，對方會覺得你抓不到重點，洽談時也容易文不對題。就結論而言，眼睛定神是最漂亮的，因為眼睛定神者，處事能抓緊機會，與人洽談時懂得應對進退，能讓人信任，又不會過度強勢，是最佳的業務格局。

格局五．人中越長，越守信用

與人洽談生意，重要的是感覺這名業務是否說話算話，講信用就要觀察人中，因為人中主信用，人中越長者，越守信用。人中短的人雖然守信用，但有時候比較固執，以自己的想法為主，跟你講完，他

等一下搞不好就反悔了。

格局六．下巴飽滿更能鞏固客戶

要成為業務高手，人脈當然不可或缺。人脈分兩種，一種叫做蜻蜓點水，下巴削的人屬於此類，這種人通常只能做一次性的生意，雖然可能出現暴利，但他只求眼前利益的做法，無法維繫客戶，這次生意結束，下次對方就不會再跟你合作了。

下巴飽滿的人則有遠見，看得比較遠，當他接觸新客戶時，會想著「這個生意我要做兩年、三年、四年、十年」，不會短視近利，這樣的業務自然做得長久。他們在業務上的人脈多，業績來自四方，尤其人際關係更好，他們能經營人脈、倚靠朋友，所以我們常說「下巴飽滿的人較有福氣」。

3秒面相觀人術

上面幾個部位都很重要，但業務最重要的就是如何與人對待。如果見到客戶鼻子高挺，請發揮你的專業，與他理性溝通，因為鼻子挺的人重規則，處事不喜歡囉嗦，你的談吐具備專業，他更欣賞。若客戶鼻子低，就不要直接開始談專案，這種人比較有人情味、愛熱鬧，想要談成生意，就要先懂得與他拉關係才行。如果想要更進一步的資訊，可以上網，搜尋「昊天書院 林進來」，更深入地了解自己的優缺點。

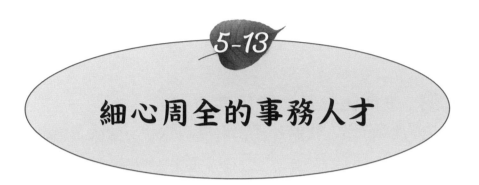

細心周全的事務人才

人在世總要面臨許多事務及雜氣，那麼就三質來說，什麼樣的人擅長處理各種事務細節呢？要擺平各式各樣的細項，三質中以心性質的人最擅長。因為心性質思慮縝密，而且聲音柔，有一點撒嬌的味道，能夠讓人喜歡；此外，這種人也必須有行動力，安排事務給他，都能完成使命，所以兼一點筋骨質為佳。

 ## 心性質兼筋骨質為佳

就三質基本的性格來看，筋骨質的人處事乾脆，也很肯做，但缺點就是比較粗心大意；心性質的人比較細心，但要求太高，有時反而顯得太固執；營養質的人講究氣氛，對生活上的需求多，力求舒適，依賴心重。

1.營養質兼心性質（膚色白、聲音柔）：個性沈靜，佔有欲強，處事細心敏感，不喜歡與別人分享屬於他的東西，其生活安定，不適合擔任秘書的職位。

❷.營養質兼筋骨質（膚色黑、聲音柔）：容易為環境所束縛，處事不易突破，心性不穩定，容易受到形勢影響，做出錯誤判斷，也不適合秘書一職。

❸.心性質兼筋骨質（膚色白、聲音有力）：感情方面非常理智，交友廣泛，一般比較不會拒絕，亦不輕易得罪他人，防衛心強，有時較自私，適合秘書職位。

　　一個負責細部事務的人，必須兼具細心與執行力，就這個需求來看，最好的格局是心性質兼筋骨質。因為心性質的人各方面講究完美，心思極為細膩，具想像力，再加上筋骨質的特徵，處事主動，肯付出，做事情不拖泥帶水，也比較有責任感。如果再加上膚色白，這樣就會重視品味及儀容，這樣的人很適合往公關或是秘書方面發展。

實例分析：心性質兼營養質

　　在夏至的節氣，一位老客戶約我中午吃飯，我想他無事不登三寶殿，今天必有原因。我對陳先生說：「今天難得有空，是不是有事情？」他一邊說沒事，一邊從皮包拿出一位小姐的照片，問我這位小姐的個性如何。陳先生解釋說因為正準備安排秘書的職位，想了解這位小姐是否適合。

　　一般來說，具備心性質特性、額頭寬闊的人，頭腦反應快，這樣的面貌格局若再配合筋骨質，就能貫徹執行各種交辦事務，行事也比較謹慎、心思細膩，很適合秘書的職位。

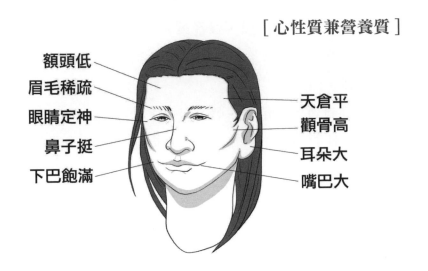

[心性質兼營養質]

額頭低
眉毛稀疏
眼睛定神
鼻子挺
下巴飽滿

天倉平
顴骨高
耳朵大
嘴巴大

　　在看了相片之後，我對陳先生說：「就面貌來看，這位小姐屬於心性質兼營養質，處事很細心。不過，面貌上必須兼筋骨質才有鬥志，她比較可惜的地方在於，心性質佔得比較多，沒有什麼筋骨質的特徵，所以個性比較天真活潑。」

　　分析面相就會發現，這位小姐帶一點營養質，個性隨和，懂得與人相處；眼睛細長，處理事務細心謹慎；鼻子挺，主觀意識和自尊心都很強；但最主要是她的額頭低，處事務實沒錯，但思想上不會轉彎，整體而言並不適合秘書職位。

面相提問.那她適合管理人事嗎？

　　這位小姐下巴飽滿，表示人緣不錯，這對管理來說是加分的，因為管理除了要有魄力之外，公關方面的手腕也很必要，因為你必須能屈能伸，才有辦法解決各種人事糾紛。

　　我常在講，下巴飽滿的人，會有一點依賴性，因為她本身兼營養質，如果聲音柔，就會有依賴心。不過，最主要是她的鼻子及眼睛相配，做起事來主動，個性方面也比較會體貼別人，眉目清秀，腦筋聰明，對朋友重情義。

　　要管理人事，交際手腕必須要好，也必須顧慮各方面的因素，而下巴飽滿的人，處理事務時會多方考量，聲音柔會思慮再三（有時候會有一點三心二意），這樣的人用在人事管理還是很合適的。不過，換一個角度來說，這種格局在業務上就比較吃虧，因聲音柔代表文秀，不適合業務發展，相比之下，將她放在人事管理的職務上，她比較能展現才華。

小結：盡職型員工

　　從這段故事就能知道，沒有十全十美的性格，只要懂得透過面相找出強項，就能在擅長的領域發光發熱。陳先生向我諮詢的這位女性，是心性質兼營養質（主要為心性質）。額頭低、天倉微削、鼻子挺、眼細且眉清秀、下巴飽滿、顏面肉多、膚色白、聲音柔，是在公司會盡職，在家則為賢妻良母的類型。

　　一個願意為他人付出的人，通常個性隨和，加上這位小姐額頭低，思考單純、無心機；鼻子挺，所以對自己有要求，會自我約束，一定會將交辦給她的事情完成。加上眼睛細，內在較細膩；下巴飽滿，比較能容納他人的意見；眉目清秀者重情義，有一點有求必應的傾向，不太會拒絕別人的請求（而且她的聲音柔，不敢當面拒絕）。

　　天倉削的人能無怨無悔地為人付出，處事也很主動。天倉削的女性單身時會為原生家庭付出，婚後則為夫家付出，在工作上會為公司付出，工作上盡職，純粹當家庭主婦，她也能將家裡照顧好。

3秒面相觀人術

　　體貼又處事細心的人，大部分屬於心性質兼筋骨質，心性質所佔的比例多一點為佳。心性質處事細膩，凡事太理想化；加上筋骨質特性，處事就面面俱到，因為筋骨質的人充滿動力。

　　心性質的人本質文雅，聲韻優雅，若聲音柔又無力，這樣的人就會太過理想化，有時會太空虛。心性質而聲音有力的話，善於人際公關，口才流利，在人群中很活躍，與人對待知進退，無論擔任秘書或管理職都很適合。

5-14

衝勁有餘，思慮欠佳的員工

　　在面面觀上的三個質，筋骨質、心性質、營養質當中，最有衝勁的當屬筋骨質的人。筋骨質代表生命的動能，有一股燃燒不完的動力，精力充沛，屬於勞動付出的形質，處事有一股不屈不撓的精神，有創造能力，生活上講究事實，具有冒險犯難的精神。

　　這類型的人有衝勁、具魄力，凡事都有一股冒險的精神，但做事卻不會考慮後果，想到什麼做什麼，有著「明知山有虎，偏向虎山行」的衝動性格，本篇我們就來了解這類型的人。

 ## 筋骨質者的特徵

　　筋骨質者顏面骨多、額頭低、眉棱骨高、眉清秀、眼睛亮、顴骨高、鼻子低、嘴巴大而聲音有力、下巴微削、膚色黑，從外貌來看，多半膚色黑。

格局一．膚色白 vs．膚色黑

　　就觀相學理論上，膚色分兩種，膚色白的人比較重視享受，也較

有智慧,中國五行中屬金,顏色屬白色,金生水為智慧,在觀相學屬於心性質。膚色黑的五行屬土,觀相學屬於筋骨質,屬於勞動力。

若就全球來探討,膚色白的人比較會享受,看歐美人士就知道;而非洲人膚色較黑,生命力極強,大多屬於付出勞力的形質,因為要在惡劣的環境中生存,抵抗力必須強,所以說膚色黑、顏面骨多的人,最有犯難的精神。

格局二 . 顏面骨多,聲音有力

筋骨質的人顏面骨多,處事有衝勁,也比較有體力,如果膚色黑,五官結構結實,其人生命力特別強,加上額頭低,處事方面單純,不會考慮太多,配上眼睛亮,任何事情只要讓他有一點心動,馬上就行動,因為眼睛亮的人好奇心強。

有一句話說「人未到,聲先到。」讓我想到《三國演義》中的曹操,傳言中說曹操處事志在必得,不見棺材不掉淚,以我個人的經驗來說,衝動的人才有領導之局。

除了志在必得的態度之外,鼻子低的人刻苦耐勞,再加上聲音有力,表示處事既有膽量,又有衝勁,具備冒險的精神。不過,從另一個角度來看,處事有時會先斬後奏,顯得太急躁,欠缺思考。

這樣的員工如何配置?

屬於筋骨質的人,有衝勁,從事勞力工作者居多。其聲音有力,內在好動,一生無法安靜下來,這樣的人遇上動態的工作,最能展現

其專才，而且他會比較重視事業發展。

　　若員工面相如下圖，額頭低、眉棱骨高、天倉微削、眉毛清秀、眼睛大、鼻子低、顴骨高、嘴巴大、下巴微削，這種格局屬於筋骨質兼營養質。一般額頭低的人，個性較務實，講究實際面，處事不拖泥帶水，思想比較固執，不會轉彎，在調派工作時，盡量找比較單純的性質給他比較好。

[筋骨質兼營養質]

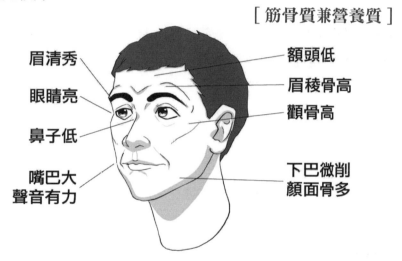

眉清秀
眼睛亮
鼻子低
嘴巴大
聲音有力

額頭低
眉棱骨高
顴骨高
下巴微削
顏面骨多

觀相一．眉棱骨高

　　眉棱骨高的人，處事有耐性，但有時很固執。若是這種格局的員工，你交代事務給他，必須要講清楚；若是額頭低、眉棱骨高，其人個性較直、無心機。

觀相二．眉目清秀

　　就面面觀的論述來說，眉目清秀者比較重視人情味，給他三分情

的好處，他會回饋七分情，簡單來說，他的付出多而回收少。人脈極廣，到處都是朋友，卻也容易吃虧，所以在交友這一塊要謹慎。

觀相三 . 眼睛亮，嘴巴大，聲音有力，鼻子低

眼睛亮的筋骨質型人，處理事務時雖然能抓到重點，但個性急躁，處事缺少思考，而且他的嘴巴大、聲音有力，表示處事有膽量、有衝勁，但是個性太急，沒有思考清楚就先採取行動；加上鼻子低，重視人情味，自己無主張，很可能聽誰講就行動，導致衝動行事。

面相中的毫米之學

一個人的面貌只要差一點點，就會產生完全不同的運勢造化。例如前面舉的員工例子，同樣是額頭低，但若他的膚色白，就具備心性質特徵，這樣的人比較會思考，行事前會考慮後果及利益。

又或者同屬眉棱骨高，但他的聲音穩重，則個性就不會急躁，沒有把握的事，他不會輕易下手，遇到困難也不會衝動，會向他人請益。由此可知，膚色白或膚色黑、聲音粗或聲音穩重，都能讓面相格局產生很大的改變，甚至完全相反的個性。

其實每個人都有一股潛在的能量，只是自己沒有去了解而已，若你稍微懂得觀相學的理論，不管是要了解自己，還是與他人相處都很有幫助！運用他人的優點，讓生活更加順遂、趨吉避凶。

3秒面相觀人術

我們每天都會面臨挑戰，例如與客戶當面洽談時，總希望自己能見招拆招，其實，就算是初次碰面，也可以藉由觀察對方的面貌，得知許多資訊，比如眼睛小與眼睛大的人就有很大的差別。眼睛小，處事細膩，也比較龜毛；眼睛大則個性較熱情，處事急躁，觀面相，就知道如何切入重點。

5-15

最能搭配的工作夥伴

「路遙知馬力，日久見人心。」時代的進步與環境的變遷迅速，處於瞬息萬變的社會脈動中，總讓人無所適從，此時識人術，也就是面相學，正好能幫我們一把，讓我們在最短時間內掌握人脈資源。

要找一個好人才不簡單，如果你不識相，明明有一個優秀人才在身邊，卻沒有用他，埋沒了人才，更損失了一個好幫手，通過面相來分析，就能避免這個問題。

 ## 容易被眾人欣賞的上班族

面相三質（營養質、心性質、筋骨質）當中，最重情義的是筋骨質的人，最懂得欣賞別人才華者，也是筋骨質的人。他們的個性有魄力、有衝勁，處事肯努力，也願意付出，在待人處事上，他們是很有情義的一群人。

類型一．心性質兼筋骨質／女性

心性質兼筋骨質的人（尤其是女性）很容易被眾人欣賞。他們重

視事業的發展，處事不喜歡拖泥帶水，同時肯付出，不拘小節，給人一種有衝勁的印象。而且因為具備心性質特徵（如膚色白），額頭高所以思想豐富、反應快；若眼睛亮、天倉削，則帶筋骨質，處事能抓緊時機，工作上主動，自我要求高，這種格局的人很容易被欣賞。

類型二．筋骨質兼營養質

還有一種也很容易受到眾人的肯定，就是筋骨質兼營養質的人。筋骨質處事有衝勁，有膽量，不會輕易認輸。兼具營養質，如下巴飽滿，這樣的人在公關方面能展現他的才華，協調能力強，處事有原則。形質上再搭配聲音穩重，對事情會比較有分寸，視野具宏觀性，答應的事情也絕對會執行，很適合管理方面的職務，能展現他的才華。

千里馬必有伯樂

每個人都有自己的主觀，有的人會欣賞能按部就班、性格文雅的人；有的人性格乾脆，就喜歡處事有魄力，不拖泥帶水的人，主觀不同，對於欣賞的工作夥伴就有不同的見解。

如果你是心性質兼筋骨質，聲音穩重的話，會欣賞你，跟你合拍的人，他本身性格會比較強勢，處事有魄力，他最希望找到有才華與領導力的人，能幫他出意見，又具備完成事情的動力，最重要的是不會一直頂嘴，這就是一陰一陽的完美搭配。

若你處事有魄力、主觀強勢，各方面的能力都不錯的話，欣賞你的人就比較務實，本身考慮很多，有時候顯得比較沒有主張，他最希

望有人能承擔一切責任、面對問題，判斷事情時態度果決，所以你的性格剛好能與他相輔相成。

 # 找到合意又知心的夥伴

我們都希望能在職場上找到一位搭配起來愉快的夥伴，不僅能互相幫忙，還能成為知心的好朋友，所以接下來，我們就來看看，廣泛來說，能成為知心朋友的面相特徵有哪一些。

觀相一．眉越清秀，越重視友情

要找天下最有情義的人，從眉毛下手。在面相學的理論上，眉代表交友宮，表示兄弟、朋友、夫妻間的對待。眉越清秀，越重視友情，特別是筋骨質的人，一生付出多，講求義氣，如果你自身的眉毛清秀，遇有挫折時，會有朋友來相挺；如你的眉不佳，則會求救無門。

交友情況以眉為主，眉在五行屬木，又為兄弟朋友宮，不僅能觀察兄弟姊妹及親族朋友的互動，亦代表姻緣感情的對待，眉毛清秀者對朋友六親的付出多、回收少，因為眉秀者重情意，所以要找一位好的知心朋友，首先考慮眉毛清秀的人。

 林老師小叮嚀

如果對方的眉尾散、眼睛亮，這種格局表面上不會與你起衝突，但事後會計較，所以面相不能單獨而論，一定要配合其他的部位才能觀察。

觀相二．人中與腮骨看信用度

在觀相學的理論上，重情義觀眉，守信用先觀人中，一個人能夠信守諾言，答應的事情必執行，這在事業上或交友上都是很重要的，最守信用的人，在面貌上有兩個部位可觀察，一個是人中，另一個就是要有一點腮骨。

★人中長重諾言

人中長的人守時，這種人平常就比較有時間觀念。與人洽談時，答應了的事情必會如期完成，因為人中控制一個人內在的行動，人中越長，越喜歡幫助別人，只要有事情拜託他，他都會盡心盡力地幫忙，但愛管事情，看到不公平的事情，他也會插一腳，所以容易惹來一些是非與口舌之災。

★有腮骨的人重義氣

帶一點腮骨的人就有筋骨質的特徵，但腮骨不可太露。有一句話這麼形容有腮骨的人：「以外面兄弟為主，家裡排第二。」說的就是有腮骨的人比較重義氣（但是太露的話，會比較自私），所以腮骨有一點露為佳，為人重情義，又願意付出，對感情也非常忠誠，處事有原則，意志力堅強，如果再加上下巴飽滿的話，此人有情有義，又能接納他人的意見，個性也比較慈悲。

觀察面相，說說看

　　下圖是一位筋骨質兼營養質的男性，他的額頭低、天倉飽滿、命宮寬、眉尾稀疏、眼睛大亮、鼻子低且豐隆、人中長、嘴巴小、頤頰飽滿、顏面肉多。這樣一位同事加入你的團隊，你認為他會具備什麼樣的性格呢？

[筋骨質兼營養質]

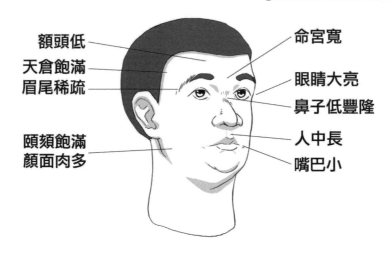

額頭低
天倉飽滿
眉尾稀疏

頤頰飽滿
顏面肉多

命宮寬

眼睛大亮
鼻子低豐隆

人中長
嘴巴小

　　常常聽到人說「嘴大吃四方」，嘴巴位於下停，下巴代表一個人的容納心。下巴飽滿又人中長的人，其心胸開闊、有氣量、不拘小節。相反的，如果下巴短，表示他心胸狹窄、氣量小；下巴削又尖的人對事情很敏銳，但只重視自己的利益，追求自己的理想，不會考慮別人的感受，比較現實。

林老師小叮嚀

　　人的面貌千百種，失之毫釐，差之千里。要記下來可不簡單，不過，還是能透過最簡單原則來告訴各位，什麼樣的面相格局比較容易成為知心好友。

　　第一點為眉毛，眉毛清秀者重視友誼；第二點是人中，其長短代表此人的信用度；第三點看下巴，若對方的下巴飽滿，比較能容納他人。

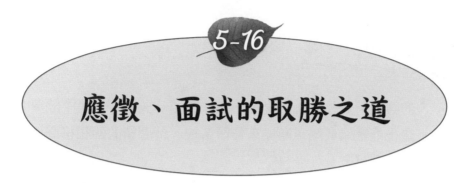

5-16

應徵、面試的取勝之道

每年過年以及暑假之後，是應徵最旺的時期，新鮮人急著找一份工作，其中最大的關卡，就是面試。

在應徵中，有一些必要的基本常識，例如一定要準時抵達面試地點、穿著合宜、要整理儀容、手機必須事先關靜音或關機，最重要的是，前一天早睡，保持精神旺盛，才能給對方留下好印象。

除了這些基本常識之外，有一個方式能加強能量，那就是氣色。一個人面臨求職或祈願時，首先要觀察自己的氣色，以額頭的氣色最為重要，額頭氣色佳，代表你對自己充滿信心。

 ## 額頭氣色為錄取的關鍵

額頭氣色旺，今天的面試就有希望。因為額頭代表事業，也是未來的希望所在，面試當天的精神很重要，所以面試的前幾天，要盡量放輕鬆，額頭的氣色自然就會有光澤，與人對談才有希望。

一個人的額頭氣色不佳，並非一天造成的，大部分是在工作上遭遇不順心、生活上不滿意，就會造成額頭氣色不佳，最直接的就是影

響官祿運。如果你發現自己在面試前幾天心氣不順，建議這幾天早點起來，做點適當的運動，將不滿意的怨氣放下，心緒放鬆，轉換情緒，讓額頭氣色轉紅潤，對面試會有加分的效果。

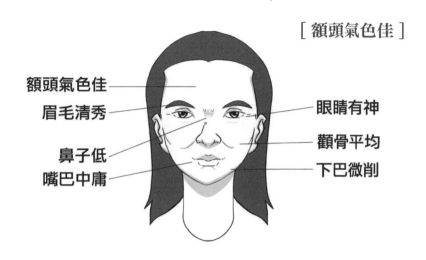

[額頭氣色佳]

額頭氣色佳
眉毛清秀
鼻子低
嘴巴中庸
眼睛有神
顴骨平均
下巴微削

林老師小叮嚀

　　氣色關係運勢，額頭在面相學稱為事業宮，也代表一個人的思考，如果你對一件事情很在意，且內心充滿希望，或者得到好結果時，你額頭的氣色自然美。很有實驗精神的讀者也可以試試看，半夜不睡覺，血色不佳，額頭就會產生一股暗滯的氣色。

觀氣色 . 額頭／眉附近／下停

★第一點、額頭的氣色

　　額頭為面部之首，主一切希望之所，額頭氣色佳，未來有希望，

常言道：「色主行，運氣主氣勢。」只要額頭的氣色佳，儘管其他部位不好，遇難時仍可逢凶化吉。

★第二點、眉附近的氣色

以眉為主，兩眼首重黑白分明，瞳孔所發出的光芒以清澈為上，表示心無雜念。眼神為一切面相之總結，世間之機緣，盡表露在神韻之中，因而產生結果。

★第三點、下停的氣色

下停代表人脈，也指家庭運、人際公關以及財帛的穩定性，又主飲食、男女居宅、理財、家業，下停宜飽滿而有朝，不宜瘦削、退縮或短小，由下停可觀運勢安定與否。

 ## 實例分析：張小姐&陳同學

夏末初秋，又到畢業的年輕人邁入社會的時機，也是青澀的畢業生踏入社會、面臨求職的競爭時節。這一天，有兩位同學到工作室來找我，詢問他們的工作及運勢。才從大學畢業，初入社會的他們，在沒有經歷的情況下，難免會有一點緊張，其中一位開口說明，她下週三要去應徵面試，自己沒有閱歷，問我該注意什麼事項，才能展現自己的才華，以及如何應對進退，才能順利被錄取。

依照面面觀的解說，額頭的氣色為關鍵，若是額頭氣色暗時，與他人的溝通力會下降，本身運勢受阻，宜氣色明潤。額頭生瘡、青春

痘或紅點，表示事與願違、運勢不佳。

此時兩位小姐互看對方的額頭氣色，我對張小姐說：「你現在額頭的氣色還不錯，代表很有希望會被錄取。」坐在旁邊的陳同學則問我她的氣色如何，我對陳同學說：「你的面貌氣色平均，代表你現在沒有憂慮的事，如果沒有錯的話，你並不急著找工作。」一旁的張小姐立即接話：「老師，你很厲害耶，從氣色就能看出她現在的狀況。」

原來陳同學畢業後，在自己家的公司上班，今天只是陪張小姐一起來的。張小姐接著問：「我們有很多同學去求職，結果都不盡理想，是受到景氣的影響嗎？」我跟她說兩者沒有關係，既然有在應徵人員，就代表公司需要人才。

「你們剛才說有幾位同學去應徵，結果都不理想。有空的時候，你們可以觀察一下他們額頭的氣色，想必不佳。很大的原因在於，像你們這樣的年輕人晚上大多都在玩手機，至半夜還不休息，額頭的氣色自然不佳，必會影響錄取運。因為額頭在相學稱為事業宮，代表一個人的思考，如果你對一件事情很在意，充滿希望，或者出現好結果時，你的額頭氣色一定很美，代表未來有希望。」

現代青年沒有警覺心，一有空就玩手機，不懂得判斷時間，明明隔天要去應徵，但卻無所謂，熬夜過後去應徵，導致氣色不佳，讓人感覺額頭有一股暗滯的氣色，影響運勢，宜韜光養晦。

 ## 觀察額頭氣色

一個人要如何了解自己額頭的氣色呢？早上起床之後先照鏡子，

看看自己臉部的氣色是否紅潤、有光澤,若你的氣色好,今天做什麼事情都會很順利;氣色不佳的話,今天的事情都將不如你意,說不定還會發生什麼倒楣的事情。

氣色與運勢息息相關,應徵是否順利,關鍵在於自己,在面試的前幾天,宜早睡、韜光養晦,讓氣色明潤,這樣還有機會錄取。所以我建議張小姐,必須盡量調整狀態,早睡早起、多運動,這樣會幫助她的氣色及運勢。

林老師小叮嚀

若是一個人額頭明潤,則異性緣佳。尤其未婚者,往往會受到異性愛慕;若額頭氣色暗時,與異性交往也會不順,對方的感情會忽冷忽熱、捉摸不定。

一眼看穿面試官

除了把自己狀態調整好,做到基本的面試禮儀之外,應徵還得面對最大的關卡,也就是面試官,如果第一眼就能了解對方的性格和想法,應對起來就更得心應手,提升錄取率,要做到這一點,就得靠面相學,以下就列出幾種面試官的面相特徵,分析給各位讀者看。

格局一.年齡比較大,法令紋深

若面試官的年齡比較大、法令紋深,代表此人老練、經驗豐富,

他要求的是魄力和衝勁，你要盡可能地將一切經歷實在地表現出來，一旦虛偽應付或欺騙他，你必定會吃虧，因為他的法令紋深，人生歷練豐富，並非誇大行事就能被說服的人。

格局二．面試官比較年輕

一般來說，年齡比較輕的面試官所要的，是要有團隊精神的人，他會希望你有衝勁，但在人際方面也必須能與同事和諧相處。因此，面對這樣的面試官，你要展現出自己的親和力，讓他感覺你好相處，在面試時才有加分。

格局三．額頭高，鼻子挺

如果遇到額頭高的面試官，代表他的思想豐富、聰明、反應快；鼻子挺者，主觀又強勢，這種人對任何事情都要求完美，也就是比較挑剔的意思，如果他的膚色又白的話，那他屬於高要求的類型，屬於完美主義者的類型。

如果面試官三者兼具（額頭高、鼻子挺、膚色白）的話，屬於心性質兼筋骨質，與他對應，盡量以專業來對談。由於鼻子挺的人主觀強勢，對談時請切記，不要跟他搶風頭。加上膚色白，有完美主義的性格，此種格局的人，連你的舉止、坐姿及穿著都會很重視，面試時要稍加注意。

格局四．額頭高，鼻子挺，聲音有力

額頭高代表此人思想豐富，處事上能抓緊機會，也不會輕言放棄；

鼻子挺的人自我要求高，主觀強勢；聲音有力代表他有衝勁、有魄力，個性比較霸氣，這種人吃軟不吃硬，與這樣的人面談，不要自吹自擂，這樣反而會被他看不起。遇到此格局的面試官，盡量以他的意見為主，簡單來說，他有一點喜歡人家拍馬屁，但也不要太過虛偽，因為這種人屬於講求實力派的類型。

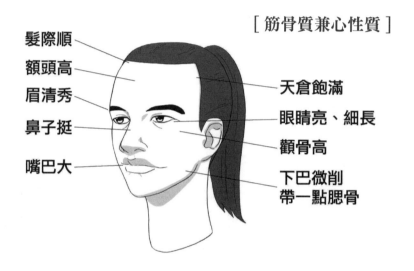

[筋骨質兼心性質]

髮際順
額頭高
眉清秀
鼻子挺
嘴巴大

天倉飽滿
眼睛亮、細長
顴骨高
下巴微削
帶一點腮骨

格局五．額頭高，鼻挺，下巴削，眼柔，聲柔，膚白

這種格局的人屬於心性質，處事方面很細膩，自我要求高，有完美主義的傾向。鼻子挺，聲音柔帶文秀，這種格局的人，企劃能力強，他有可能會考驗你的能力，問你將來在公司有何計畫，或是將來準備如何展現，對公司的發展有何信心等等，與他對談時要冷靜回應，清楚地將你對公司未來的期望，以及將來的抱負講出來，若講話三心二意的話，你可能會被淘汰。

格局六．額頭低，鼻低，下巴飽滿，膚色微黑，聲柔

若面試官的額頭低、鼻子低、下巴飽滿，膚色微黑，聲音柔、講話慢，這種格局屬於營養質兼心性質，處事要求務實性，與此格局的人對談要拉關係，比如問對方家住哪裡，發現和你一樣，就能表示你也是同鄉，他會很高興與你拉關係，因為鼻子低的人，比較有人情味；而聲音柔者，跟他講話要有耐性，對談時記得把語速放慢，不然他會認為你沒有耐性，處事太急躁，對你的表現就會打折扣。

林老師小叮嚀

　　額頭乃面部之首，主一切希望，不僅能看早年運程，想得知人一生平順與否，也必須觀察額頭位置。正所謂「色主行運，氣主氣勢。」色澤有如玉之光潤為佳。

　　一般而言，南方人通常額頭較寬廣，北方人下停飽滿居多。若額頭色澤暗滯，其主時不佳。額頭氣色重於其他部位，只要額頭氣色明潤，儘管其他部位不佳，仍可化險為夷。

超會見風轉舵的同事

在面相學理論中,顏面肉多、且肉軟的人,稱為營養質。大部分光會說而不動手的人,都具備營養質的特徵,因為營養質的人力求舒適,喜好安逸。我們常用光說不練來形容那些只出一張嘴的人,氣人的是,他們遇到事情又很懂得轉彎,這些就是標準的「見風轉舵」,本篇就來談談這些人都具備什麼樣的面相特徵。

實例分析:見風轉舵的賴皮鬼

我有一位客戶小威,在貿易公司任職,是位頗盡責的年輕人,公司的業務繁忙,雖然辛苦,但看在薪資不錯的份上,他倒也甘之如飴,但他唯獨對一位古同事心有不滿,「他超擅長見風轉舵,而且罵不還口,打不還手,總之就是很賴皮的一個人……」小威一談起這位古同事,就氣得牙癢癢的

於是我好奇問小威有沒有這位古同事的相片,他便拿手機給我看,這位古同事鼻子低、八字眉、顴骨退,見風轉舵的配備,這位古同事全都具備,難怪小威說他很擅長見風轉舵了。

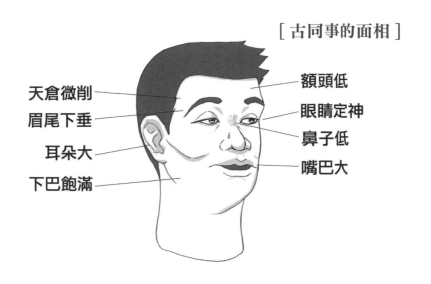

[古同事的面相]

天倉微削
眉尾下垂
耳朵大
下巴飽滿

額頭低
眼睛定神
鼻子低
嘴巴大

觀相一．明亮的眼睛

其實，要能見風轉舵是需要條件的。他在轉舵時，也要轉對人，才可能安然度過，否則想混水卻摸到鯊魚，更得不償失。這個條件就是有要明亮的眼睛，古同事的眼睛算是雪亮，事情看得準，所以當然少不了阿諛奉承。

觀相二．下巴飽滿，聲音柔

不但眼睛是重點，下巴飽滿也很重要，下巴飽滿者很有交際手腕，再配上聲音柔，會營造可憐的景象，博得同情。而且這位古同事的膚色白，會有選擇性，配上他的營養質特性，顯示他只挑有利於自己的事情去做。

說起營養質型的人，個性大多安逸，不喜變動，重慾能享受，其人心機深沉，善於營謀，富有危機意識及自衛性；交際手腕強，有高

度人和以及良好公關，人脈極廣，但生性較為自私，只要自己好就好，因此容易淪為好逸惡勞。

觀相三 . 營養質，眉骨下垂

營養質的人有好康也不會想要與人共享，眉骨下垂的人，在人際方面的交涉確實有一套，再加上眼睛亮，善於抓住機會（特別是對他有利的事），他就會去爭取表現，見風轉舵的個性表露無遺。

林老師小叮嚀

相信很多人在上班時，都會遇到這種很懂得見風轉舵的同事，仔細回想一下就會發現，這類型的同事大多顏面肉多，屬於營養質的格局。處事只求安逸，只會說，卻都不做事，又會拍馬屁，工作總挑輕鬆的做，又很會計較。

 ## 化敵為友之道

一個人好不好相處，在於你了不了解他的性格，最怕的就是利用他人的弱點加以攻擊，或許可以逞一時之快，但長久下來卻對自己不利，不如化敵為友，取其優點，找出最佳的相處之道。

在與人應對時，最好能明白對方的缺點及優點，如這位古同事，他的優點在於人際交往這一塊，因為他的鼻子低，重人情，也容易忍氣吞聲；下巴飽滿，有交際手腕，這些都是開發業務的最佳利器，如

果你懂得運用他的優點，在業務上就能大大地提升效率。

讓愛面子的人感謝你

　　營養質又下巴飽滿的人，通常很愛面子，其中，膚色白和膚色黑又有不同的論述。膚色黑者屬於營養質兼筋骨質，遇事比較不會見風轉舵；膚色白者佔有欲強，只要當著大眾或上司的面誇讚他的才能，說「這件事情別人做不來，非你莫屬。」等等，這種愛面子的人一定會答應，不會當眾推辭。當他忙不過來的時候，你再伸出援手，幫他一把，這種格局的人會感謝你，日後必定會回報，這才是高招。

　　懂得面相，能讓你了解對手的好惡，知己知彼，在人際的溝通上，就可掌握時機，充分運用。人沒有十全十美的，一定都有各自的優缺點，學會了看相，知其個性，截長補短，在現在這個時代，確實是個不可多得的利器。

見人說人話，見鬼說鬼話

　　三質中最善於見風轉舵者，當屬營養質，他們個性大多安逸，不喜變動，重慾能享受，其人心機深沉，善於營謀，遇危機時會自衛，極懂得保護自身的權益，若是下巴飽滿、聲音有力，則口才更加流利。

　　有一句話很適合用來形容這類型的人：「見人說人話，見鬼說鬼話。」說明只要處事對他不利，就會轉變。營養質的人最忌諱配上聲音柔或聲音無力，因為營養質的人本身依賴心就重，再加上聲音柔就更沒有衝勁，如果聲音無力，遇到危機也不易突破，會受外在形勢之影響，做出一些錯誤的判斷。

5-18

犯小人?防範小人之道

　　不知道各位讀者有沒有見過運氣真的很差的人？比如遇到別人出車禍，他只是好心想幫忙，甚至只是想看熱鬧而已，結果他走過去，原本昏倒在地上的人就爬起來，第一眼看到他，就質問他是不是肇事者，拉著他上警局。情況也許不同，但你就是會覺得這個人諸事不順，很容易遇小人。

　　類似這種「好心沒好報」的現象，也讓社會的道德感降低許多，很多人都見死不救，但撇開這種情況不談，在面相學裡面，真的有一種人夠倒楣，平常都沒有什麼事情，卻會因為一時好奇，惹出麻煩來，只是他不知道這與自己的臉型有牽連，本篇我們就來了解一下容易招惹麻煩的面相特徵。

 ## 心性質兼筋骨質容易中標

　　在容易招惹小人或麻煩事的人當中，心性質兼筋骨質的人比例特別多。因為三質中，筋骨質的人好奇心重；或者耳朵、眼睛不漂亮的心性質，採聽宮不佳，眼神又看不準，兼具這兩種特徵的人特別容易犯小人。

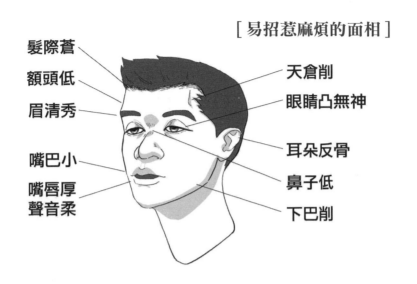

[易招惹麻煩的面相]

髮際蒼
額頭低
眉清秀
嘴巴小
嘴唇厚
聲音柔

天倉削
眼睛凸無神
耳朵反骨
鼻子低
下巴削

格局一 . 額頭低

額頭比較低、髮際不整齊的人，個性比較單純與務實，如果發生了事情，他不會馬上跑開。例如有兩個人在打架，在旁邊看熱鬧的人都會知道，看完就要跑，不然等一下警察來會很麻煩。額頭高的人看一看就走了，但額頭低的人會一直看，要看打得怎麼樣，結果警察一來就把他扣住了。所以我常說，額頭低的人跑不快，這類型的人要特別注意。

格局二 . 髮際蒼

再來可以觀察額頭中間上方的髮際，髮際蒼的人，好奇心重，需要特別注意。如果你的髮際蒼，屬於容易惹出麻煩的人，所以盡量不要因為好奇心去看熱鬧，很容易成為被他人誤會的目標。

依面面觀的理論來看，額頭代表內在思想，經常燙、染的人，髮質變毛躁的話，個性也容易變得急躁不堪、性情不穩。頭髮細的人心思穩重，髮粗者個性毛躁，從中醫的理論來說，額髮有光澤的人，代表身體健康，也表示腎功能不錯，頭髮毛躁無光澤的人，體質大多欠佳。

格局三 . 耳朵不佳

耳朵在五官中，被稱為採聽宮，牽動一生際遇的穩定與否。耳朵漂亮，聽到的資訊都很好，不好的耳朵會招來壞消息或資訊，容易招惹麻煩。聽到的都是一些不好或煩心的資訊，就容易犯小人，望風而走，不得要領。

另外，耳朵反（耳朵內廓特別凸出）也要特別注意。耳朵反的人本來是相當有才華的一群人，但個性比較急躁、好動。耳朵大的人安安穩穩的、很會享受，耳朵反的人則比較好動，好奇心又重，東看西看，就容易招惹是非，所以要特別觀察你的耳相。

格局四 . 眼睛凸而無神

我常說，眼睛代表把握機會的能力，眼睛亮者，看事情很精準，遇到事情知道此時必須趕快離開，溜走為妙，所以跑得快；另一方面來說，眼睛無神的人不敢跑也跑不動，因為他搞不清楚狀況，眼睛凸而無神者更嚴重，如果耳朵不佳，再搭配眼睛凸而無神，聽到的都不

是好資訊，自己又缺乏判斷力，就要更加留意。

如果這個人的眼睛晶亮有神，一瞪，人家就會怕，但你眼睛凸而無神，就算你瞪別人，看起來也呆呆的，人家只感覺這個人白目。簡單來說，你的眼睛大且晶亮有神，你瞪人，人怕你三分；但你眼睛無神，不僅不怕你，還會把目標對準你，所以就容易犯小人。

林老師小叮嚀

額頭低、眼睛柔，這種人反應不夠快，遇到麻煩事，大家就是三十六計走為上策，趕快跑就對了，可是他還在那邊看熱鬧，傻傻地待著，結果明明沒打架，還可能被警察帶走。

防範之道：收起好奇心

那麼如果天生面相就具備上述特徵，生活上也滿容易招小人的話，該怎麼辦呢？在面相上，嘴巴與鼻子也是關鍵。在我之前提到的格局中，最怕再加上鼻子低、嘴巴小、嘴唇厚的人。

聲音有力者在出狀況時，會跟人家辯論，但鼻子低、嘴唇厚的人不會，加上他聲音無力，就算有理也不敢跟人家爭論，所以如果你具備這種格局，千萬不要讓好奇心主導，有什麼狀況也盡量避開，否則容易吃虧。

同樣的道理也可以運用在事業上，無論是公事上產生爭執，或者同事之間有嫌隙，甚至是看到同事脾氣爆發，都要趕快躲開，不要想

著要出風頭，主持公道或了解情況，否則容易掃到颱風尾。比如老闆發脾氣發飆，罵了同事，別人情緒已經很差了，你還湊過去詢問細節，這就是搞不清楚狀況，容易被波及，也容易犯小人。所以建議你，對事情不要太好奇，也不要湊熱鬧，凡事知進退，對你才有幫助。

林老師小叮嚀

就面相學來說，容易犯小人的特徵有：額頭髮際蒼、眼睛凸、耳朵反骨。因為髮際蒼者影響判斷；眼睛凸而無神者抓不到重點，又無防禦心；耳朵不佳、反骨者負面事情多，特別耳朵中間反骨（輪飛廓反）屬於筋骨質，好奇心很重，人事上又比較無法與人溝通，如秀才遇到兵，遇到狀況會措手不及。

勇於說不，懂推辭才是上策

盡心盡力完成工作，的確是一種負責任的表現，但是在社會中，也有人因為長期工作超時而猝死，在我看來，這些人除了責任感之外，不敢推辭一些工作，讓自己承擔一切，而導致壓力過大也是關鍵。本篇就從案例切入，讓大家更了解面相學的奧妙之處。

 ## 實例分析：吃不消的工作狂人

某日，一位蘇太太來到我的工作室諮詢，說她先生早晨去上班，都一副憂愁滿面的模樣，讓她感到擔心，卻幫不上忙，想問我該如何減輕她先生工作上的壓力。這位蘇先生每天的工作時間超過十小時，回到家以後，有時還要再持續工作個三、四個小時，甚至徹夜沒睡，蘇太太表示，這樣下去他身體恐怕會吃不消，擔心自己丈夫會因為工作過度而猝死。

觀面相．心性質的蘇先生

蘇先生的額頭高、鼻子挺、膚色白，屬於專業技術人才，蘇先生

的確任職於高科技產業，就他的面相來說，公司的調性很適合他發揮專長。

　　就細部的面相來看，他的額頭高、眉棱骨微高、眉目清秀、眼睛柔、鼻子挺、嘴巴小、聲音柔、下巴微削，他的體態斯文，處事方面細膩，比較容易感情用事，優越感與自負心重，自尊心強，愛面子。

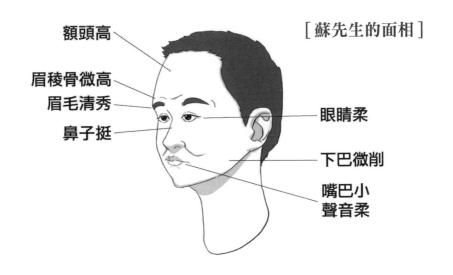

[蘇先生的面相]

額頭高
眉棱骨微高
眉毛清秀
鼻子挺
眼睛柔
下巴微削
嘴巴小
聲音柔

蘇先生面相上有幾個明顯的特徵：

❶.**額頭高，鼻子挺**：思想豐富，自我主觀意識強。

❷.**膚色白**：處事細膩且自負，膚色越白者，越有優越感。

❸.**眉棱骨微高**：具有專業才能，適合當主管。

　　一般額頭高、鼻子挺的人，處事比較有原則；他的眉棱骨微高，判斷事情很直接；膚色白，有優越感，喜歡掌控事務，上司交代的事情，他必定會如期完成，內在責任心重；加上眉目清秀，天生比較重

視情義，所以對公司付出多（若在家庭中，則對六親付出多）。

 ## 工作過量的面相特徵

所謂會過勞死的人，大部分都屬於工作上太過高壓的類型，若不去化解，總有一天會出事。從蘇先生的面相以及蘇太太的敘述來看，蘇先生眉目清秀、鼻子挺、聲音柔，屬於心性質。在公司經常收到上司無理的加班要求，工作超時已變成常態，難怪蘇太太擔心他某一天會猝死。

從面相上來看，鼻子低的人不會過勞死，因為他會適當地推託；最忌鼻子高挺（如蘇先生），他們主觀意識強，又死愛面子，加上他聲音柔，上司交代的事情，他不敢當面拒絕，而會默默接下來完成，結果好倒也無所謂，成果不好又被上司責罵。其實，公司的要求並非都是對的，你自己要拿捏分寸，對於無理的要求，還是要勇於說「不」，才是上策。

有的人職場上很盡職，遇到事情不敢開口，叫他說「不」簡直難如登天，永遠不好意思拒絕，在社會上容易吃虧，蘇先生就屬於這類型的人，我們來看一下是什麼導致他不敢推辭。

觀相一．眉稜骨微高，鼻子挺

景氣不佳時，各行各業都緊張，公司甚至會放員工無薪假，難道這就是蘇先生之所以一直忍氣吞聲的原因嗎？當然，考慮家庭經濟狀況來源是其中一個原因，但最主要的關鍵還是蘇先生的個性。他的眉

棱骨微高、鼻子挺，性格有志氣，不服輸，不依賴別人照顧，遇到事情時，別人說做不到，但在他眼裡就會變成「不能做不到」，這是他的性格使然。

對蘇先生而言，只要是上司交代的事務，他就很難拒絕說「不」，因為他愛面子，要說自己辦不到這件事太困難了，如果不改變這個性格，一生的運勢及成就也就難以突破，在社會上容易吃虧。

觀相二．嘴巴小，聲音柔

就面相來分析，蘇先生確實是一位專業的技術人才，各方面的表現都很不錯、又盡職，不管遇到任何挫折，都會想盡辦法去克服。但是，他的嘴巴小、聲音柔，縱使有才華也難以展現，也不容易受到重視，因為他的自尊心強，不輕易講出心裡話，有一副傲氣，不好相處。

在面相學的理論上，聲音代表一個人的膽量，聲音有力的人，就是有本錢與人爭論；若嘴巴小，在工作上屬於默默付出的類型，加上聲音柔，遇到事情也不會當面與人對質。心性質多半都具備這種格局，聲音柔所以個性溫和，膽子小，也比較沒有主見，不喜歡與人爭論，遇到突發狀況會措手不及，有事情也往內吞，不會講出來。

3秒面相觀人術

綜觀蘇先生的面相，只要是公司高層交代的事務，就算再困難、時間再不足，他也不敢拒絕，一方面是鼻子挺，死愛面子；二方面是嘴巴小且聲音柔，所以就算內心有想法，也不敢當面拒絕，因而造就不敢說「不」的個性。

改善之方：鍛鍊口才

　　每個人都有天生的面相格局，但並不代表命運已注定。依我的建議，最好讓蘇先生在外做一陣子的業務員，因為業務員的性質，就是每天要接觸不同的人，讓他多嘗試人際方面的接觸，多談、多講，從中鍛鍊口才。

　　此外，也建議蘇先生練習讓聲音充滿力量，因為聲音代表一個人的膽量及衝勁，像蘇先生聲音柔，雖然很有氣質，可惜沒有權威，有時明明在生氣，別人反倒會認為他在開玩笑。俗語說得好：「蚊子叮牛角，不痛不癢。」建議蘇先生盡量強化聲音，使其有力一點，絕對會改變自己的運勢，不但才華能被發現，與同事之間的相處也會變得更加融洽。

3秒面相觀人術

　　心性質的面貌，從外觀看起有一點倒三角型：額頭比較寬廣，下巴為削，類似瓜子臉。此形質的人，神經系統敏銳，帶有一點神經質；處事細膩，具有想像力，如果聲音柔，則會慢三拍。若膚色白，則自我求高，屬於完美主義者，有時思想太過理想化。整體來說，心性質的人聲音柔，個性優柔寡斷，遇事以息事寧人為優先，不喜歡與人爭論。

一不小心就變成濫好人？

會被稱為濫好人，一般都具備幾種特徵：個性溫和、不善拒絕，也容易被別人拉著走，所以當別人有求於他時，就算再不甘願，他也會默默接下來，你是否有這種困擾呢？本篇我們就來認識一下這類型的面相。

五官（內氣）vs. 六府（外氣）

在面相學當中，面相分為五官及六府。若是你的五官小，則六府必定較為豐滿，稱為六府勝過五官，這樣的人個性溫和，不會拒絕別人的要求，按面相學理論來說，就是容易受到外在因素影響的格局。

1. 五官： 又稱內氣，包含眉、眼、鼻、耳、口五部分。

2. 六府： 稱作外氣，為左右天倉、左右顴骨、左右頤頰。

五官為內氣，六府則稱為外氣，若是你的五官比六府強，說明你比較有主見；若外氣勝過五官，例如左右頤頰比自己的五官強盛，就

稱為六府勝五官，這種格局的人容易受外在環境影響。

實例分析：助人卻成來者不拒

某天的午後，一位先生神色匆匆地來到我的工作室，一臉憂愁的模樣，開口就問：「老師，你看我最近是不是運勢不佳？我最近經常被老闆訓，是不是我流年不順才這樣？」我看了眼鄭先生的面貌，問他：「你是不是經常幫同事的忙？幾乎來者不拒？」聽到我的話，鄭先生當場愣住，有一點嚇到。

鄭先生馬上問我：「老師，你怎麼知道？我在公司就是公認的好好先生，最近就是因為幫同事的忙，引起主管的不滿。」我便告訴鄭先生：「就是這個好好先生的性格害了你。」

鄭先生面相：筋骨質兼營養質

從面相來看，鄭先生的額頭低、天倉微削、眉尾有一點下垂、眼睛柔、鼻子低、顴骨下垂、嘴巴大、下巴飽滿，屬於筋骨質兼營養質。

[鄭先生的面相]

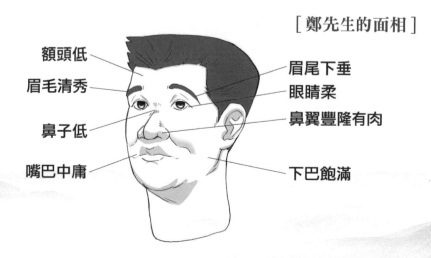

額頭低
眉毛清秀
鼻子低
嘴巴中庸

眉尾下垂
眼睛柔
鼻翼豐隆有肉
下巴飽滿

觀相一．額頭低，聲音有力，天倉削

鄭先生的額頭低，個性務實，偏向筋骨質的特徵，為人重情義，加上顏面骨多，體力充沛，判斷直接，所以很願意主動付出。他的聲音有力，加上天倉削，做事情不喜歡拖泥帶水，這一種格局的人，遇事往往會先接受他人的意見，但其實比較欠缺周全的思慮。

觀相二．鼻子低，眼睛柔

一個人的自主性看鼻子，鼻子低的人最怕人情壓力，就算自己沒有能力完成，遇到別人有求於他，還是會先答應。一方面眼睛柔，抓不到事情的重點；二方面鼻子低，不好意思拒絕他人，所以常常吃虧，卻又不敢面對現實，只有默默承擔一切。

3秒面相觀人術

人的面貌有千百種，因此形成不同類型的人，論個性時，最主要看鼻子與顴骨。若你的鼻子挺、顴骨高，說明你比較有主見；若鼻子低、顴骨下垂，則重視人情味，容易受到四周環境的影響，自我主張低，容易成為濫好人。

鄭先生的面相與流年運勢

在相學理中，面貌與流年的運勢有很大的關係，如鄭先生流年走四十二歲，剛好走鼻子運，流年走山根。用九執流年觀察，走額頭部

位，四十二歲走山根的龍宮（鼻子與眼睛左右的位置），此部位跟他的運勢有關。

　　從面貌來看，鄭先生有「六府勝過五官」之相，就比例上來看，五官比較小，左右兩邊的六府比較大，相比之下，鼻子就顯小。鼻子代表自己的主觀及個性，臉型過大，五官相對就小，個性隨和，但容易受到外在環境或他人的引誘，比較沒有主見。而鄭先生流年剛好走鼻子運（三十歲至五十歲），所以這幾年困擾更多。

善用自身的強項

　　有句話說：「江山易改，本性難移。」鄭先生說，他一直知道自己的問題，卻不知道該如何改變。我請鄭先生拿出一張百元鈔票，指向百元鈔上面的孫中山先生，讓他觀察。

　　鈔票上的孫中山先生顴骨低垂，鄭先生也屬於此類。顴骨垂下者重人情，代表四周的事情永遠無法安定下來，自己辛苦打天下，卻讓別人享受。「那要怎麼辦？」鄭先生滿面愁容地看著我，「但是你確實有優點，如果可以發揮在商場業務上，就能佔一席之地。」

　　首先，鄭先生鼻子低，代表處事有耐性，遇到困難不怕吃苦，用於業務相當合適，加上他的聲音有力，給人感覺有魄力，個性乾脆，做事也不會拖延。再者，鄭先生的下巴飽滿，人緣佳，加上他的額頭低，處事務實，加上眉尾有一點下垂，看上去慈悲，給人感覺忠厚老實，非常適合與人交際，能發揮得很好。但是，在工作上必須學習適度地推辭，不要來者不拒，否則會影響事業發展。雖然面相與生俱來，

天生的個性也是，但絕不代表我們無法改變。

林老師小叮嚀

　　每個人都有潛在的創造力，只是沒有人提醒你的優點，故事中的鄭先生，只要下定決心，就能改變個性，在答應別人之前，先考慮清楚，並於回應時適度表達自己的原則。只要他對自己有信心，配合本身的鬥志及恆心，是不會一直弱下去的，就能在商場業務方面創造未來。

5-21

找到合拍的最佳合夥人

現在很多人都想要創業，想一圓老闆夢，但是，卻不是每個人都具備創業的基本條件，所以，找朋友共同創業的人越來越多，彼此截長補短，就能夠彌補一人之力的缺陷。

比方說，你錢不夠，就找資金雄厚的人（營養質的人）；擔心人脈不夠廣，就找筋骨質兼營養質的人；若你本身能力足夠，但需要一位管理者，就找心性質兼營養質的人。

講到找合夥人，最多學員問的就是：「老師，我沒錢創業，所以我是不是就找一個有錢人來當我的合夥人就好？」那可不一定，不是說你缺錢，找個有錢人加入，就能合作得很愉快，並不是每個人都適合跟有錢人合作，就算別人與他合作得很愉快，也不代表就適合你。那麼，本篇就來教各位如何找到你的最佳合作夥伴。

 ## 以三停來分析合夥人

想要找合夥人，第一步必須先了解你自身的面相。如果你的上中下停很平均，代表你處事按部就班，會不斷有貴人相助，三停平均者

是比較容易成功的人。如果你的上停比較低，代表你認真有餘，但智慧不足，所以上停比較低的人，適合找額頭高的人來輔助你。

觀相一．額頭高者思慮周全

額頭比較高的人具備軍師的格局，你的額頭低，想法太單純，他可以補足這一塊，把事情規劃得更透澈。不過，若對方額頭高、顴骨又高，那你就得注意了。今天你的人才夠了，缺少資金，找了一位金主來幫忙，但是他的額頭與顴骨皆高，不僅思慮周密，還要掌權，你請他投資合夥，反而會被他吃定。因此，在找合夥人的時候，一定要先了解自己，再觀察對方，適度互補者為最佳。

觀相二．天倉削者肯付出

天倉削的人屬於努力又肯付出的夥伴。在觀相學的論述上，這類型的人比較會主動做事，幫你的忙，具備「你不做、我來做」的踏實性格。

如果是天倉飽滿的人，他光說不練，但有一個好處，額頭高、天倉飽滿，他是理財方面的專家，所以你必須衡量，你到底是要借用他的才華，還是借用他的錢財，先考慮清楚，才能找到最適當的合夥人。

各式各樣的合作夥伴

我們找合夥人，最重要的就是截長補短，你哪一方面不足，就找那一方面的長才來做搭配，這樣子的生意合夥，才有可能做得起來。

類型一 . 投資金主

　　想找一位金主來合夥的話，營養質人最適合，因為額頭低的人，個性較單純無心機；命宮寬容易相信別人；天倉飽滿會比較有理財概念。這樣的人在錢財方面比較不與人計較，眉毛清秀對朋友重情意，下巴飽滿人脈多，也比有度量。

[營養質 男性]

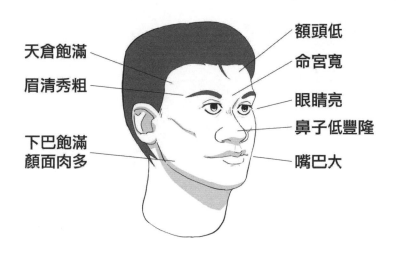

天倉飽滿

眉清秀粗

下巴飽滿
顏面肉多

額頭低

命宮寬

眼睛亮

鼻子低豐隆

嘴巴大

類型二 . 業務夥伴

　　如果你在尋找業務上的夥伴，就看眼睛，對方的眼睛需有神韻。表示他在外洽談商務時能把握機會，處理事情懂得分寸。

　　作為一名業務，五官正給人的感覺很穩重、人緣佳。鼻子豐隆比較有財氣；嘴巴大且聲音有力，表示做事具膽量與魄力；下巴表示一個人的人脈，下巴飽滿表示他能運用人脈來拓展業務，這一種格局的人，業務上是一流高手。

類型三 . 管理型人才

一位優秀的管理人才，通常會具備「筋骨質兼心性質」的特徵：額頭高、天倉削、眼睛定神、眉目清秀、鼻子豐隆、顴骨高而微反、下巴飽滿、嘴巴大、聲音穩重。

通常這種格局的人腦筋反應快，學習能力強。他的天倉削，所以戰鬥力強，在事業上不認輸。下巴飽滿所以能容納他人。眼睛定神表示處事能抓到重點，適合往管理方面發展。

[管理型人才]

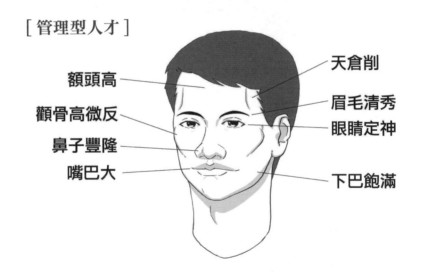

額頭高
顴骨高微反
鼻子豐隆
嘴巴大

天倉削
眉毛清秀
眼睛定神
下巴飽滿

觀察合夥人，眉毛為重點

合夥兩字很難寫，合夥表示兩人合在一起，但人各有私心，原本認為完美的夥伴，卻在過程中離心也時有所聞，其實，想看對方是否是好的合夥人，要從眉來觀察。

❶.眉毛清秀：這樣的人比較重情重義，不會跟你計較。

❷.眉尾較淡：他會將利益擺中間，是真正的生意人。

　　我常講：「沒有十全十美的完人。」即使眉清秀，但聲音柔，那這樣的人只是重情義，卻不會幫忙，因為他太信任你，什麼事情都會交給你來做，和這樣的人合夥，你一定是比較吃力的那一方。

　　眉尾淡的人，你會覺得他比較不講情分，但他就是很會做生意。這個時候你就要去考量，你比較看重的是什麼。假如你希望大家合夥賺錢的同時，也要維持人和，雙方都要開心，那眉清秀者可能比較適合你，因為他們重情重義，但不一定會賺錢。

　　要找到一位合夥人，確實不容易，想要對方優秀，但又要考慮對方是否會吃定你。這時候就要從自己的面相著手，了解你的界線到底在哪裡。舉例來說，你的額頭低，理論上最好搭配額頭高，思慮周全者，但就要想清楚，自己是否願意讓對方來掌權，你只要有錢賺就好。又或者你想要掌握主導權的話，就需要一個聲音柔的夥伴，他會比較任勞任怨。

面相 Q&A 筆記

事業順風順水，從掌握職場人緣開始。

讀完本章後，請觀察你主管或老闆的面相，分析他們三質（營養質、筋骨質、心性質）的比例，從面相應證他們的性格，並擬出最佳的相處之道。

疑難雜症一次解

解惑篇

6-01

你是完美主義者嗎？

　　無論在職場或家庭，總會有這樣的人，他事事要求完美，總會被說有一點潔癖或是龜毛，那麼從面相上來說，這樣的人會有什麼特徵呢？在面面觀的理論上，分為三質：心性質、筋骨質、營養質。其中，心性質凡事自我要求，有完美主義的傾向，所以經常會給人不好相處的印象。也因為他給人的感覺如此，遇到瓶頸往往有苦難言，本篇我們就透過一位李小姐的面相，幫助大家進一步了解。

 ## 李小姐面相：心性質兼筋骨質

　　李小姐的額頭高且有一點凸、天倉飽滿、眉棱骨微高、眉毛有點稀少、眉尾有一點下垂、眼睛柔、鼻子挺、顴骨退、嘴巴小、聲音柔、顏面骨多、膚色白，在三質中屬於心性質兼筋骨質，其中心性質的比例佔得比較多。

[李小姐面相]

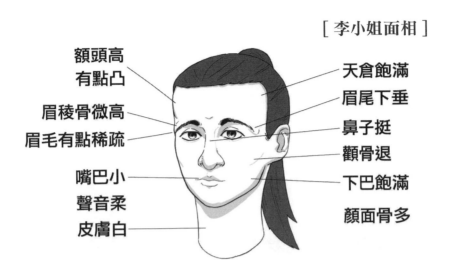

額頭高
有點凸

眉稜骨微高

眉毛有點稀疏

嘴巴小

聲音柔

皮膚白

天倉飽滿

眉尾下垂

鼻子挺

顴骨退

下巴飽滿

顏面骨多

　　李小姐的面相明顯偏向心性質，做任何事情都很認真，凡事要求完美，容易帶給周遭的人或同事壓力；也因為完美主義的性格，所以交代事情給她，她會拖拖拉拉的，感覺很會拖時間，因此會讓同事產生不滿，讓主管對她不信任。

　　李小姐無奈地表示她只是要求太完美，但又不想表達出來，大家不了解她，因此對她產生誤解及抱怨，自己有苦難言、有志難伸，詢問我該怎麼辦才好，接下來我們就用李小姐的面相，進一步講解心性質的特徵。

觀相一．天倉飽滿

　　就面面觀的論述來說，天倉飽滿者，為人專制，處事喜歡獨來獨往，有好的東西，也不會與周圍的人共享，講白一點，就是自私的性格。許多有能力的人，額頭都比較高，他們反應快，自認天資不錯，再加上天倉飽滿，善於推理，所以認為自己腦筋很好，遇事往往只相

信自己的判斷。

觀相二．膚色白，聲音柔

膚色白而聲音柔，處事方面自我要求高，不會顧慮別人對她的想法，讓人覺得她自帶傲氣，所以很容易得罪其他人。再加上聲音柔，遇到挫折或誤解，氣往內吞，只能自己私下發牢騷，是有苦難言的人。

觀相三．額頭高，眉棱骨微高，鼻子挺

其實，李小姐是一位很有能力的人。她的額頭高、眉棱骨微高，在判斷上直覺力強。鼻子挺，以自己的邏輯為主，主觀又強勢，不願意接受別人的意見，讓人感覺自帶一股傲氣，難以親近。

李小姐不僅額頭高，同時嘴巴小、聲音柔，極愛面子，自尊心強，處事方面顧慮多，也就是太過細膩，所以往往會讓人誤以為她不積極、拖泥帶水，但因為她的自尊心很強，遇到事情也不願意屈就，也不輕易低頭請益他人，更容易招致誤會。

慢工出細活的才華

如果你是李小姐的主管，或者你的部屬當中有具備這種面相格局的人，要如何領導，就得倚靠主管的眼光及智慧了。在面對這樣的員工時，請多重視他們的才華，以這一點代替責罵，就能解決很多問題。將他們的才能用對位置，必會產生驚人的效果。

李小姐的額頭高、眉棱骨高、鼻子挺、聲音柔，屬於專業技術方

面的人才，交代她的事情越細膩越好，也就是標準的「慢工出細活」，讓她處理這方面的事情，她就能展現過人的才華。

 ## 策略參謀是她的強項

像李小姐這樣的員工，一般會給人難以和同事互動、共事的印象，因為她平常很安靜，你感覺她與世無爭、性格冷漠，但這點你完全錯了！每個人都希望受到他人的尊敬、受到重視，她不表達，不代表她沒有欲望，李小姐平日冷漠，但就我看來，她內在其實特別重視別人對她的印象，因為她極愛面子。

內在自尊強、愛面子，只是因為她的聲音柔，所以不擅長在大眾面前展現自我。換一個角度想，她其實很適合擔任策略參謀類的工作，例如文書工作、傳達訊息等等，運用得當，就能讓她的才能化暗為明。

她的短處是做事情會慢一拍，但你把事情交代給她，給她思考的空間，並先誇獎她的能力，一旦她感覺自己受到重視，按照她心性質兼筋骨質的格局，絕對會默默完成使命，而且成果會相當好。

3秒面相觀人術

屬於心性質的人，多半神精系統敏銳，帶一點神經質，處事很細膩，想像力豐富。聲音柔者在處事方面會慢三拍，加上膚色白，自我要求高，屬於完美主義者，他能夠完美地完成事項，但有時候思想太過理想化，而且聲音柔，個性優柔寡斷，不喜歡與人爭論，遇到事情以息事寧人為優先。

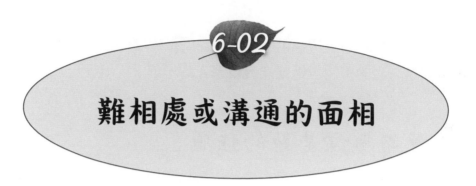

難相處或溝通的面相

6-02

先天命格八字注定！如何了解自己的運勢呢？由面貌來判斷！大家都希望與旁人相處融洽，卻大多事與願違，看人有時必須用不同角度去看待，在了解對方後，自然好相處。

不論是用餐時或在路上，聊天中我們經常會聽到「某某某好難相處」、「某某某好難搞」、「某某某脾氣好古怪」……等句子，可見生活中，難處的人比比皆是，總是讓大家困擾不已，本篇我們就來探討，哪些面相的格局會難相處。

 ## 心性質最難以捉摸

在面面觀三質中，最讓人難以捉摸、讓人感到頭痛的，屬於心性質。此形質的上停額頭寬廣，頭腦靈活，反應迅速，若配合筋骨質為底，則辦事執行力強。如果在額頭高的格局下，又帶一點凸者，思想上比較情緒化，也會讓人覺得很難相處。

下巴微削、聲音有力者，口才流利，應變機智，在人際公關上很活躍。若是聲音柔，有時會太理想化，外表上文雅，其內在多愁善感。

總是以理想化看待事物，無法取得與現實之間的平衡點，所以會讓人覺得難相處、難搞定。

[心性質兼筋骨質]

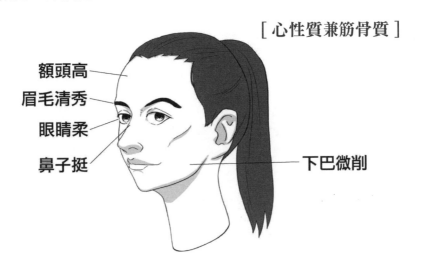

額頭高

眉毛清秀

眼睛柔

鼻子挺

下巴微削

觀相一．額頭寬／窄、高／低

　　個性與思想有牽連，第一個想到的就是額頭，額頭的高、低、寬、凸等，都會造成很大的差別。舉例來說，額頭高的人思想敏捷、反應快；額頭低的人則思想單純，較務實；額頭寬的人思想豐富、善於推理；額頭凸的人思想多元、個性獨立，光是額頭就分這麼多種，那究竟哪一種屬於難相處的格局呢？

★額頭高又凸者最古怪

　　心性質的人頭部最發達，也就是我們常說的「腦筋靈活」，就額頭來講，思想比較古怪的屬於額頭高又凸的人。他們思想豐富、敏捷又多元化，常常會突發奇想，點子特別多，經常能想出別人想不到的

事情，具創新才能，但這種格局的人也常常會讓人摸不著頭緒，無法配合他的思考邏輯。

3秒面相觀人術

在觀相學的理論上，要看一個人的思維，額頭為重點。額頭上方髮際順者，處事的邏輯清晰；髮際參差不齊者，除了思考不夠清晰之外，也代表個性上比較不穩定。

觀相二. 眉毛淡者不在意別人

讓人覺得難搞的人，通常在人際方面缺少互動，也比較沒有人情味，要看出這一點，最有關連的就是眉毛。

在面相學上，眉毛被稱為兄弟宮，但不僅止於兄弟姊妹和親族朋友，也看得出姻緣與感情上的態度。正所謂「眉濃屬情，眉淡屬智。」眉毛清秀者重人情，不僅個性溫和，與人相處也懂得拿捏分寸，為朋友付出多，與朋友的情誼通常都屬於永久性的。相比之下，眉毛稀疏的人，自我本位主義強，思慮清晰，但與親友較疏離，情感方面也比較淡薄，比較不會在意別人的感受。

觀相三. 眼睛亮者欠缺考慮

另一個配合的部位就是眼睛，我們常說「眼睛是靈魂之窗」，眼神能表露出一個人的內在想法。

眼神平穩的人，其個性沉著，自我約束力強；眼神柔和的人，則

喜歡浪漫，講究情調，不輕易得罪他人；眼神亮的人精力充沛，個性急躁，對事情志在必得。三者相較，眼神亮的人比較欠缺考慮，容易得罪於人。

觀相四．鼻子露骨性格較極端

一個人的主觀以鼻子為主，鼻子位於面部最中央，代表一個人的自我意識。鼻子低的人，比較有耐性，重情誼，包容心大，但善於變化，容易翻舊帳；而鼻子高的人則主觀性強，處事有原則，喜歡發號施令，個性倔強。還有一種，叫做鼻子露骨者，個性比較極端，自我優越感強，不懂得察言觀色，所以鼻子露骨的人，往往被歸為「難相處」的人物之列。

 林老師小叮嚀

一個人的相貌，當然不能單論，必須配合其他的部位才能判斷。臉上的每個器官都有其代表的含意，論相時一定要綜觀整個臉，也就是所有器官加起來論，才能呈現出一個人的個性及運程。

觀相五．嘴巴大、聲有力、嘴唇薄難相處

看一個人講話是否知進退，以嘴巴為重點。嘴巴小的人，情緒起伏大，小事容易爭吵，遇到大事卻沒膽量。嘴巴大的人則無心機，但是講話太直，容易得罪他人。另一方面還要聽聲音，聲音有力者愛面

子，愛搶風頭，是非多；如果是聲音柔的人，性格雖然溫和，但遇事不敢明確表達，也比較沒有鬥志。

　　嘴巴大而聲音柔和的人，口才流利，善於表達，與人互動良好；但若嘴巴大又聲音有力，那就糟糕了，個性霸氣又不認輸，往往吃了虧還要逞強。另外，唇厚的人比較重情義，忠厚老實；唇薄者則事業心重，待人處事不夠圓滑。如果一個人嘴巴大又唇薄，那他就會有難相處的個性。

觀相六．下巴

　　在面相學當中，下巴觀察的是人脈、處事的穩重度和晚景。下巴可以簡單分為兩種：下巴飽滿與下巴削。下巴飽滿的人，比較有包容心，人脈佳，所以他比較不可能成為別人的眼中釘。

　　換句話說，「難搞」的人非下巴削的人莫屬了。下巴削的人通常在專業領域有才華，但是個性急躁，易衝動，比較不會考慮他人，往往一意孤行，導致與別人溝通不良，形成格格不入的窘境。

林老師小叮嚀

　　其實，人沒有十全十美的，每個人都有缺點，只要能了解對方性格，就能找到最佳的相處方式，這樣無論是在工作或社交場合上，就不會因為覺得某人「難相處」、「好難搞」而壞了情緒。

6-03

出爾反爾的傷腦筋面相

　　跟朋友出去玩，或者與另一半約會的時候，我們都很怕遇到一種情況，就是對方出爾反爾。比如我們今天約好要去山上踏青，結果到了目的地之後，他突然跟你說：「今天天氣這麼好，我想去海邊，比較符合我的心情。」哇！整個行程被打亂，這個時候你多半會覺得心情受影響，覺得非常傷腦筋，這種容易讓人心累的人有什麼樣的面相特徵呢？本篇我們就來討論這種人。

 ## 容易讓人困擾的面相格局

格局一 . 鼻子低，山根低無主張

　　一般來說，個性無主張的人，比較讓人傷腦筋，就面相學來看，也就是山根、鼻子低的人。這些人很隨和，但也比較沒有自己的定見，想到哪裡就做到哪裡，容易變來變去。山根低的人因為沒有明確的想法，所以有時候也不怎麼準時，約好的事情他也不容易實踐。

　　不過，換一個角度來說，這類型的人個性溫和、好相處，雖然善變，但他絕對無心機，因為他鼻子低、無主張，如果你遇到的是鼻子

挺、眼睛亮的人，雖然主觀反應快，但心機也會比較重，各有優缺點。

格局二 . 眼睛亮的人花樣多

眼睛亮的人活潑，想到哪裡、做到哪裡，也會讓人傷腦筋，若鼻子低、眼睛亮則更甚。眼睛無神的人不會，因為他只是說話比較直而已，不會出主意；但眼睛亮的人思緒轉換得快，所以花樣多。

所以當我們看到眼睛亮、鼻子又低的人，就要注意了，因為他善變，又比較沒有定見，所以可能要讓你傷腦筋了。不過，也不能說眼睛亮就不好，只是因為他活潑又太聰明，所以變化太多，一下這樣、一下那樣，讓人家跟不上他的腳步，摸不著頭緒。

格局三 . 人中短，信用較低

人中越長者越守法，比如跟大家約好時間，明明是約八點半碰面，但人中長的人一定是八點二十分就來了。如果是人中短的人，抱歉，可能到八點五十分都還沒看到他的人影，因為他比較不守信用。大家可以聯想一下，如果一個人鼻子低、眼睛亮、人中又短的話，應該就很容易想像，他絕對夠讓你傷腦筋的了。

★聲音如小孩讓人更頭痛

人中短的人比較活潑，個性天真可愛，但最怕就是搭配到聲音如小孩子的人（比如語帶童音這種）。大家如果觀察小孩就會發現，孩童是天真可愛沒錯，但他想到什麼、做什麼，做事沒有規劃，反反覆覆的。若是一個人成年後，聲音依然像小孩的話，就會如小孩般沒有

定性、好奇心重、愛熱鬧，也會讓人傷腦筋。

格局四 . 下巴飽滿者較佳

　　人際關係看下巴，若是人中短、下巴飽滿，這樣的人雖然讓你傷腦筋，但是他很有度量，也沒有害人的心機，只是變來變去而已，而且因為他的接納度大，所以有時候你雖然氣得不得了，但因為知道他沒有惡意，所以很快就會對他氣消了。

 觀察面相，說說看

　　下圖是一張筋骨質兼營養質的男性，他的面相特徵如下：額頭低、眼睛亮、鼻子低、眉尾有一點下垂、人中長、聲音穩重、下巴飽滿。大家不妨按學習的內容，試著分析一下此人的性格，他是否會讓人傷透腦筋呢？

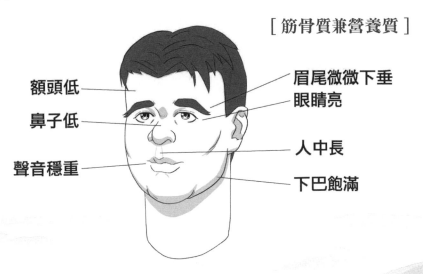

[筋骨質兼營養質]

額頭低

鼻子低

聲音穩重

眉尾微微下垂
眼睛亮

人中長

下巴飽滿

　　從前面所論看來，鼻子低、眼睛亮、下巴飽滿的格局，雖然讓人傷腦筋，但處事肯付出，又無心機，付出多、回收少。跟這種人交朋友絕對不會吃虧，因為他的下巴飽滿，有度量，且重情重義。

林老師小叮嚀

　　其實交朋友真的是很重要的一件事情，了解一些面相原理，就是讓你知道自己或是他人有什麼特徵，具備什麼樣的個性，讓你去截長補短，找到能與人和平共處的方法。

遇上拉不下臉的人

　　我們身邊常會出現一種人，很喜歡跟別人爭論，但實際上卻讓人覺得毫無道理，也就是所謂「死鴨子嘴硬」的類型。大部分的時間，他都以自己的邏輯為主，明明他也知道自己講錯了，但就是不會道歉，拉不下臉來，不分青紅皂白，就是要爭到贏就對了！愛面子愛到一個極致的他，會有哪些面相特徵呢？

 ## 筋骨質兼營養質最多

　　依我看相這麼多年的經驗，一般最拉不下臉的人，以筋骨質兼營養質的人居多。他們會具備以下的五官特徵：額頭低、命宮寬、眉毛稀疏、眼睛亮、鼻子挺、顴骨高、人中翹、聲音有力、下巴飽滿。

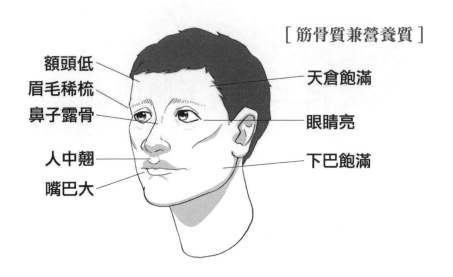

[筋骨質兼營養質]

額頭低
眉毛稀梳
鼻子露骨

人中翹
嘴巴大

天倉飽滿

眼睛亮

下巴飽滿

格局一 . 下巴飽滿，聲音有力

為什麼要論下巴飽滿呢？因為下巴飽滿的人，最死要面子，下巴越飽滿、聲音越有力的人，認為他的人脈多，會覺得「我人緣這麼好，怎麼可能拉下臉？怎麼可能會爭輸你呢？」

聲音有力屬於筋骨質，這種形質喜歡和別人爭，而且只能爭贏，不能爭輸，無論講的是什麼事情，他就是要佔上風。如果聲音無力，就算想與人爭，但一旦開口被別人罵，他就縮回去，不爭了。整體來講，下巴飽滿、聲音有力的人，處事志在必得，並帶霸氣，因為一個人帶霸氣，才會拉不下臉。

3秒面相觀人術

　　聲音有力的人永遠不認輸，如果加上他的人中翹更明顯。因為人中翹者，講話速度快，又帶霸氣，你觀察一隻鳥，是不是人中翹翹的？一路啾啾啾啾，吵個不停，人中翹的人就具備類似的特質，講起話來絕不認輸。如果人中平，就不會去跟人家爭。

格局二 . 鼻子挺，顴骨高

　　有的人喜歡拓展人脈，有的人則喜歡掌權，也就是顴骨高、鼻子挺的人，顴骨高的人愛掌握權力，鼻子挺的人自有主張，他會這麼想：「如果你不按我的意思做，你就是看不起我。」他的主觀強，顴骨又高，一副志在必得的模樣，愛管別人。

　　顴骨高、聲音有力的格局也容易與人相爭，他認為與人爭，別人會聽他的話，所以有時會淪為無理又不認輸，爭了半天也拉不下臉來，就是要贏，反而被別人看不起。

格局三 . 眼睛亮

　　我們有時會遇到一種人，你明明知道他在講歪理，可就是辯不贏他，這樣的人通常都眼睛亮，反應非常快，又很會耍嘴皮子，一般口才流利、很會講話。一個眼睛無神的人抓不到重點，爭不起來。但眼睛亮的人反應快，起爭執的時候，你怎麼講，他腦筋就怎麼轉，一定要講贏你。所以，一旦起爭執，他既拉不下臉來承認，反應又快，你也講不贏他，和這樣的人相處時，還是避開爭執為妙。

如何應對死鴨子嘴硬的人

　　行走江湖，總是不能隨便得罪人，即使知道對方不對、站不住腳，但又不能與他爭個輸贏，尤其是面對上司或客戶時更是如此，在這種時刻，我們該如何應對呢？

　　如果你發現一段對話中，你與對方的立場、想法分歧時，務必先觀察對方的眉毛。眉清秀的人，跟你爭執完，他會留一手，給你台階下，但眉淡者不會，他永遠不認輸，不可能給你留退路，屬於爭不贏最會翻臉、無情無義的類型。如果你的客戶眼睛亮、聲音有力、眉淡的話，請記得千萬不要跟他爭，因為這種人個性不服輸、吃軟不吃硬，面對他記得放軟身段，不要硬碰硬，你態度強硬他會更堅定，認為「我的頭腦好，你會爭得過我嗎？」談話氣氛反而越變越糟。

　　道理其實很簡單，硬碰硬就像是兩顆雞蛋相碰、兩顆石頭相撞，都不會有好結果，當面衝突必會兩敗俱傷；你把自己當作海綿，無論對方是雞蛋還是石頭，來碰你都沒事，大家事後冷靜下來，再做討論，也比較不會傷及情誼。

3秒面相觀人術

　　喜歡與人爭論又不認輸的人，通常都是筋骨質兼營養質。下巴飽滿、聲音有力者則更明顯，因為筋骨質的意志堅定，不接受建言，一意孤行。眼睛露光的人，果斷力強，若遇爭端，會棄情義而不顧。

　　一個人下巴飽滿、聲音有力，再加上人中翹，則相當自負，經常意氣用事，情緒起伏大，判斷事情不夠沉穩，講話帶霸氣，與人爭論時不會認輸，嘴巴大的話有時更顯無理取鬧。

6-05

容易陷入憂鬱的人

　　某次，我去醫院探望老朋友，剛好醫院在舉辦座談會，由一位精神科的主任醫師開講，他提到，一個容易患上憂鬱症的人，平常就比較看不開。他勸解大家：「人生在世，一切都要放開，心情才會開朗。有事情不要憋在心裡，最好找一個人來訴說，才不會得憂鬱症。」這一位精神科專家的確講了很多知識，不過，其實憂鬱症也具有先天的特徵，從一個人的臉上就能看出端倪。

容易沮喪、憂鬱的面相特徵

　　面相三質（營養質、筋骨質、心性質）當中，容易得憂鬱症的人，多半屬於心性質兼筋骨質，觀察重點有三處：額頭、鼻子、聲音。

[心性質 女性]

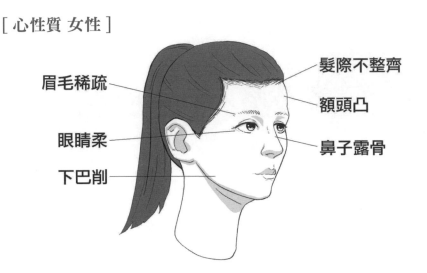

眉毛稀疏

髮際不整齊

額頭凸

眼睛柔

鼻子露骨

下巴削

格局一 . 額頭越高凸，想得越多

如果留心觀察，就會發現：額頭高的人通常都比較聰明。額頭代表思考能力，額頭越高，想法越豐富。如果這個人額頭高又帶凸，代表他不僅思維多變，腦筋也動得快，經常會出現與眾不同的想法，但也因為想得多，容易產生「有志難伸」的情緒，再聰明的腦袋，也會有想不開的時候，所以就有憂鬱的傾向。

想法單純、反應慢、看起來呆呆傻傻的人則不會多想，有得吃，有得穿就好，自然不會陷入低落的情緒中。但額頭高凸者不同，腦筋天才的人通常都具備此格局，想法多、變化快，也因此，事情一發展得不合心意，他們就容易陷入情緒當中。

格局二 . 鼻子高，放不開

我們常講：「人生要放得開。」這句話沒錯，但要怎麼樣才能看

得開？或者，具備何種面相格局的人會比較放得開呢？

鼻子代表主觀和意志力，也看一個人的鐵齒程度，鼻子越高，主觀越強，越聽不進別人的話。就面相上來看，鼻子低或山根低的人，比較看得開，他們比較好相處，不會想那麼多，因此比較不太會得到憂鬱症。

鼻子高者則相反，因為鼻子高的人主觀強勢，你講的話，我不見得會聽。額頭高，再搭配鼻子挺，看起來雖然漂亮，但自主意識太強，遇事反而很容易想不開。

格局三 . 聲音無力，氣注內吞

額頭高、鼻子挺、聲音無力的人，頭腦一流，也很主觀強勢，會認為「我想的事情，別人絕對想不到。」但是聲音無力，所以不敢開口，也不敢跟別人爭，好的機會都爭取不到。這樣會陷入一個惡性循環，因為他思慮多，卻不發表，內心總想著：「我的想法明明都對，你們哪一個做事比得上我？」悶在心裡想，結果越想越氣，這種人也容易得憂鬱症。

在觀相學的理論上，若你聲音有力，就能抒發志向，把你的想法說出來，在面相學上屬於筋骨質，個性比較放得開。但若聲音柔或無力，屬於心性質，就會把那一口氣往內吞，感覺自己有志難伸，那口怨氣吞進去，卻吐不出來，就會產生憂鬱的傾向。

3秒面相觀人術

　　夫妻相處也是一樣的道理，額頭高、鼻子挺的女性，有時會看不起丈夫，她認為：「你的頭腦怎麼那麼單純？我在想什麼你都不知道！」如果太太的聲音無力，那這些家庭上的壓力她都會往內吞，不敢表達，也容易患上憂鬱症。

如何應對此種格局

　　如果你自己或者親朋好友有上述的面相格局，請務必記住一點，要學會放輕鬆、開朗一點。這點講起來容易，但重點是不知道該怎麼做。建議你，多往熱鬧的地方走動，多看看生活百態，你就會發現生活比你糟糕的人很多，放開心胸去觀察，就會知道你算是活得相當愜意的一類人，心境自然就比較放得開。

　　一直往靜的地方反倒不利，家人患憂鬱症，有些親戚不懂，想說把他送到安靜的地方，他就能沉澱下來，結果越療養越糟糕。因為在一個安靜的地方，思慮是最清晰的，尤其額頭高又凸的人，他思想這樣豐富，你再把他放到安靜的環境下思考，他肯定會更加胡思亂想，反而加重憂鬱傾向。想要幫助他，就不要以靜養病，越靜他越容易想不開。你讓他有人講話，他把氣吐出來，心情自然能放開。

林老師小叮嚀

　　各位的六親若有憂鬱症傾向，不管他是家人還是朋友，不妨多跟他聊天，帶他去熱鬧的地方，多看多聽，見過人生百態，他或許就會意識到自己並沒有那麼可憐，或者他在踏出去的過程中，認識一些心胸寬廣的人，也可能改變他的心態，對他的復健也有幫助。

住宅磁場雜氣影響情緒

　　有次到大陸廣州勘查風水，那間公司的李先生問我，一個人罹患憂鬱症，從陽宅的角度能看出一些端倪嗎？我告訴他是可以的，居家環境的磁場若有雜氣或衰氣，就會影響居住者，讓他們情緒不穩定。

風水論 . 住宅東南方與西南方之氣

　　在居家風水的理論上，有兩處氣流很有影響，一個是東南方，另一個西南方之氣，若這兩處有雜氣入宅，居住者就容易情緒不穩。原來，李先生的一位朋友，最近情緒特別不穩定，認為自己腦筋好，常罵別人笨，甚至會怨社會對不起他。

實例分析 . 被打壓的工程師

　　我詢問李先生情況，他這位朋友姓陳，原本在國營事業擔任資訊總工程師，最近來了一位新主管，新官上任三把火，把陳先生的職位

降到低層，說白一點就是被打入冷宮。這引起了我的興趣（也是我的職業病），於是，李先生替我打電話給這位陳姓工程師，約一天時間到他家了解狀況。

當天，我勘查陳先生的住宅時，發現他的住宅後面有一條巷子，位於東南方，依照八卦方位來看，屬於巽卦，主神經是非，就是磁場元運走衰氣。

接下來我觀察陳先生，就面相而論，他屬於心性質。額頭高、眼睛柔、鼻子挺、聲音柔，他的頭腦很聰明，處事謹慎，但是聲音柔，所以遇有挫折習慣往內吞。所以就降職事件來看，他自認明明才華不輸人，卻突然被打入冷宮，心裡不服氣，感覺有志難伸，又不敢與人爭論，再加上居家風水有東南氣入宅，引動不好的磁場，所以容易陷入憂鬱。

3秒面相觀人術

在面面觀的三質中，比較具備憂鬱傾向的人，大多數為心性質，因為他心思細膩，有時太敏感，帶一點神經質，很容易受到外在情況影響，加上他經常隨著感覺走，所以容易處於心神不寧的狀態中，也比較感情用事。

心性質的人膚色白、眼睛柔、聲音柔，比較保護自己，以自己為主，輕於世俗。遇到打擊時，不敢當面與之爭執，氣往內吞，久而久之，必會產生憂鬱之相。

6-06

從面相看判斷力

　　某日，一位李先生來到我的工作室，他說自己得到一個不錯的工作機會，可是他想再繼續深造學業，想問我該如何取捨比較好。我常常跟別人說，有機會就要把握，好不容易來的機會，一旦錯失，可能會造成終身的遺憾。

　　確實，機會是稍縱即逝的，但如果判斷錯誤，也會抱憾終生，也可以說，每個機會都是一條不歸路，在機會來臨時，如何「判斷」就非常重要了。

 ## 具備心性質者有判斷能力

　　在面相學的理論中，天倉飽滿、額頭高、眼睛定神、膚色白的人屬於心性質，他們比較保護自己，以自己為主，遇到困難時會冷靜，因此比較能把握情況、判斷能力佳。

　　細部來說，要觀察一個人是否具備判斷力，觀察三個部位：第一點是額頭高，第二點是眉棱骨高，第三點為眼睛定神，這是面相的基本概念。但相不以獨論，一定要配合其他部位做整體考量。

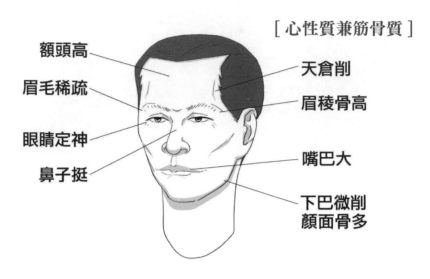

[心性質兼筋骨質]

額頭高

眉毛稀疏

眼睛定神

鼻子挺

天倉削

眉稜骨高

嘴巴大

下巴微削
顏面骨多

格局一.額頭高，天倉飽滿

額頭高、眼睛亮、鼻子挺的人會比較有判斷能力。一個人若額頭
寬廣、天倉飽滿，則他的思想豐富，學習力佳，具備好學精神，對任
何事情的看法比較具有宏觀性，善於溝通，遇到事情會想盡辦法協調，
如果眼睛亮的話，則第六感直覺強，懂得抓緊機會。

格局二.眉稜骨高，直覺力強

眉稜骨高的人也是一位判斷的專家，因為眉稜骨表示一個人的判
斷能力。沒有眉稜骨的人，方向盤抓不準，比較沒有方向感。額頭與
眉稜骨皆高，算是最有判斷能力的人，直覺力很強。

因為額頭高的人本身思想豐富、反應快，加上眉稜骨高，判斷直
接，我們常看到一些比較具備專業技術的人，大部份都是眉骨高的人，
如果他的聲音柔，在判斷上就會更加細膩，會考慮到很多事情。

格局三．眼睛亮而定神者為佳

眼神為一切的面相總結，眼睛亮而定神者，代表能直接表達自己的意念，對事情的掌控意願亦強，屬於判斷直接的類型。

眼睛柔屬於心性質，心思細膩，若一個人的眼睛柔，則善於推理，但若是柔而無神韻，呈現虛化現象，就變成遇事不敢果斷決定的性格。聲音柔的人，一般心性較為飄忽不定，自尊心強，內在很怕受挫折，這也是他之所以遇事不敢下判斷的原因。

此外，要留意眼睛柔、鼻子露骨的格局，這種人判斷直接，但有時太過自信，沒有仔細思考就做決定，比較容易判斷錯誤，因而後悔一生。

★眼睛過亮，缺乏思考

眼睛為一個人的靈魂，也代表一個人的內在思考，他會如何做決定，眼睛佔了很大的重要性。若眼睛太亮，判斷事情又快又直接，處事急快，有不見棺材不掉淚的性格，缺乏細膩的思考。

★眼睛無神，視物不明

觀察眼睛，就能知道這個人是否懂得判斷、把握機會。眼睛無神者，明明機會近在眼前，可他偏偏不懂得把握，眼睜睜看著機會溜走。最能把握機運的，是眼睛定神、黑白分明的人，其人處事不急躁，面對任何事情，只要沒有把握，就不會輕易出手。如果這個人的額頭高、眼睛定神的話，判斷事情很少會失誤。

林老師小叮嚀

　　觀相學的理論上，聲音代表一個人的內命，聲音粗者，判斷力也很直接，但常常會後悔，因為太急躁，只看到眼前的事物，沒有思及後果。

魄力與成就

　　人有百百種，有的人適合在社會上發展事業，有的人適合在學術上發展，在相學的理論上。面相上分為動態與靜態，想要知道自己適合哪一條道路，就要從面向著手。

觀相一 . 筋骨質：適合在外，不適合在內

　　如果你的顏面有一點骨、眼睛亮、聲音有力，則適合在外，不適合在內，因為你具備筋骨質特徵，屬於動態，有衝勁，腦筋反應快，所以很適合對外發展。

觀相二 . 心性質兼營養質：適合靜態工作

　　就公教人員來說，他們的面貌基本上都偏向靜態，屬於心性質兼營養質。他們的共同點是聲音穩重，喜歡安逸，不好變動，對於新的挑戰也興趣缺缺。

3秒面相觀人術

　　面相學分為陰面與陽面，觀察時須運用陰陽分析。眼睛表示一個人的判斷能力，也代表反應機能，聲音則顯示出一個人的膽量及衝勁。若你的眼睛亮、聲音有力，屬於陽面格，在商場上會佔一席之地。眼睛柔、聲音柔則屬於陰面格，適合安逸的工作，大部份以文職工作居多。

 # 無骨不成器

　　就面面觀的論述，有「無骨不成器」的說法。說明一個人要成功，第一要有眉棱骨，第二要有顴骨，第三要有腮骨。

格局一．眉棱骨高而突起

　　眉棱骨代表一個人的判斷能力，及處事上的鬥志和骨氣，眉棱骨高者，判斷力準確，喜歡掌控一切，具備天生的領導格局。眉棱骨高而突起者，屬於筋骨質，膚色白的人具優越感，判斷能力準確，在處事上不會輕易相信別人，具冒險犯難的精神，也比較容易成功。

格局二．顴骨表權威與魄力

　　顴骨表示一個人對事情的掌握度，也就是管人的部位，沒有顴骨的話，就算擔任管理職，也形同虛位，因為他管不動。顴骨能看出一個人的權威，顴骨高在處事上有魄力，才會受到眾人的尊敬。

格局三 . 腮骨表毅力，有始有終

下巴表示一個人的處事及耐性，有腮骨的人比較有毅力，處事有始有終，一旦下了決定，就會貫徹到底，成功的企業家多半都具備這種面相格局。

 適合李先生的出路

一個人在判斷中的直覺是否準確，以眉棱骨為重點。眉棱骨高者，屬於筋骨質，膚色白的人更具優越感，判斷能力準確，有自己獨到的邏輯，加上他喜歡掌控事務，故不會輕易相信別人。

不論膚色白或黑，眉骨高者，不會隨意答應別人的要求，遇到要緊的突發事件，會先拒絕後執行。他們帶有一股傲氣，讓人感覺不好相處，有時顯得太過自負。本篇例子中的李先生屬於心性質，雖然眉骨高，但性柔，雖有眉骨，還是比較適合往文學方面發展。

我對李先生說：「你雖然下巴帶一點腮骨，手邊的事情會如期的完成，不會輕易放棄，但你的聲音柔，不太好意思去管別人，在社會上容易吃虧；第二點是，你的顴骨不是很高，無法掌握權力，所以走學術比較適合。」

3秒面相觀人術

眉骨高、聲音有力者屬於筋骨質，適合從事生意買賣，或往專業技術發展，他們在專業領域中會有一番傑出表現，聲音有力者敢直接下決斷，而且很少誤判，若真的誤判了，大多都剛好處於額頭氣色不佳的情況。

6-07

容易交友不慎的人

正所謂「出外靠朋友」，交朋友在我們人生當中，是一個很重要的課題，你交到好朋友、壞朋友、還是損友，其中的差別非常大，一位益友能讓你的人生往更好的方向提升，但是交到壞朋友，要付出的代價也非常大。

益友成為人脈，能助你一路順暢，但若交到壞朋友，也容易讓人沉淪，青少年（尤其國高中生）在念書時期因為交到壞朋友，被拉去做壞事，行竊、搶劫、吸毒等事件層出不窮，毀掉後半生的不在少數，這種例子相當可怕，現在我們就來了解一下，什麼樣的面相比較容易交友不慎。

 容易交友不慎的格局

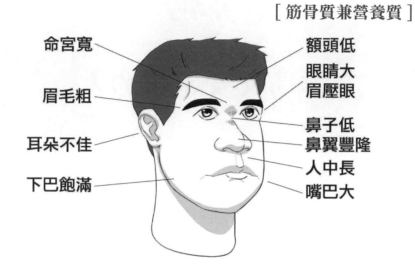

[筋骨質兼營養質]

命宮寬　　　　　　　　　額頭低

眉毛粗　　　　　　　　　眼睛大
　　　　　　　　　　　　眉壓眼

　　　　　　　　　　　　鼻子低
耳朵不佳　　　　　　　　鼻翼豐隆
　　　　　　　　　　　　人中長
下巴飽滿　　　　　　　　嘴巴大

格局一．眼睛亮，鼻子低

　　一般而言，會先觀察鼻子與眼睛。眼睛亮、鼻子低的人，判斷能力比較差，眼睛亮的人會抓緊機會，但眼睛太亮的人，愛熱鬧、好奇心又重，特別是鼻子低的搭配，這種人沒有主張，容易被引惑。鼻子高挺者會有選擇性，比較不會有這種問題，但鼻子低的格局愛熱鬧、好奇心又重，所以要特別謹慎，才不會交友不慎。

格局二．命宮寬，眉清秀

　　一般來說，命宮寬（兩眉之間的距離）的人個性隨和，不喜歡與人爭論，如果命宮寬加上眉清秀，這種格局最糟糕。眉越清秀者，越容易相信別人，他們重情義，相信六親、異性等等，觀察那些學壞的年輕人，其中很多人都眉清秀，這就是重要的關鍵。

在面面觀論述中，眉毛屬於交友宮，看一個人是否容易相信別人，以眉毛為主。若是眉佳者，應該是一個很好的人，因為眉越清秀者，越重情義（屬於筋骨質），命宮寬的人與世無爭，眼睛亮則處事志在必得，鼻子低者為人沒有主張，容易被人家引誘，所以具備這些面相格局的孩子要特別謹慎，不要盲從著去做壞事。

其實，不要說青少年，就是成人也要注意，如果你有上述提到的特徵，也很容易受到誘惑，交友一定要多加提醒自己。

3秒面相觀人術

眉越清秀者，越容易受到友情的包圍，他會覺得「我一定要有朋友」。可能一個壞朋友隨便哄一哄、給一點甜頭，他就陷進去了。尤其鼻子低者更要注意，因為鼻子低的人沒有判斷能力，有人對他好，他就會湊上去，所以容易結交狐群狗黨。

格局三．下巴飽滿，嘴巴大，聲音有力

交友與人脈有牽連，所以下巴為觀察重點。下巴越飽滿，人脈越多，如果他嘴巴大、聲音有力，為人極愛面子，表示他在外人緣很好，但他不知道如何去判斷。

一般若是下巴飽滿、眉又清秀的人，重視人情味，平日的人際關係很好，但有時候太重情義。尤其是眉毛清秀、鼻子低的人，不懂去判斷，就很可能交到損友。所以我常說，眉毛清秀的人若交友不慎，就變成一種相欠債，到底何時才有辦法還清都不知道。

聲音很關鍵

　　一個人的行為舉止，差別在聲音。聲音有力或聲音柔，都有差別。聲音有力屬於筋骨質，個性直爽又重義氣，所以交友圈廣闊，但也容易因為交友不慎而造成是非。若你的聲音陰柔，則屬於心性質，比較會保護自己，所以交友態度謹慎，會有選擇性。

　　各位不妨先從面相去觀察朋友，如果他的眼睛定神，鼻子低沒關係。他的眉清秀、嘴巴大、下巴飽滿而聲音穩重的話，他會有選擇性，和這樣的朋友相交，他不會害你。

　　如果你具備相關的面相特徵，就要稍微留意一下。例如你的眼睛亮、鼻子低、聲音有力、下巴飽滿，比較愛管閒事，朋友有事都會來找你，而且你不會推辭。因為你重情義，再加上你鼻子低、聲音有力，愛管事情之外，什麼事情你都要強出頭，但越想出風頭，是非就越多，所以要改改這個性格。若你的鼻子低而聲音柔，則會有不同的發展，你不會想出風頭，因為聲音柔者會慢慢地去觀察，再判斷朋友是好還是不好。

3秒面相觀人術

　　眉毛屬於長壽宮，眉代表交友宮，眉毛清秀者，先天上對兄弟朋友方面的付出會大於所得。鼻子低、聲音有力者，一生為朋友付出多，容易交友不慎。眉為兄弟宮與朋友的對待，眉粗者講義氣，對於有情分的朋友，他不會斷絕關係，如果他眉粗、聲音有力，且帶腮骨，對朋友的付出更加明顯。

6-08

楣運自招，也可自解

懂得面相能讓你充分了解對手的喜怒哀樂，知己知彼，在人際溝通上可掌握時機，人沒有十全十美，每人都有缺點，了解自己的缺點，再加上充分應用面相所學，就能趨吉避凶。

我講一段有趣的故事給各位做參考，有一次，台北一間大公司主辦活動，邀請我前往參加企業面相的座談會，希望員工能多長一些見識，在會場上，一位年輕人給我留下了深刻的印象，我對他說：「你在任何地方，眼睛要睜亮，如果有糾紛事件，好奇心不要太重，趕快遠離現場，否則會吃大虧。」

這位年輕人瞬間感到不悅，一進入休息時間，他就離開了教室，下午的座談進行了一段時間後，他匆忙地衝進教室，表示他不相信我的論斷，旁邊的同事就問他：「既然不相信，為什麼還要進來聽課？」他的表情顯得尷尬，我笑著說沒關係，分析起他的面相。

 ## 實例分析：心性質兼筋骨質

這位年輕人的額頭低、髮際不順而雜亂、耳朵反、眼凸無神、顴

骨橫張、鼻子低、嘴巴大且嘴唇厚、聲音無力，屬於心性質兼筋骨質。

[心性質兼筋骨質]

髮際蒼亂
天倉削
眉毛帶三角
耳朵反骨
下巴短

額頭低
眼睛大
亮而無神
鼻子低
嘴巴大

這位年輕人說，他原本休息時間就要離開，走之前還和別人說：「這個老師說我會倒楣，真是亂講話！我才不相信這種事，等一下我就要走了。」結果離開會場之後，路上有車禍，他好奇之下過去看，結果當事人反倒怪這位年輕人車子沒停好，才導致衝撞到，幸好通過交通警察的釐清，才小事化無。這位年輕人不禁佩服起我上午評斷他的事，但又想知道我究竟是如何判斷的，所以又跑來詢問，是他真的比較倒楣嗎？

觀相一 . 眼睛凸而無神

我向他解釋：「你的眼睛凸又無神，處理事情比較不知輕重，鼻子低，好奇心重，而眼睛凸又亮，別人看到你，會覺得你好像很輕視

他們。」一般來說，眼睛亮的人好奇心重，遇到突發事件不會察言觀色，所以經常會覺得倒楣事纏著他。

觀相二．耳朵反骨

這名年輕人的耳朵也是關鍵，耳朵不佳，聽到的資訊經常有錯誤，而且他性格較衝動，抓不到重點，處事不知輕重，所以經常會被誤會。又加上嘴唇厚，言語上無法清楚表達自己的想法，容易遭到誤解，所以他常感覺自己犯小人之災。

觀相三．髮際蒼者貴人少

我再補充一點，有些人一生的倒楣事特別多，會覺得什麼不好的事他都會遇上，最主要的重點在於他髮際蒼。此部位不佳的話，貴人少，一生事業較無貴人提拔，好事輪不到他，凡事都要靠自己努力。

3秒面相觀人術

若你老覺得自己會招惹是非，最主要的因素在眼睛，眼睛凸者，看起來神韻不足，很容易成為目標。

常言道：「眼睛亮的人花樣多，眼睛凸而無神的人不知輕重，常會遇到小人。」若是眼亮有神，別人不敢得罪你，而且遇到麻煩，眼睛亮的人反應快、閃的快。眼凸無神者則抓不到重點，不懂得把握機會，也不知輕重，反應慢半拍，發生麻煩的事件，他也有一點傻傻的，不會閃躲。

小結：筋骨質最鐵齒

容貌是與生俱來的，在現今繁忙且緊湊的生活中，人際互動越顯重要，人的面相就像櫥窗，展示著一個人的經歷、個性及喜怒哀樂，甚至身體狀況等等，因此，「識得面相」是相當重要的一門課。

在面面觀的三質當中，最鐵齒的為筋骨質，有一句話很適合形容他們：「不見棺材不掉淚。」這是因為筋骨質的人講究直覺，只相信自己，別人提供的意見，除非經過他的體驗證明，否則一概不信，即所謂的「鐵齒」。其生性好強，好權力的掌控，故而是非難斷。

故事中的年輕人就是這種個性，所以與同事之間互動不佳。但也不是所有筋骨質都會如此，還必須搭配其他部位判斷。舉例來說，若額頭的髮際不整，最明顯的就是會影響那個人的判斷力，若加上眼睛露光無神，則睛光外露、剛毅凸眼，個性充滿剛氣，處事經常一意孤行，完全不在乎別人，所以常常有橫禍在身，容易沾染上楣運。

 林老師小叮嚀

觀相學的理論上，額頭代表一個人事業宮，也是未來的希望，能展現一個人思想及溝通能力，最忌諱額頭被髮際遮蓋。若眼睛大而無神者最糟糕，處事抓不到重點，遇事不知該如何處理，這一種格局的人容易犯小人。

6-09

命中有時，不求自來

　　有段時間，在講授紫微斗數的班級中，來了一位意外的「旁聽生」，這位是與我有數年之交的朋友，服務於司法界，常因公至台北受訓，只要一下課，就會往我的工作室跑，一則打發時間，二則老友敘舊。若我剛好在授課時，他便在一旁聽課了。

　　某次，學生們問我能不能不要用八字命盤來上課，「老師，我們換個真實人生算算如何？」這下可糟糕了，我又不方便拿客戶的命盤來教學，正在思考時，發現我老朋友就在一旁，就請他協助一下吧。

　　此位老友他目前的大運，正逢天干化科在事業宮，父母宮也化祿在事業宮，運勢正佳，依斗術的命理論法，逢此大運必有升官的跡象。事業化科代表能展現自己的才華，對考試升遷最有利，興之所至，我跟學生說：「那今天就來講講如何將五術與面相互相搭配吧！」

 實例分析：心性質兼營養質

　　觀察我這位老友的面相，他的額頭高、鼻子挺、眼睛定神、聲音穩重，是心性質兼營養質。就面相來說，額頭高、天倉飽滿、鼻子挺

的人，處理事情很穩重，容易得到長輩的提拔，他表示：「對啊，這次也是受到老長官的提拔，才要到台北來受訓。」

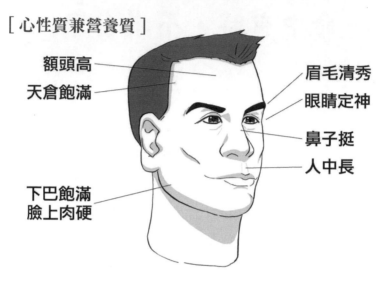

[心性質兼營養質]

額頭高
天倉飽滿

眉毛清秀
眼睛定神

鼻子挺

人中長

下巴飽滿
臉上肉硬

 ## 觀察運勢以氣色為重

一個人的氣色最為重要，如果額頭高、氣色暗，則有志難伸。我請學員詳細觀察我這位朋友，他的額頭氣色明潤，再配合他的命盤，今年太歲化科，配合他的額頭氣色明潤，對升遷有利。

這位老朋友的額頭高、天倉飽滿，顯示父母在家鄉也是個有名望之人；他的日、月角漂亮，求學期間的成績表現優異，大學畢業一路高考，進入司法界服務；他的三停均等，五官正，此種相貌最適合公家機關。

他的額頭高、下巴飽滿、聲音柔，善於協調，法令紋不深，具有慈悲為懷之心，個性上比較會為人著想，不但受長官的提拔，也深得

部屬的愛戴，再配合命盤來看，事業宮化科，父母宮也化祿到事業宮，與他的面相不謀而合，最主要是老友現在額頭泛亮，顯示事業上正春風得意。

老友表示，自己每次受訓，就得北上，常南北奔波也是累人的，我笑著說：「你不是奔波累人，而是捨不得離開家裡，心繫賢妻所以才不想北上。」聽到我這麼說，老友竟然臉紅了。我再分析一下他的面相，他的下巴飽滿、聲音柔，下巴代表家庭，下巴飽滿而氣色漂亮，表示家庭美滿，財運穩定。下巴飽滿、聲音柔的人較戀家，也正符合命盤上，老友的太太在夫妻宮有化祿。

面相搭配斗數命理

就理論上來說，若是你的八字及斗數命理，走中年運勢，會與面相相輔相成，也說明你的面相走中停運勢。一個人的運勢與面相搭配，第一點要先觀察你自己的上中下停，以我的經驗來看，若中停漂亮者，說明你的八字或是斗數命理相配，中年運勢會不錯。

例如我的老友，他現走中停運，鼻子挺、顴骨平均，眼睛細長且黑白分明，說明走中停運，一切順暢。因為眼睛司管35歲至40歲，依照流年論述，左眼行35、37、39歲的運勢；右眼則走36、38、40歲。

斷流年 . 九執流年法

九執流年法為相學秘法的一種，此法用五官分為九年，每九年重複一次。臉上各部位代表年歲，細述如下：

❶. **左眉**：1歲／10歲／19歲／28歲／37歲／46歲

❷. **鼻子**：2歲／11歲／20歲／29歲／38歲／47歲

❸. **口部**：3歲／12歲／21歲／30歲／39歲／48歲

❹. **左耳**：4歲／13歲／22歲／31歲／40歲／49歲

❺. **左眼**：5歲／14歲／23歲／32歲／41歲／50歲

❻. **額頭**：6歲／15歲／24歲／33歲／42歲／51歲

❼. **右眉**：7歲／16歲／25歲／34歲／43歲／52歲

❽. **右眼**：8歲／17歲／26歲／35歲／44歲／53歲

❾. **右耳**：9歲／18歲／27歲／36歲／45歲／54歲

　　所以當你看見某人，面相已出問題，便可用九執流年法去推斷，會發生問題的年歲；相反地，如果某人面部意外受傷，也可以從受傷部位，還原受傷的年歲。

　　若是你現在走42歲，流年走鼻子運，鼻子挺，4加2等於6，九執流年走額頭，若是額頭氣色潤者，主事業上的上司對待，此年容易受到主管提拔。

小結：面相與流年

　　許多成功的企業家，他們可能與你的生辰相同，但你們的命運卻各有千秋。兩個生辰相同的人，運會不同，其解答就在於「面相」。一人一相，千變萬化，每人都有獨特的氣質。

　　一個人的面相就如同一張履歷表，自出生起，輪廓大致上不會改

變，而是受到後天的環境影響。五官、氣色再加上流年，即可論斷個性、財運、家庭、運勢…等，所以面相的輔助性質其實大過於其他的命理。「命好，不如運好。」如能預先得知時來運轉之機，努力掌握，其飛黃騰達之日是指日可待的。

林老師小叮嚀

　　想知道今天的運勢如何？建議你早上起床，在鏡子前面觀察自己的面貌，若是額頭的官祿宮氣色佳，今天的公事上必定順暢；若官祿氣色暗滯，代表今天所要談的公事會有阻礙。有句話這麼說：「命中有時自然來。」若是氣色不佳，先別急著動，越急反而會越不利。

6-10

久病纏身的家人

　　台灣邁向高齡化社會，現代人事業、工作、課業繁忙，鮮少有時間關照家中的長輩，許多老人家更是擔心麻煩到子女，成為子女的累贅，這是現代最常見到或是聽到的現象。

　　每個人都知道，生病最怕久病纏身，特別是老人家最為明顯。最好的狀態，是能在睡夢中離開人世，相信這是許多久病纏身者的最大願望。其實，現在時代的每一個家庭，若父母還健在，必會遇到父母高齡的問題，身為兒女，必須要瞭解老人家的心態。若他身體健康，能自由活動，那就暫時相安無事。若是老來有病，甚至久病纏身時，他的心態就會有很大的轉變，若身為子女只知道他有病狀，必須到醫院治療，而忽略他的心理健康，就會造成他憂鬱，甚至想尋短的念頭。

　　因此現在有許多兒女，因工作上不便，無法長期在父母身邊關照他，最後忍痛將他安排到養老院，希望能讓老人家安詳地度過人生最後一哩路。以現代的觀念來說，將行動不方便的老人送至養老院，是最佳選擇。因為你無法長期在他身邊，又怕他出意外，若是在養老中心，有專人照顧，也能讓子女無後顧之憂。

實例分析：額頭與日月角氣色

某日，一位蔡女士到工作室找我，她問我是否能從她的命盤中看出父親的壽命，我告訴她：「當然可以從你的命盤分析，但絕對不可能準確，必有瑕疵，最好是他本人的命盤才準確。」

當我在排紫微斗數命理盤時發現，她的大限父母宮有化忌，入父母的身體，而父母的身體化忌入田宅宮，逢此大限，她的父母健康不佳，必有問題或必戴孝。勘查了她的命盤後，我觀察她的臉部氣色，發覺她氣色不佳，問她父母當中是否有人身體狀況不佳？她點頭承認，問命盤中是否有蛛絲馬跡，我告訴她：「命盤佔一半，最主要是你額頭的日月角位置，紅帶黑赤氣色，若沒有錯的話，你父母親的病情已有一段時間了。」

久病纏身的蔡老先生情況

她說：「沒錯，老師你是怎樣看出來的呢？」我向她解釋：「你下巴的氣色不佳，下巴代表家庭，若家裡事情雜事多，讓你煩惱，此位置的氣色自然不佳。」

她說：「確實，我今天來的目的，就是想了解我父親的狀況。他確實久病纏身，上個月自己想不開，半夜至附近的公園要上吊自殺，被一位早晨去運動的人發現，才把他救起來。」蔡女士表示，自從母親過世之後，有請過看護來照顧久病的父親，結果看護被他趕走。

我笑笑地說：「一定會被趕走，因為他的行動還自由，腦筋也

很清醒，當然不願意被人照顧，又不是行動不便的人，不得不依靠別人。」說到這裡，我突然想到，推測她的父親絕對鼻子挺、聲音有力。

形質分析．蔡老先生面相：筋骨質兼心性質

我向蔡女士要了蔡老先生的相片看，他的額頭高、耳朵大、眉棱骨高、鼻子挺、顴骨反、下巴微削、膚色白，屬於筋骨質兼心性質。

我告訴蔡女士：「你的父親個性較獨立，遇到困難一定會自己想辦法，不輕易認輸。而且他的主觀強勢，喜歡掌握權力，有時會以他自己的邏輯為主，也會強迫別人接受他的想法。下巴微削，活動力十足，不願意被約束，屬於我行我素的性格。」

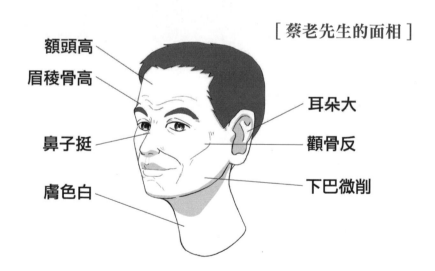

[蔡老先生的面相]

額頭高
眉棱骨高
鼻子挺
膚色白
耳朵大
顴骨反
下巴微削

蔡女士回應：「老師，你斷的真準，我父親就是這種個性。」我進一步詢問蔡女士有幾個兄弟姊妹，她表示自己是老大，下有一個妹妹、兩位弟弟。我問她：「最小的弟弟是不是經常與你的父親有衝突？」

她說沒錯，小弟與父親的相處有時如同仇人一般，她嘆了口氣，問這是否是因果？

觀面相．蔡老先生的格局

我向她解釋，是她父親本身的面貌所致。依據觀相學的理論，他的鼻子挺、下巴削、聲音有力，下巴表示與子女部屬的溝通，若此部位削，則與家庭有代溝、相處有距離。相比之下，下巴飽滿者與子女的互動良好，依賴心重，會讓兒女來供養，也是他的寄託。

但蔡老先生的下巴削、聲音有力，個性帶霸氣，不認輸，也不依賴別人，若是他的身體出問題時，他很容易就走極端的想法。

蔡女士無奈地承認：「有時候他會說，在他有生之年，絕對不讓兒女為他煩惱，若是有病無法醫治，乾脆去死好了，不要連累兒女。」蔡女士詢問我，是否有解決辦法，讓父親不要走極端之路去尋短，她希望能好好陪父親走完人生的最後一哩路。

 筋骨質最吃苦耐勞

就觀相學來分析，三質中最有耐力又固執的人，屬於筋骨質。本質上，他們遇到困難一定會想盡辦法克服，身體有一點毛病，不會馬上就醫，一定要拖到讓他痛苦難耐才會願意就醫。

若是心性質兼營養質的人，身體稍微出一點狀況，就會馬上跑醫院，因為此形質的人顏面肉多，平常依賴心較重，稍微被蚊子叮一下，就感覺很不舒服，特別膚色白、聲音柔的人，他們最怕死，所以絕對

不會選擇尋短之路。

　　心性質他們膚色白、聲音柔，這類型的人平常重視保養，遇到一些小毛病，他就會看得很重，一定會到處求醫。他的依賴心重，平常就喜歡被別人照顧，所以生病時絕對會讓親友知道，也喜歡大家來關懷、照顧他。

與老父親的相處之道

　　蔡老先生的面貌屬於筋骨質兼心性質，這種格局的人不會輕易聽信別人的教導，只相信自己的判斷，只有擺在眼前，他才會面對現實。他們的內在空虛，只是個性使然，所以死撐著，表面看似堅強，但內在其實很空虛。

　　想要讓這種格局的人醒悟，一定要有耐心，請記得，老人家如小孩之性。第一點，要讓他有值得懷念之事，給他好處，讓他得意，讓他的腦海裡難以忘懷。第二點可以從恐懼感切入，如蔡老先生，有空時不妨多帶他去養老院觀察，讓他了解這一些老人，為何被送至養老院，讓他親身體會，慢慢轉變他的想法。

6-11

陽宅與面相的相應

　　市面上許多人買房，多數都會留意住家坐向，家庭產生紛爭的時候就會問：是不是我家的格局不適合與先生同住？我不適合此樓房的風水？或是我家的風水格局不好，才影響夫妻的感情不順？

　　我從事地理風水三十餘年，看過無數的樓房，最常被運勢不佳的人詢問住家風水問題，其實，除了風水的影響以外，和個人的面相也大有關係。

　　個人運勢與陽宅磁場最有關係，也就是面相氣色。有一句話說：面相是與生俱來的，陽宅磁場能補天生不足之氣，運勢好壞與氣色最有牽連，所以可以運用陽宅的磁場來改變你的運勢。

　　「家和萬事興」這句話是先師的遺訓，我累積了三、四十餘載的經驗後才體會到這句話的真理。當初先師在傳授五術時，常常提醒我，身為一位勘輿師，受到福東的邀請，不論是陰宅、陽宅、風水地理，絕對不能有大小房份的差別，必須公正，為福東造福，才是勘輿師的本份，這也是我隨時謹記的。

住宅氣流與磁場各有不同

古時候的房子，最高也只有二、三層樓，所產生的氣流較平，房子的坐向以男性為主宰，這是男主外、女主內的思想；但現在都市的高樓林立，高低變化極大又密集，住宅不同的造型、角度，都會對磁場產生不同的論述。

而陽宅磁場的氣流變化無窮，必會影響我們的思緒、脾氣、個性、事業、人際公關、甚至錢財，所以我一直強調，外部環境的好壞，重於內部的規劃佈置，因為我們的運勢有70%是受到外在環境影響的。

依照八卦的理論，氣有陰陽之分，四個陰四個陽，而此陰陽也顯示兩性的對待。我們都知道房子的磁場，是受四周環境所影響，現在樓房高低林立，產生了混亂的磁場，城鎮建設越多，離婚率也跟著提高，這與磁場有很大的關連性。

住宅最忌諱的就是陰陽對沖，因為氣不平衡，絕對會造成家庭不安寧；八卦相對的位置一定是一吉一衰、一陰一陽，如果兩方感應的氣均衡，那在此居住的人自然和平順遂，若是一強一弱，顯示其中一方個性強勢，另一方軟弱，最不好的是陰陽皆強勢，兩氣對沖、互不相讓，造成兩性不調和，那真的是家宅不安寧，甚至有可能造成妻離子散、離婚收場。

就我累積多年的經驗發現，居住者的運勢佳，賺錢容易，但是家不合，也是一種業障，身為專業大師的責任，就是要讓此家庭和樂，家庭安寧順遂，才不會失去風水的原意。所謂「家和萬事興」就是要讓住宅的人一團和氣。

　　所以一般在看風水之前，我會先與夫妻對談，了解他們各自的性格。若男性屬於筋骨質，眼睛亮、聲音有力的話，代表他的性格主觀強勢，處事有衝勁、有魄力，比較霸氣，若是你再幫他找陽氣旺的磁場，雖然是好住宅，有不錯的運勢，但這其實是不對的，因為會讓男主人更霸氣，而住宅的女主人，就會受壓制，呈現不平等的相處關係。身為專業的勘輿大師，其責任就是要讓此住宅的人相處和樂，家和萬事興才能稱之為高手。

實例分析：風水對性格的影響

　　某次的演講場合中，有位女士問我：風水能改變一個人的個性嗎？我給予肯定的回應，她對風水很有興趣，也看了很多風水相關的資訊，於是我請她到我工作室來諮詢，我看了她的面相後說：「家裡大小事都是你在張羅，先生對你很依賴，你很能幹，但也相當勞碌。」

觀面相．筋骨質兼心性質

　　這一位女性額頭高、天倉削、眼睛亮、眉目清秀、鼻子挺、顴骨高、嘴巴大、頤頰為削。像這種格局的女性，個性比較強勢，主觀強，家內外的事情都是她在主導。她的事業心會比較重，愛面子，較霸氣，處事乾脆，不喜歡拖泥帶水。

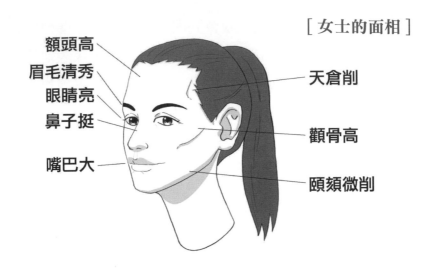

[女士的面相]

額頭高
眉毛清秀
眼睛亮
鼻子挺
嘴巴大

天倉削
顴骨高
頤頰微削

　　就面面觀的化術來論，她的先生一定會比較無主張，依賴性重，這就是《易經》講的陰陽對待。於是她讓我看她先生的照片，的確，先生的面相特徵屬於營養兼心性質：額頭低、天倉飽滿、眼睛小、鼻子低、顏面肉多、聲音柔。

　　我說：「你的先生很好啊，是位好好先生，不會與你爭吵，對家庭又有責任感。」問題在於，這位女性覺得先生柔柔弱弱的，一點男子氣概都沒有，站不上檯面，聽我說陽宅能改變一個人的個性，所以希望我能幫她改善。

論住宅．陰勝陽衰的磁場

　　這位女性的住宅的確陰氣重於陽氣，呈現陰盛陽衰的磁場，陰氣旺的住宅，女性本來就會比較強勢，受這種磁場的感應，她就越發地霸氣，連同女兒也是主觀很強。陽氣弱，男主人當然就越顯依賴，缺

乏鬥志，這就是受四周環境所感應的。

　　這位女士請我替他們找一間陽氣較旺的住宅。半年之後，我巧遇這位女士，她的氣色大有轉變，明顯變得明潤。她跟我說先生現在有比較自動自發，而她也盡量把主導權讓給先生，自己也比較沒那麼勞碌了。不過先生偶爾還是會依賴她，我告訴她，因為她先生是營養質兼心性質，本性上就比較有依賴性。

小結：磁場的陰陽協調

　　從一個人的面貌，可看出陽宅磁場的好壞，所以從面相就能觀察出一間陽宅的情形。

❶. **額頭的天中上面，可觀屋頂**：若額頭氣色佳，則屋頂清亮；若氣色不佳，則表示屋頂雜亂，

❷. **鼻子為梁柱，下巴為基礎或樓下**：氣色不佳，表示與樓下的人相處不和。

❸. **兩顴及耳朵，可觀左右鄰居**：氣色不佳，表示與鄰居互動不佳。

　　住宅的磁場會感應到每個人，磁場有陰陽之分，如果懂得借用這大自然的力量，面貌氣色自然會隨了磁場的感應，帶來好的運勢，能輔助公司、住家、甚至於個人，讓每個人的生活都能順遂，這就是面相與風水的奧妙之處。

6-12

宅氣對運勢的影響

　　古人說，決定命運的好壞，一命，二運，三風水，四積德，五讀書。人一出生就注定了命運，我們無法選擇父母，但是我們的運勢可由自己來抉擇，運勢會受到多方面的影響，其中最快速的做法就是改變環境。

　　在台北教企業面相學多年，學員經常會問一個人的運勢，與居家風水有何關係。其實，如果得到好的磁場，對人生往往會產生神來一筆的效果，不好的磁場會阻礙運程，甚至體弱多病，精神耗損而錯亂都有可能，風水確實具有改變運勢的效果，所以從古至今才有這麼多人去研究探討。

　　比如一家公司得到好的磁場，則公司員工向心力強，能提升業績，自然財源廣進。公司分的紅利多，職員的額頭氣色大多明潤有光澤；公司的磁場不好，營業不佳，則公司內部紛紛擾擾、是非不斷，在這間公司的職員面相也會顯現出來，額頭氣色不佳。

　　風水的目的，就是利用四周環境來影響住宅風水，進而改變運勢，其實風水與命運的探討，都是以《易經》為基礎，兩者結合起來運用，可達到改變命運的效果。

實例分析：張小姐的陽宅風水

民國104年春天，接到一位小姐的來電，邀請我去勘查她現在的居住地點。當我聽到電話那頭傳來的聲音時，我對她說：「你現在的情緒不穩定。」這位張小姐說：「老師你真厲害，聽聲音就能了解我現在的情緒。」我們在電話中約定三天後的星期六，到她家去勘查陽宅風水。

張小姐的住宅是一棟高十二樓的公寓，張小姐住在六樓。此住宅是坐南朝北，電梯位於東南方，大門剛好正對電梯口。廚房在西南方，後面有七樓的鄰宅，住宅與鄰宅的西南有一條防火巷，很窄的一條縫，大約有五米左右的距離。

居家風水的好壞，與四周環境最為相關，此住宅後面的西南方有巷沖，依照陽宅的理論，後面為暗是非，說明此處風水不利於夫妻之間的相處。我在勘查陽宅時，也很重視居住者的臉部氣色，張小姐的氣色不佳，暗藏一股憂愁，最明顯的是她的上停，氣色有一點暗滯。

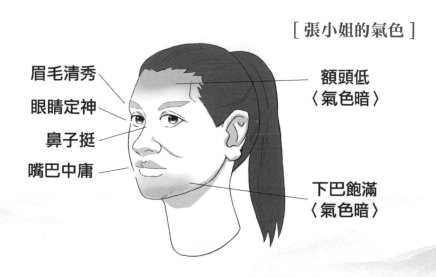

[張小姐的氣色]

眉毛清秀
眼睛定神
鼻子挺
嘴巴中庸

額頭低
〈氣色暗〉

下巴飽滿
〈氣色暗〉

觀面相 . 磁場感應與氣色

在學習面面觀的時候，氣色最難看懂，但卻是最重要的一環，因為氣色與運勢息息相關。面相分三等份，相學中稱為上停、中停、下停，三等份各有其代表的意義。

①. 上停是事業： 額頭代表思維，也司管父母、事業，貴人、名望等，若此部位氣色明潤，代表事業順暢，女性上停可觀丈夫的狀況。

②. 中停部位： 包含眉毛、眼睛、鼻子、顴骨，主社會上的人際公關、溝通、財運，代表在外的相處。氣色佳表示人緣不錯，財運與事業順暢，若是顴骨與鼻子氣色潤澤，恭喜你，有財運當頭之相。

③. 下停觀家庭與晚運： 也觀察部屬、子女、家運、人際及財帛的穩重性。下停飽滿且氣色佳者，人脈廣，也代表晚年的食祿無缺，氣色佳者家裡一切順遂，無須掛心。

論風水 . 張小姐居宅分析

依照八卦的方位，可以論述居家風水對人的身體影響。

①. 乾卦居西北方，掌管頭部。

②. 離卦在南方，主管心臟、眼睛的疾病。

③. 巽卦居東南方，可看人體腹股下竅。

④. 震卦居東方，看人體足傷以及膽肝情況。

⑤. 艮卦居東北，屬手足脊胲。

⑥. 坤卦居西南，表示腹部、子宮、膀胱。

⑦. 兌卦居西方，掌管人體口舌、食道、腸胃。

⑧. 坎卦居北方，對應人體屬於耳朵、尿道、生殖器等。

此屋最大的缺點，為西南方有巷沖，依照現在的元氣不當位，居住者在事業上容易犯小人，工作會有糾紛。磁場感應她的面相，最直接感應面相的部位就是額頭氣色不佳，連帶下停的人中氣色不佳，而下停也代表家庭的好壞。

此住宅坐南朝北，西南方在八卦中屬於先天坤卦，化術也代表家庭；若對應身體，則要注意下部的疾病。我告訴張小姐：「若以居家風水而論，你的先生在外事業不順暢。」張小姐點頭說確實如此，先生的事業不順暢，在公司與人有糾紛，回到家裡，夫妻之間又常因為一些小事爭吵。

張小姐說她也知道先生的事業不順，情緒不穩，容易發脾氣，有一些事情必須要忍讓，盡量安慰他。但說來也奇怪，她自己的情緒有時也無法控制，導致夫妻間常有爭執。「以前我們夫妻之間，遇到任何事情都會很理智地溝通，他總會讓一步，自從租了這間房之後，就常常起爭論，是不是風水有問題？」

避開不佳的風水磁場

一個人的運勢正佳時，必會住到好的風水磁場；若是運勢不佳，他住的陽宅一定受到不好的磁場感應，最明顯的影響是情緒不好。我告訴張小姐，他們家的陽宅磁場紊亂，才造成她睡眠失調，甚至可能

讓她做些莫名其妙的夢境。

　　依照《易經》環境學所述，居家四周環境有不好的雜氣，則居住者身體不順。就八卦解說來看，西南方屬於住宅女主人的位置，有雜氣說明張小姐睡眠不足，在睡眠中會做一些鬼神之夢或惡夢。

　　此屋後面有一條巷，剛好位於西南方。《易經》八卦的理論上，主神經質，此處氣流太強勢，會造成居家的人睡眠不足，胡思亂想，與六親的相處也會疑神疑鬼。張小姐表示近期她在思想上無法控制，總會懷疑先生有外遇。

　　從張小姐家的風水來分析，首先，住宅後面有一條巷沖，所以兩人都容易受到小人陷害；其次，不好的磁場會影響夫妻感情；最後，在外面與人洽談，無形中會惹來口舌是非。幸好，這間屋子是租的，所以他們可以另外尋找一間具好磁場的住處，來改變運勢。

　　有好的磁場感應，再加上面相氣色佳，運勢自然就旺。一個人的氣色絕對與住宅磁場有關，每天受好磁場的感應，氣色自然潤澤；磁場有雜氣，連帶著居住者的情緒也會受影響，臉上的氣色自然就不好，運勢也會跟著下滑。後來，張小姐夫妻請我去鑑定幾間陽宅，終於找到不錯的地方，自從他們搬入後，夫妻的氣色也大有轉變。

林老師小叮嚀

　　一個人氣色的好壞，與住宅磁場絕對有關係，好的磁場會直接影響額頭氣色，故事中的張小姐能接受我的指點，藉由風水的磁場來轉換運勢及氣色，而能創造自己的未來。

6-13

你是否有老闆命？

我們每一個人心裡，都有一股潛在的能量，當你想要去創業時，對自己充滿信心，大部份的人都認為自己的所長能發揮，進而打造自己的康莊大道。每一個人或許都曾經想過要自己創業，闖出一番事業，但並不是每個人都具備成為老闆的條件。

我常常說：「十個創業九個敗！」有的人一時衝動，認為自己有當老闆的命格，結果真的創業當老闆，最後卻失敗了，結果不去檢討自己，只會怪老天爺不公平。想要當老闆，自己一定要付出加倍的努力，並且要多方思考，去開發來源，穩扎穩打，才有機會出頭天。在命理上，也有很多種方法來判斷你是否有當老闆的命，本篇就用面相來切入分析。

 ## 觀察你是否有當老闆的格局

首先，一定要先了解自己的面貌，先觀察上停部位，包括你的額頭及天倉，若你的額頭佳、天倉微削、眉棱骨高，說明你內在有一股衝勁，但必須搭配聲音有力，才有衝勁，這是基本概念。

在觀相學裡，一個人最適合的創業時間屬於中停運，因為中停是走中年最旺的時刻。中停位置為眉至鼻子，代表31至50歲，司管氣力自我（自尊、防衛、攻擊、自立、堅持），也代表人事現象（權力、責任、周遭）。中停線條突出的話，結構不錯，才能呼風喚雨，走中年運程時才有能力創業。

一個人的面貌要有魄力，必須要有三骨，正所謂「無骨不成器」。第一骨要有眉骨，第二骨要有顴骨，第三骨要有腮骨。具備這三骨，再去配合眼睛及聲音。顴骨包含左右的頤頰，因為要創業就必須有權力，而且要管理人。頤頰代表人脈，有人脈，在創業中才有貴人相挺。若不具備這些基本條件，就比較適合薪水階級。

觀相一 . 額頭佳，天倉微平，眉骨微高，聲音柔

若是你的額頭佳、天倉微平，眉骨微高、有判斷能力；顴骨高者，處事才有鬥志；鼻子挺有主觀；加上眼睛定神或黑白分明，則能抓緊機會，在創業中把握一切。

觀相二 . 額頭高，天倉飽滿，眉骨順，聲音柔

額頭高屬於心性質，說明他的思想豐富；天倉飽滿，表示他的家庭背景不錯，能得到家族相挺，但是聲音柔的人處事不夠有魄力，這樣的格局創業會很辛苦，比較適合按部就班地上班，如果要創業，以文秀方面比較適合。（若這個人中停佳、眼睛亮、聲音有力的話，才有創業的本錢。）

要論一個人是否具備創業的面貌，確實比較複雜，不僅要詳細觀察面相格局，還得搭配運勢，才能判斷是否適合創業。

 ## 實例分析：陳先生的創業運

民國107年的秋季，一位陳太太打電話給我，說要諮詢她先生是否能創業，我請他們夫妻一起到工作室，我才能論述。這天，這對中年夫妻便來到我的工作室，一坐下來，陳太太就很直接的問我：「老師，我的先生有沒有老闆命？」

從斗數命理解說，一個人創業的最佳時刻，在中年運，因為此時已經出了社會一段時間，也見過一些世面。依照紫微斗數命理的解說，若是你的大限逢化權，入事業或是命中，也會想出來創業，這是自然的邏輯，逢此大限也讓很多人對創業充滿信心，結果往往不如預想的那麼順利，有的經營虧損，甚至負債累累，這就應該好好檢討失敗的原因了。

觀面相．陳先生面相：筋骨質兼營養質

我從事命理三十多年來，勘查過無數的命理，當中不乏客戶來諮詢創業，能夠成功的機會確實不多，根據累積的案例分析，我發現其中最要緊的關鍵，與面貌有牽連。

從陳先生的面相分析，他的額頭低、天倉微削、眉毛清秀、眼睛定神、鼻子豐隆、顴骨高退、嘴巴中庸、下巴飽滿，屬於筋骨質兼營養質。

[陳先生面相]

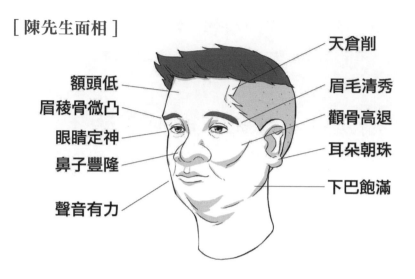

額頭低
眉稜骨微凸
眼睛定神
鼻子豐隆
聲音有力

天倉削
眉毛清秀
顴骨高退
耳朵朝珠
下巴飽滿

★先天格局，適合在中年創業

以三停（上停、中停、下停）切分來看，陳先生的中停較漂亮，適合走中停來創業。他的眼睛定神，說明處事能抓緊機會；顴骨高表示能掌握事務，承擔責任重；鼻子低而豐隆，性格上較有耐力；頤頰飽滿，所以在外人際公關良好，與人應對時知進退，適合在中年創業。

★斗數命理，事業宮化權

除了天生的面相格局之外，紫微斗數命理上，他在事業宮化權，出外宮又化祿入大限的財帛宮，說明在走大限時，有權、有利、有財，才是適合創業的時間點。

★八字論述，火煉金，水滋潤

依陳先生的八字論述，日元丙辰日生，丙如太陽火，生在秋天金

鄉，金為財。說明陳先生本身有理財觀念，此時要觀察四柱中的四柱五行，若金為財，有透干，對錢財方面有利。因為丙火生的人，如太陽火來剋金為財，財星透干，通根有利者，適合先成家立業。年上癸亥水旺，一塊鐵要火來煉金，火旺金鎔了，此時若是四柱中有水來滋潤淘金，這一塊金就成金飾。

火來煉金，必須要有水來滋潤，才能成器。時支甲午，甲木生丙火，四柱配置順暢，將來在事業上會有一番成就。可惜甲木生火無根，說明木生火有限，及本身火不夠旺，因為地支金水旺，在創業中比較辛苦，若是大運逢木及火來扶身，在事業上就能獨當一面。

於是陳先生問我：「老師，那根據我的運勢，在哪一個時間點創業較適合呢？」我告訴他：「你現在走35歲的運勢，今年戊戌年，在事業上有一些挫折，加上又逢化權，所以你會想要自己創業。」陳太太說確實如此，先生在公司感覺有志難伸，一直想要自己創業。

論流年．找出最佳創業時機

我告訴陳先生，依照他的運勢，八字逢走大運，丁巳運，劫財來扶身，對創業有利。但明年己亥年，亥沖巳，衝到自己的祿位，此年不適合創業，若是硬要創業，必會面臨阻礙。我觀察陳先生流年走的位置，配合九執流年法來分析他近幾年的運勢

★35歲之運程

流年走35歲之運程，走左眼頭太陽位置，以眼睛為重點。3加5

等於8，走右眼運程，以眼睛好壞論述，眼睛代表一個人的內在思考，眼睛定神的人，若是額頭氣色潤澤，眉骨微高者，此流年處事能掌握機會，對事物的判斷明確且果決。

❶. 眼睛定神者，走35歲運勢，處事能把握良機，處理事務極快，不喜拖泥帶水。

❷. 聲音有力者，此流年機會多，處事志在必得，但是缺乏考慮，反而會錯失良機。

❸. 命宮寬、額頭佳、眼睛定神、聲音穩重、眉棱骨微高的話，此流年能達成自己的理想，工作上會有突破，事業順利，並會有升遷，因為眼睛定神的人主貴，流年運勢佳。

❹. 眼睛無神、聲音柔者，此流年會吃很多虧，因為處理事務不知輕重，會受到排斥，在工作上無衝勁，有時連自己也沒意識到在盲目地做事。

★36歲之運程

36歲運勢走太陰，右眼為主，右耳為副，3加6等於9，走右耳運程，耳朵論好壞。眼睛代表一個人內在思想，眼睛有神，處事比較重視實際面，此流年在工作上有魄力，極欲掌控一切，耳朵佳者，遇到好機會不會輕易放棄。

❶. 眼睛亮且炯炯有神，右耳佳者，其人資訊多，機會也多。

❷. 聲音有力的人，此流年處事志在必得，事業工作有突破。

❸. 眼睛亮、聲音穩重的人，處事較穩重，若加上眉棱骨高，則直覺力強，精神十足，充滿衝勁，在工作上或事業上會有突破，流年諸事順利。

❹. 眼睛無神者，最忌諱額頭暗滯，會導致此流年處事抓不到重點，遇有突發事件容易措手不及。

❺. 聲音無力者，此流年諸事不順，感情方面雙方會無法溝通，夫妻對立而冷戰。

❻. 眼睛太亮則處事衝動，如眉壓眼者，流年走眼睛，容易得罪他人。若加上聲音有力、耳朵不佳，則容易聽到負面資訊，一時衝動缺乏思考，會做出一些對自己不利的事情，因而帶來壓力。在人際公關或是感情方面會有糾紛，建議此流年最好不要強出風頭，也不要管閒事，才不會吃虧。

★37歲之運程

37歲流年走中陽有神，位於左眼睛的中間，以左耳為副。

❶. 眼睛黑白分明的人，屬於筋骨質，此年處事能受到眾人的認同，處事能把握機會，展現自己的才華讓外界認同，對事業發展有利。

❷. 左眉清秀無傷痕、額頭氣色潤澤、耳朵佳，則能聽到完整的正確資訊，處事能把握一切，在外人際良好，多與人接觸，對工作事業有助力。

❸. 眼睛亮而有神，屬於筋骨質，流年處事能掌握一切。眉目清秀者對朋友有情有義；聲音有力者會與人合夥投資，喜歡掌握一切，

在事業會有突破性。

❹. 眼睛無神或神韻柔，屬於心性質，若耳朵不佳，自己要多謹慎行事，因為處事有時不知輕重，抓不到重點，會被排斥。工作上會有阻礙，又容易受到謠言而影響判斷。

❺. 眉壓眼、命宮窄、耳朵不佳者，此流年處事一定要冷靜，因為眉壓眼的人個性比較急躁，耳朵不佳的人處事不穩定，比較衝動，缺乏考慮，在人際方面會得罪他人。

★38歲之運程

38歲流年走右眼的中間，以鼻子為副，3加8再減9等於2，走鼻子運程，以鼻子好壞論述。

❶. 眼睛細長，定神為貴，流年走眼睛運，若鼻子挺，判斷有原則，此年諸事順暢。因為眼睛定神者處事穩重，無論是在職場或其他場合，都能把握時機。鼻子佳則主觀強勢，能展現自己的才華，讓外界認同，對事業有助益。

❷. 眼睛亮、鼻子挺者，腦筋反應快，熱情衝動，處事有原則，主觀強。聲音有力者則具魄力、有衝勁，行事乾脆，此流年在工作事業上會有突破性。

❸. 眼睛亮、鼻子低的人，為人處事比較有人情味。若搭配聲音有力的特徵，無論在工作或事業上，都充滿人情味，對事業有大助益，出外人緣佳。也因為鼻子低的人個性隨和，刻苦耐勞，流年走眼睛運，出外逢貴人來相助。

❹. 鼻子露骨、眼睛柔的話，此年處事欠缺考慮，粗心大意又主觀太強，做事必會出錯，而且不聽別人的教導，工作會受到阻礙。

❺. 眼睛無神、鼻子露骨者，自己無法把握時機，抓不到重點，又不承認自己的錯誤，工作上會遭受打擊，是非多。

★39歲之運程

39歲流年走少陽，位於左眼的眼尾，奸門及嘴巴為副，3加9等於12，減9等於3，走嘴巴運程，以嘴巴好壞論述。

❶. 眼睛細長者處事比較有計畫；聲音穩重流年走少陽，在事業上能掌握良機，如若奸門氣色潤，外出發展最為合適，容易得到貴人相助；如果嘴巴大、聲音穩重，流年在事業或其他的事務上，會有新的發展。

❷. 眼睛亮、奸門氣色潤的話，在外比較有異性緣，對事業會有助力；聲音有力能掌握時機，衝勁十足，在任何事務上都能突破。

❸. 眼睛無神、嘴巴小、聲音有力者，此流年在工作上會有瓶頸，因為眼睛無法抓到重點；再加上聲音有力，會感覺有志難伸。

❹. 眼睛亮、奸門有凹缺、氣色不佳者，此流年處事問題多，且難化解，因為奸門凹陷，在人際公關方面比較無人緣，貴人運不佳。

❺. 眼睛柔、嘴巴小、聲音無力的話，處事無膽量，遇有挫折不敢面對，容易吃虧，怨氣會往內吞。

★**40歲之運程**

40歲流年走少陰，在左眼睛的眼尾，以奸門及左耳朵為副，4加0等於4，走左耳朵運程，以耳朵好壞論述。

❶. 眼睛細長、耳朵佳，此流年運勢佳，處理事務有周全的計畫，因為得來的資訊完美，在工作上能掌握良機。

❷. 眼睛亮、耳朵佳，此年的資訊豐富，因為眼睛亮的人機會多，能創造很多機會，如果奸門豐滿，外出有貴人相助；聲音有力，所以處事有魄力及衝勁，能克服一切困難。

❸. 眼睛無神、耳朵不佳的話，所得到的資訊不完美，判斷上常失誤，容易造成工作與事業上的損失，工作狀態不穩定。聲音有力則更糟糕，因為聲音有力者處事太急躁，好勝又不認輸，缺乏思考，容易受到環境引誘，逢此流年會吃暗虧。

林老師小叮嚀

人到中年後，體型最好能夠漸漸豐腴，也就是下巴飽滿。下巴代表家庭的穩重性，也觀子女的經濟穩定性與孝順與否，若父母下巴削、聲音粗，這樣的面相喜歡碎念，會讓子女敬而遠之。

怎樣的面貌容易被提拔

一個人懂得進退之道，與人應對知輕重，就容易受到重視，受到提拔。我常開玩笑說：懂得在適當的時間拍一個馬屁，就能換來一生的前途。其實在命理的解說上，有的人天生就有受提拔之命，最直接的方式就是從面貌來觀察。

其實有很多學術命理在分析什麼樣的人會受提拔，例如在紫微斗數命理中，父母化祿他的事業宮，說明一生較有長輩來相挺，對事業有利。或是在六神卦中，論他的流年運勢，卦中妻財生官爻，而官爻生世爻，說明今年有人來提拔。或者最直接的方式，可以從面相觀察出一些端倪，不受命理生辰的影響。

 ## 實例分析：筋骨質兼心性質的助理

一個人容易受到上司或長輩的提拔，不見得是俊男美女的樣貌，有的人長相普通，但就是容易受到上司的喜愛，其人必有才華。記得我某次到一家公司鑑定工廠的風水，遇到一位總經理的女助理。

我對總經理說：「這一位女助理的人緣應該很好，大部份的人都

滿喜歡她的吧？」總經理說對，問我是如何觀察出來的，我對他說：
「你這位女助理雖就面貌上並非美女，但關鍵在她的眼神，以及額頭
高、聲音穩重，笑口常開。」

此助理的額頭高、天倉微平削、眼睛定神、鼻子低、聲音柔。天
倉平削者，處事不拘小節，體力充沛，處事乾脆，且不喜拖泥帶水；
額頭高，所以思想豐富；最主要是眼睛定神，遇事能抓到重點；鼻子
低不喜歡與人爭權，比較刻苦耐勞；聲音柔，所以不會與人搶風頭，
遇有衝突也不會當面與人起爭執；上司交代的事情，她一定會完成，
鼻子低者會默默承擔。

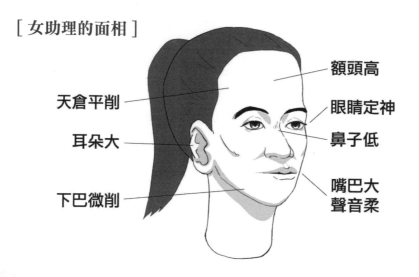

[**女助理的面相**]

天倉平削

耳朵大

下巴微削

額頭高

眼睛定神

鼻子低

嘴巴大
聲音柔

歷史人物分析：《三國演義》曹操

講到容易被提拔的人，大家一定會想到某位很會見機拍馬屁的同事
吧？他們特別會把握機會、進退有度，讓我想到《三國演義》中的曹操。

　　以《三國演義》的敘述來看，曹操應該屬於筋骨質兼營養質。額頭中庸且有一點凸、頭髮細、髮際蒼、天倉飽滿、命宮寬、眉往上帶三角、眉尾稀疏、眉棱骨高、眼睛亮且定神、顴骨高反、鼻子豐隆、耳朵大而反骨、人中短、嘴巴大、頤頦飽滿帶腮骨、下巴微朝、聲音宏亮。身形五短，肩膀厚實。

[曹操的面相]

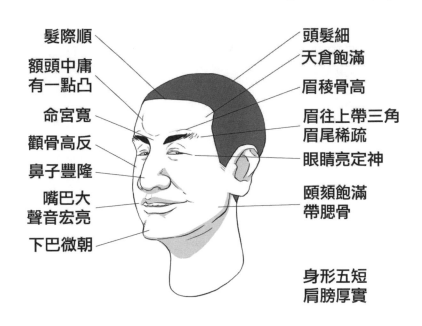

髮際順
額頭中庸
有一點凸
命宮寬
顴骨高反
鼻子豐隆
嘴巴大
聲音宏亮
下巴微朝

頭髮細
天倉飽滿
眉棱骨高
眉往上帶三角
眉尾稀疏
眼睛亮定神
頤頦飽滿
帶腮骨

身形五短
肩膀厚實

　　書中記載曹操為梟雄，也被稱為是奸臣。若以現代人的眼光，要敬佩他處事總能抓到重點，遇有瓶頸時能屈能伸，若生於現代，是位大企業家的格局。《三國演義》記載曹操文武雙全，他頭髮細、眼睛定神，說明腦筋思路清晰。曹操處事細膩又喜歡推理，有時顯得疑神疑鬼，因為他天倉飽滿，防禦心重，加上本身善於推理，額頭又有一點凸，這樣的人疑心病也比較重。

　　曹操處事上以自己的邏輯為主,但是會聽取旁人的意見,不懂時會請教於人。因為他的下巴飽滿,所以遇有困難會請益他人,但顴骨高反,所以不見得會接受別人的意見,最後還是以自己的主觀為主。

　　曹操愛才如命,口才流利,說服力強,遇到想要的人才,會不擇手段地得到,不達目的,不會輕易放棄。《三國演義》裡有句話:「食曹操米,說劉備話。」當時劉備的軍師徐庶就是如此,曹操因為愛才,便以徐庶的母親要脅,得到徐庶幫助,但徐庶心裡是不願意為曹操做事的,不過曹操下巴飽滿、鼻子豐隆、帶腮骨,個性上愛惜人才,所以能忍受情緒。

★寧教我負天下人,休教天下人負我

　　曹操疑神疑鬼、心狠手辣,《三國演義》中寫著縣令陳宮被曹操所騙的故事,這也能說明曹操口才流利,而陳宮因識人不清,才被曹操所騙,他本來崇拜曹操,認為曹操是講義氣的漢子。而就面相上來說,曹操天倉飽滿、帶腮骨、額頭凸、眉尾稀疏,內在較疑神疑鬼,故曹操名言之一為「寧教我負天下人,休教天下人負我。」

 ## 容易被提拔的面相格局

格局一．額頭高

　　一個人容易受提拔,必須有條件。在面面觀的理論上,第一個條件為額頭高,比較有機會,因為額頭高者思想豐富,但是眼睛為重點,他們在處事上善於溝通,遇到事情能馬上協調,具備化解的能力。

格局二．眼睛定神

有一句話這麼說，過目不忘最主要的關鍵在於，眼睛要定神，因為眼睛定神的人，處事能抓到機會，與上司對應時，能抓到上司的心態，雖然這點在別人的眼中屬於拍馬屁的行為，但換一個角度來說，他的人際應對手腕特別優秀。

★額頭高，天倉飽滿，眼睛亮，鼻子低，聲音有力

依照面相學的理論，是否容易受到上司提拔，其重點在額頭。如若天倉飽滿、額頭高、眼睛亮、鼻子低、聲音有力，雖有才華，卻得不到上司重視。

雖然天倉飽滿本身具長輩緣，但他的鼻子低、聲音有力，比較會頂撞上司，如果只是鼻子挺，可能只頂這一次；但若同時具備鼻子挺、聲音有力這兩項特徵，那頂一次還不夠，有時還會翻舊帳，這樣的風格上司當然無法接受，就算遇到要提拔的時機，也會考慮他這種性格。

★眼睛黑白分明，鼻子挺，聲音有力

眼睛黑白分明的人，與人應對知輕重，但若他鼻子挺、聲音有力，就會成為讓上司又愛又恨的存在了。

鼻子高的人，處事雖能抓到重點，但是主觀強；聲音有力者有衝勁，交代的事情會如期完成，唯一的缺點就是以自己的邏輯為主，也喜歡與人對峙，有時連上司也會頂撞，性格如忠臣，但忠臣不一定受到皇帝喜愛，這就是他的缺點，若是稍微改變一下作風，前途無量。

林老師小叮嚀

　　一個人的聲音代表內在思維，聲音穩重、有一點柔，稱為柔中帶剛，我舉個例，額頭高的人天生具備長輩緣，就算本身不是很有才華，但因為聲音柔中帶剛，不會隨便與上司頂嘴，而且會見風轉舵，所以更能得到升遷機會，各位不妨觀察在公司的高階主管，他們的聲音大多柔中帶剛。

瀏海會影響升遷運勢嗎？

　　許多受到企業家重用的的秘書或發言人，他們的額頭都很漂亮，最明顯的是額頭髮際順，也不會將額頭蓋起來，台語有句形容稱為「蓋頭蓋面」，這樣的人就算有升遷，也會失去機會。

[心性質兼筋骨質]

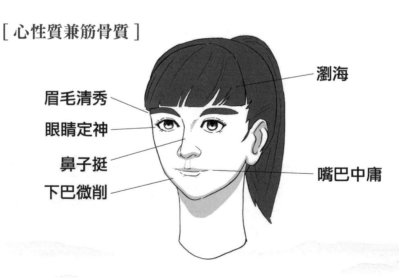

眉毛清秀
眼睛定神
鼻子挺
下巴微削
瀏海
嘴巴中庸

我用一個實際案例來跟大家解說，有一次我遇到一對夫妻帶著兒子來我的工作室，要詢問兒子考大學的事情。就紫微斗數來說，讀書位有化科，一般成績都很不錯，所以我認為他們兒子的成績不錯，但坐在一旁的父親搖頭，原先我以為我判斷錯誤，觀察這位兒子的眼睛還算定神，我靈機一動，問他們兒子目前就讀哪一所高中，母親回答是明星學校，我再問：「你的手機有沒有讀高一時期的相片？」

這位母親很快地找了一張照片給我，高一入學時，這位孩子的額頭髮際很清晰，我對他公子說：「你現在額頭髮際不整齊，將額頭蓋住，所以是不是常常在考試時，忽然有股腦袋空亡的窒息感？」

我問這位孩子，同學中應該不少建中或北一女的吧？他說沒錯，他們偶爾會碰面，於是我問他：「那這些同學是不是都沒有瀏海蓋住，髮際整齊？」他想了一下，突然悟出來了，表示這一些同學確實都額頭髮際順，對他父母說，回家之後要去理髮，在改變髮型之後，這位孩子後來順利考上理想中的大學。

3秒面相觀人術

觀相學理論上，氣色在面相來講是最為重要的，也是有無財運的指標。額頭是未來的希望，表未來充滿美好遠景。眼睛定神者，處事能掌握一切，特別是與上司的對待，他很能抓到上司的心態，若聲音柔中帶剛，則會見風轉舵，更容易受到提拔。

6-15

何時才有升遷的機會？

　　在職場打拼，難免會遇到讓人心緒不平的事，有人會哀嘆老天爺不公，為何我比別人認真工作卻毫無機會，別人混水摸魚卻受到上司提拔？一個人是否有升遷運，除了八字或斗術命理之外，也與面相有關，得運勢時，與命理搭配，會相輔相成。

　　民國103年的秋季，一位陳先生來工作室詢問命理，他一進門便客氣地說「林老師，您好。」我對他說：「我好，但你不好。」此時陳先生愣了一下說：「老師，你怎麼知道我的心事。」我向他解釋，因為他的額頭氣色不佳，內在充滿怨氣，看起來應該與事業工作有關。

　　陳先生說：「老師，你很厲害，難怪我的同事推薦你，斷事如神。」他的確要詢問工作狀況，每次公司有升遷機會，他總是看好不叫座，都輪不到他，想問是否因為運勢不佳，受到影響。

陳先生面相分析：筋骨質兼營養質

　　陳先生的額頭高，且有一點凸、天倉削、頭髮粗、命宮寬、眉毛清秀、眉棱骨為高、眼睛亮而定神、鼻子低、顴骨平均、頤頷飽滿、

嘴巴中庸、聲音有力，在面面觀中屬於筋骨質兼營養質。

[陳先生的面相]

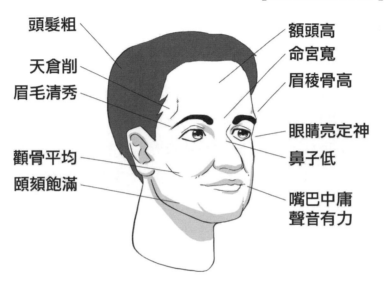

頭髮粗

天倉削
眉毛清秀

顴骨平均
頤頰飽滿

額頭高
命宮寬
眉稜骨高

眼睛亮定神
鼻子低

嘴巴中庸
聲音有力

　我對陳先生說：「你在工作上確實很有衝勁，處事有魄力，但最大的缺點就是有時會頂撞上司。」陳先生說確實，若是工作上與上司意見不合，他一定會與之爭論，但他認為自己的出發點是有理的。「我的確是有意見就會講，容易得罪上司，這跟公司的升遷有關係嗎？」

　我對他說：「確實有關，因為你的額頭有一點凸、眉稜骨又高，處事方面判斷直接；再加上你的天倉削，處事較主動，而天倉削者，與上司比較有距離；顴骨平均、聲音有力，處事好打抱不平，容易得罪他人。」相比之下，天倉飽滿而聲音柔者，比較容易得到上司或長輩的提拔；聲音有力則會頂撞上司，但也不是所有天倉削者就不容易升遷，一個人的面貌還是與運勢有關。

八字與面貌的相對

方法一. 陳先生的八字論述

　　就陳先生的八字論述，丙寅日生，丙火如太陽之火，雖然太陽火不怕寒冷，但是生在辛亥月，最寒冷的月令，需要木來助身。此時要觀察它的四柱，若是木旺，對他的運勢大有助益，本來是好命。可惜的是，地支配的不恰當，地支一片水旺，火被滅了，在事業上會感覺有志難伸，加上壬子年生，說明一生較無長輩來相挺，一生的事業要靠自己。

　　八字命理的四柱中，每一柱都會有空亡，最忌諱的空亡在月柱，因為月柱代表父母，也是上司。陳先生的月柱戌亥逢空，地支亥子水旺之地，與丙火日生，水來剋火為官殺，在八字論述以官殺為事業，一個人的官殺事業逢空，在工作上會有好一段時期受到阻礙。

方法二. 陳先生的面相分析

　　就面貌來看，陳先生的額頭高、天倉削，這點很關鍵。因為額頭代表官祿宮，依照面面觀的理論，額頭高且天倉飽滿的人，比較有貴人來相助（主長輩）；若是額頭低、顴位漂亮且飽滿者，貴人屬於平輩；額頭低無顴骨，貴人少，只能靠自己。

　　陳先生的天倉削，屬於筋骨質，難怪他會發牢騷，因為就面相來說，他確實是一位很盡責的職員，但額頭有一點凸、天倉削，加上本身的八字中官殺逢空，在事業上有一段時期會受到阻礙。

方法三．斗數命理分析

我常說每一種學術都會有誤差，因此我再運用另一種命理來觀察，以紫微斗數命理分析。以斗數命理來看，陳先生大限走34歲至43歲。民國101年癸巳年，時年走41歲，流年的太歲逢大限化科，斗數命理化科，升遷有利，我問陳先生那一年有升遷嗎？陳先生說41歲時有升小組長，但換了一位新主管後，對他的態度不滿意，也不知道是不是八字與主管對沖。

民國103年，時年走42歲，該年的事業宮沖上司，在工作上常與上司理念不合而爭論，陳先生說：「確實，今年上司對我不滿意，是不是我前世跟他有仇之類的呢？」其實一個盡心盡力的職員，遇上打擊都會感覺無奈，胡思亂想，這是難免的，但重點是，在運勢欠佳時，該如何補救。

化解運勢之法

陳先生丙寅日生，戌亥逢空，天干五氣補空，建議他身上一隻豬，一隻黑色狗，補先天不足之氣。走43歲運勢，九執流年走右眼，對升遷有利。加上斗數命理，流年的事業宮逢大限化科，說明在工作上能展現自己的才華，受到眾人肯定，有升遷的機會。

但建議他個性必須要改變，陳先生個性屬於筋骨質較重，重情義，講話直接，與上司容易有衝突。一個人的運勢，雖然隨流年走，但其實可以從自己的個性來改變，陳先生的個性急躁，建議遇到任何事情，多思考一下，對將來有助益。陳先生說；「老師，但人家不是說江山

易改，本性難移？」

　　我對他說，想改並不難，從現在開始，你講話的語速拉慢一點，因為聲音有力表示處事的魄力，將聲音拉慢一點，你的智慧就多一分思考，處事上更加穩重，對你的一生絕對有助益。

林老師小叮嚀

　　為了幫助陳先生了解，如何改變對他有益，我向他解釋，觀察肉食性動物，特別是獅子、老虎、花豹在追獵物時，會先安靜躲著，等待時間一到，才衝出去逮到獵物，這就是陽中有陰，才能把握機會。另外一種如野狗看到羚羊，先咆哮如雷吠叫，反而讓羚羊跑掉，動中有靜，處事才能冷靜，把握機會。

6-16

不敢開口直說而吃虧

　　某日中午，我的一位客戶沈小姐來找我，問我：「老師，我有一位朋友，不知道是不是運勢不佳很背，在公司常被上司挑剔，想離職找工作又被欺騙，連她自己都搞不清楚問題出在哪裡。」

　　聽到這裡，我大概內心已有底氣，問她這位朋友是否眼睛柔、眉清目秀？一般來說，心性質眉清目秀、眼睛柔、聲音柔，個性很老實，遇事不敢當面對質，又很容易相信別人，在社會上常吃虧。沈小姐大笑：「老師你真厲害，一針見血，我這位朋友就是這種個性。」我建議沈小姐，改天帶朋友一起來，諮詢會比較有幫助，過了幾天，沈小姐果然帶了陳同事一起來到我的工作室。

陳小姐面相：心性質兼營養質

　　人若是遇到工作不順暢，會直接反應在氣色上，首先會浮現在額頭。確實，這一位陳小姐的額頭有一點紅帶黑的氣色，說明在工作上有瓶頸，工作出問題，她點頭表示，自己正準備離開公司。

　　原來當初應徵時，講好一個月的底薪為兩萬八，另外附伙食、勞

健保，如公司有賺錢還可以分紅利，面談時她很滿意，沒想到月底發薪水，才發現薪水少了一萬元，追問人事主管之後得到的答案是，陳小姐還在試用期，薪水以時薪計算。讓她感覺自己被欺騙。

　　陳小姐的面貌屬於心性質兼營養質，她的臉型大、額頭低、天倉削、眉清秀、眉尾下垂、眼睛柔、鼻子低、嘴巴中庸、聲音柔、下巴飽滿。

[陳小姐的面相]

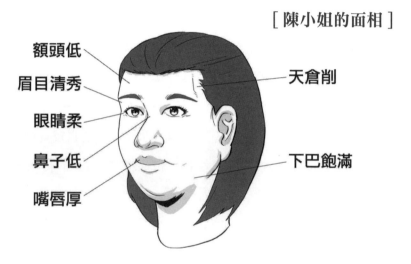

額頭低
眉目清秀
眼睛柔
鼻子低
嘴唇厚
天倉削
下巴飽滿

觀相一．天倉削，眉目清秀

　　在面面觀的論述來看，天倉削者屬於筋骨質，這種人比較會付出，特別她的眉目清秀且天倉削，凡事會為別人著想。這種格局的人未嫁前為家人付出，嫁後為夫家付出。若是天倉飽滿者，付出前必會思考，不是盲目地多付出。

觀相二．額頭低

依照陳小姐的面相論，額頭低的人處事較具務實性，遇事腦筋會慢三拍，個性無心機，又加上天倉削，處事較主動，有刻苦耐勞的精神，加上眉清秀，重視情誼，所以性格上會為六親朋友付出，而且毫無怨言。

觀相三．鼻子低，眉尾下垂

鼻子低的人，本身處事較無主張，個性隨和，加上眉尾下垂，遇到事情有爭論時，不敢當面與人對質，這就是她的缺點。

觀相四．眼睛柔，聲音柔

陳小姐的眼睛柔，眼睛代表一個人的內在思考及行動能量，眼睛柔的人處事抓不到重點，聲音柔而無動力，是她最大的致命傷。

建議這樣格局的人，處事一定要堅持自己的原則，遇到任何事情，都盡量不要放在心裡，多請益他人。因為聲音柔的人不隨便與人對談，讓人感覺不好相處，反而容易造成溝通問題。如果一些事情不敢直講，建議可以用寫的表達，或是由別人來替你發問，這是最好的方式。

3秒面相觀人術

按面相學的論述，山根陷、眼睛柔的人，比較無法掌握一切；而聲音柔、鼻子低的人，大多會逆來順受，不敢表達自己的意見，此形質的人容易受到欺騙。

小時了了或大器晚成

我教學時經常說的一句話：「人沒有十全十美，心順就好。」每個人的造化不同，有的人小時候特別優秀，有的人則大器晚成，本篇就以實例來講解給各位讀者看。

某天，跟我學習陽宅的劉姓學員，帶了兩位朋友來工作室找我，一位姓萬，一位姓沈，他們三人是大學同學，如今各奔前程，今日齊聚在我的工作室，聊聊各自在職場上的辛酸。聊一聊，他們說，有的人在畢業之後，工作一路順暢，有的人出社會之後就處處受阻，是不是與這個人的面相有關呢？

萬小姐面相：筋骨質兼心性質

我便從面相開始分析他們的運勢，從萬小姐的面貌來看，她的額頭低、眼睛有一點壓眉、眉清秀、鼻子挺、顴骨平均、下巴飽滿、嘴巴小，屬於筋骨質兼心性質。

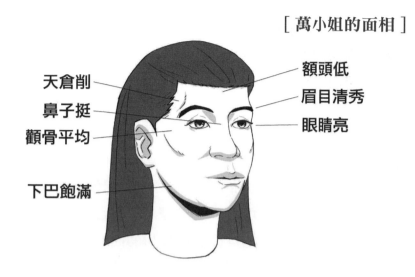

[萬小姐的面相]

天倉削
鼻子挺
顴骨平均

下巴飽滿

額頭低
眉目清秀

眼睛亮

　　這一種格局的人，凡事比較會為別人著想，她的眉清秀，重情意，加上下巴飽滿，人緣佳。其他兩人頻頻點頭，在學校時，他們都認定萬小姐將來出社會一定會很出色，

　　因為她對任何事情始終抱持積極的態度，對人和藹可親，所以大家都認為她在工作上一定會很吃香，沒想到萬小姐出社會後，卻常常吃悶虧，大家都替她打抱不平，劉小姐忍不住問我怎會如此。

觀面相 . 嘴巴小，聲音柔容易吃悶虧

　　額頭低、天倉削、下巴飽滿、聲音柔的人，處理事務比較務實，思想單純，態度積極。萬小姐的顏面骨多，骨頭較明顯，加上她的眉壓眼，在觀相學屬於筋骨質兼心性質的特徵，這一種格局的人，內心比較急躁，遇有事情，會積極地想去完成。

　　就面面觀的論述來說，眉壓眼者處事最積極，由中國的五行性來

看，認為壓眉是不好的格局。各位不妨觀察那些外國人士，其中額頭高、眉壓眼者處事會很積極，不喜拖泥帶水。萬小姐鼻子挺，自尊心強，雖然眉壓眼，但是眉毛清秀，重情誼，在職場上確實是一位盡職又容易相處的人。

但她的缺點在嘴巴，因為嘴巴小、聲音柔，遇有爭執不敢開口去爭。雖然眼睛亮，能看準時機主動行事，但偏偏嘴巴小且聲音柔，個性比較保守，只懂得默默付出，卻不敢邀功，自然是少不了吃悶虧。

不過，性格只要用對地方，就會轉變成優點，以家庭來說，萬小姐的缺點就是她的優點，她具備賢妻良母的面相格局，額頭低、天倉削，在家庭中會無怨無悔地付出，也是另一半開創事業的好幫手。

沈小姐面相：心性質兼筋骨質

另一位沈小姐，平常處事機靈，因為她的額頭高、眼睛亮，屬於心性質兼筋骨質，額頭高者思想靈活，腦筋轉得快，一看到有機會，必會想盡辦法，志在必得。

[沈小姐的面相]

額頭寬廣　　　　　　　　　　　天倉飽滿

眉目清秀　　　　　　　　　　　顴骨包肉
鼻子挺

嘴巴大　　　　　　　　　　　頤頰整片
　　　　　　　　　　　　　　下巴飽滿

　　沈小姐的嘴巴大、聲音有力，處事有膽識、有魄力，精神充沛，勇往直前，此格局的人屬於心性質兼筋骨質，唯一的缺點是處事缺乏考慮。眼睛亮且聲音有力的人，做事只想著往前衝，想去掌握，卻不會考慮後果，常常會因為太急躁而錯失機會。另外，因為額頭高、鼻子挺、眼睛亮、眉清秀、嘴巴大、顴骨高，她的自我意識強，若有過失，通常不會認為是自己的錯，遇到不如意必定會發牢騷。

　　依據我的見解，沈小姐在職場上，講話直來直往，會為自己的利益爭取，但是她的內在慈悲，雖然表面強勢，其實是一位刀子口豆腐心的人。因為她的眉清秀、下巴飽滿，常常會為吃虧的同事仗義執言，因此頗受同事的仰賴，在同事的眼裡是一位大姐頭，但這種個性也容易成為公司眼中的頭痛人物。

小結：面相無優劣

　　人沒有十全十美的面相，而且每個人的運勢從年幼到長大，都各有不同，從面相的角度來說，確實有跡可循。人除了形質之分外，可從面相上分為三停，上停、中停、下停各代表不同時期的運勢。

　　剛才談到的這一位萬小姐，額頭低、天倉削、下巴飽滿、聲音柔、處事主動。她的上停低，一般走中晚年的運勢，加上聲音柔，晚年會有儲蓄。她個性上的優點是能讓配偶專心去打拼事業，無後顧之憂，雖然萬小姐在職場上不盡如意，但在家中絕對是一位賢內助。

適人適任最重要

6-18

一個人的面貌，是父母親賜予我們的天生條件，不要去改變，而要懂得善用自己的優缺點發揮，例如在找工作的時候，隨著面相不同，也可以掌握自己往哪一方面發展最為有利。

我從事面相風水三十多年來，累積了許多案例。例如筋骨質的人，生命充滿動能，屬於勞動付出的形質，往業務發展最合適。天倉削的人個性主動，不會受環境的約束，不怕吃苦，具備上進奮鬥的精神。若聲音有力、鼻子挺、加上天倉削，則天生驛馬動，內在好動，最適合在外面奔波，往業務發展為佳。

 ## 實例分析：公司的業務人員

某年，因為學員的引薦，我前往某家台北的公司。此公司的產品以業務為主，需要找到優秀的業務人員，公司的陳董請我去為員工診斷面相，挑選適合從事直銷的業務人員，我觀察了公司所有人的面相之後，和那位老闆說：「公司的職員都不適合從事業務工作。」

觀面相．心性質與筋骨質的差別

我對陳董說：「並不是現在的職員無能力，而是因為他們的面相幾乎都屬於心性質兼營養質，依我多年的經驗，好的業務人員身上必須帶有筋骨質的能量。」

原來這一家公司並非以業務為主，陳董說他成立公司將近十年，以前公司的性質偏向工廠製造，因為最近環境變化，必須開發自己的產品，也要推展業務，因為原本的職員都很有能力，對公司也很忠誠，原本以為從事展品的業務直銷沒問題，卻發現隔行如隔山。

我和陳董說：「你現在的職員多半聲音柔而穩重、下巴飽滿、額頭高、眉目清秀，對公司盡職忠誠，但要他們從事業務就比較吃力。他們天生以文秀為主，再加上公司以往的重點並非業務工作，所以沒有開發自己的潛在能量，若是能找到具備此種潛能的人，指點一二，就能發揮他們的本質。」

人才的面相特徵

由於員工都在公司多年，得到陳董的信賴，所以他拜託我從公司的職員中，找幾位適合的業務人才培養。我便從前方的座位中找了幾位，告訴陳董這些人只要稍加培養，倒還可以取用，在現場，我也告訴陳董如何分析職員的面貌，幫助他日後針對職員的優缺點去運用人才，讓員工得以發揮他們的強項。

觀相一. 營養質兼筋骨質的黃副理

我指向坐在辦公室前方、靠窗戶的一位職員，年齡差不多在三十八歲左右，陳董說這位先生是擔任副理的黃先生。我告訴陳董，此人額頭低、天倉削、下巴飽滿、眼睛亮，鼻子低、鼻大且豐隆、聲音有力，代表他處事乾脆，不喜歡拖泥帶水，陳董表示的確如此。

[黃副理的面相]

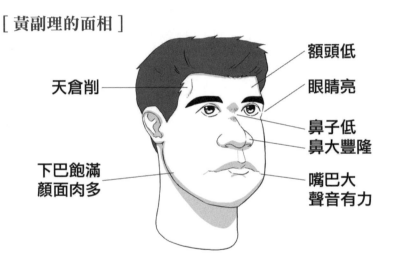

- 天倉削
- 下巴飽滿 顏面肉多
- 額頭低
- 眼睛亮
- 鼻子低 鼻大豐隆
- 嘴巴大 聲音有力

他的聲音有力，處事果決不認輸；下巴飽滿，善於運用人脈來幫助事業發展，這種格局最適合往業務發展，因為業務需要常常開口與人洽談，聲音有力者敢面對，不但能獨當一面，還具備領導之格。不過也因為他的眼睛太亮、聲音有力，所以要留意，他唯一的缺點是處事比較粗心大意。

觀相二. 心性質兼筋骨質的賴小姐

接著我告訴陳董，辦公室最左後方位子上的女性，也可以培養往

業務發展，陳董告訴我此職員姓賴。賴小姐的額頭高、天倉削、鼻子挺、眉毛清秀、眼睛柔、聲音柔、顴骨高，屬於心性質兼筋骨質，在業務上絕對不會吃虧。

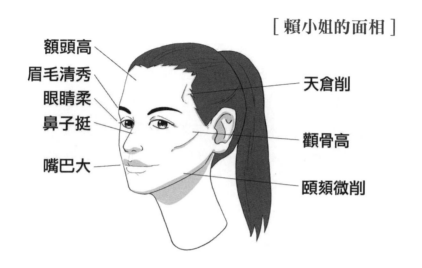

[賴小姐的面相]

額頭高
眉毛清秀
眼睛柔
鼻子挺
嘴巴大

天倉削
顴骨高
頤頰微削

　　額頭高的人自我要求高，工作上懂得運用智慧；眉毛清秀者在外人緣佳，加上眼睛柔，給人感覺有雅氣，處事謙虛，比較會有人來相挺；顴骨高，與人洽談時能掌握時機；聲音柔，講話會受到人家尊重。這種格局的人在業務上最吃香。

三質三色，懂得用人才是重點

　　顏面骨多的人稱為筋骨質，其特質是無法沉靜下來，比較好動、急躁、個性獨立，處理事務乾脆，不喜歡拖泥帶水，但在思考方面顯得不夠周全。聲音有力的人不適合待在辦公室裡，企劃或學術研發也不適合他。讓他從事業務工作反而有利。若筋骨質面相搭配聲音柔，

代表內在雖然有動態，但不喜歡表現出來，這一種格局的人適合往技術研發的領域發展。

顏面肉多則稱為營養質格局的人，個性方面喜安逸，工作上不喜變動，但在理財方面較有概念，也就是說動腦筋、不動勞力。若他的膚色白、聲音柔，適合從事金融業，在固定的職務上比較適合。

第三質為心性質，他的額頭高、鼻子挺、下巴微削、聲音柔、膚色白，這種格局的人，腦筋特別靈活且反應快，思想豐富，比較理想化，具有完美主義的性格，適合往文學藝術方面發展。如果他的眼睛亮且聲音有力，屬於心性質兼筋骨質，個性就比較好動，不喜歡被約束，獨立性強，口才流利，能言善道，這種人也很適合往業務發展。

林老師小叮嚀

　　觀相學的理論上，筋骨質者重視事業的前途，衝勁十足，但容易衝過頭；心性質的人懂得思考，錢財方面較安定；若是筋骨質兼心性質的人，有衝勁又會思考，在工作上是一流的人才。

6-19

適合朝九晚五的人

在面面觀的論述中，適合朝九晚五工作的人，應該屬於營養質，因為他只會說、不喜歡自己動手，個性喜安逸，所以沒有什麼變動的朝九晚五工作最適合他。

某日，有位涂先生到工作室找我看相，他想自行創業，問我是否能成功，我問他為何萌生想創業的想法，他說很多人告訴他，出來創業必有大發展。一個人的面貌如櫥窗，能顯示你一生的工作及運勢，若一個人中少年時期的工作輕鬆無壓力，最明顯的就是法令紋淺，面貌清白且潤，代表工作相當輕鬆。

我對涂先生說：「你的額頭高，思想豐富，腦筋特別聰明，而天倉又飽滿，代表小時候的環境不錯，上一代在家鄉是有名聲的望族。」他說小時候家境富裕，本來是一位優秀的人才，但從事公教後意志力就漸漸消退，所以想了解自己的面貌及運勢。

 ## 涂先生面相：心性質兼營養質

我向涂先生解釋，他本來個性上充滿衝勁，但因為聲音比較柔，

將鬥志及衝勁壓下來，加上現在的工作輕鬆，使他三心二意，不敢出來創業。涂先生表示佩服，說：「老師你真厲害，我有很多機會，卻沒有機會實行。」

涂先生點頭表示認同，說他有很多機會，但卻沒有付諸行動，到了這個年紀，很多同學都成為企業主管或老闆，他不禁羨慕起同學的成就，加上四周親友的鼓勵，才想出來創業。

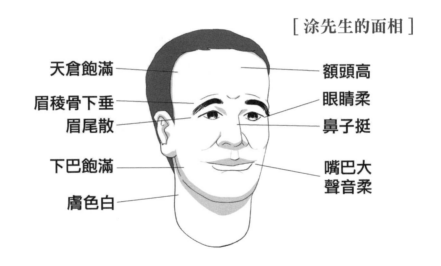

[涂先生的面相]

天倉飽滿
眉稜骨下垂
眉尾散
下巴飽滿
膚色白

額頭高
眼睛柔
鼻子挺
嘴巴大
聲音柔

觀相一．額頭高，天倉飽滿

額頭高、天倉飽，本來是個好格局，表示他小時候家境好。而且他的額頭高，思考能力強，想像豐富，理想高。天倉飽滿者，為人比較專制，腦筋聰明。但涂先生的眼睛柔，整個格局就被拉下來，因為一個人的眼神代表他的鬥志，眼柔之人較為自私，也怕吃苦，喜歡活在自己的生活中，只求安逸，不喜變動。

觀相二．鼻子挺，眉棱骨下垂，眼無神

他的鼻子挺，主觀意識強，不過眉棱骨下垂，加上眼睛比較無神，個性隨和，沒有責任感，遇到困難或挫折，會想辦法推卸責任。

觀相三．嘴巴大，聲音柔，下巴飽滿

嘴巴大、聲音柔、下巴飽滿者只求安逸，他會動腦筋，但光說不練，缺乏責任感，加上聲音柔而無鬥志，一生只求安逸，不喜歡去創業，偏向只求享受、不付出的性格。

要看一個人的運勢，得從年齡著手，涂先生中停運較佳，從他的面貌來看，最漂亮的就是鼻子，因為他的鼻子挺、嘴巴大，才產生創業的想法與信心，但因為聲音柔，所以沒有決斷力，三心二意。

以涂先生的面貌及形質來分析，帶營養質，就命格來說，屬於很好命的類型。有一句話這麼說：「運勢旺的人無命運，有挫折的人才會求神拜佛窮算命。」以涂先生的面貌來看，他一生沒有吃過苦，在經濟錢財上無煩惱。

想創業，聲音與神韻是關鍵

要知道創業是否能成功，必須以三停判斷，觀察三個地方：

1. **眼睛要有神韻：**眼睛代表一個人的靈魂，眼睛有神韻的人，才能抓緊機會，處事才有鬥志，內在才有衝勁。
2. **聲音要有力：**聲音代表一個人的內在及動力，聲音有力者才有衝勁、有魄力。

❸. 下巴要飽滿：下巴飽滿的人，人脈極多。

若一個人已經走到老運時，要接下停運，涂先生現年走的是下停運，此時創業靠的不是體力，而是智慧及人脈。單就涂先生的面相來說，他具備第三點，有人脈，但衝勁不足。

眼睛能觀察一個人的內在思維，涂先生的眼睛神韻已經安定，只求安逸，加上聲音柔，處事比較沒有魄力，並不適合創業，而且會很辛苦，如果他想往別的領域發揮的話，建議往學術方面去發展，會比創業還有成就。

整體而言，心性質兼營養質的類型（膚白、聲柔），若下巴飽滿，個性沈靜，佔有欲強，不喜歡與別人分享他自己的東西，也不會隨意管閒事，由於個性不喜變動，所以比較適合朝九晚五的規律生活。

3秒面相觀人術

要看一個人是否適合創業，最主要的是聲音。故事中涂先生走下停運，要觀察下巴，並配合聲音，聲音柔者求安逸，聲音粗者則胸懷大志。故事中的涂先生為營養質兼心性質，膚色白、聲音柔，個性沉靜，細心而敏感，從面貌分析，聲音柔為文秀，聲音有力為武動，他的聲音柔，屬陰靜，比較適合往文書方面發展。

6-20

現在是跳槽的好時機嗎？

　　每年的農曆年或暑假過後，都會有許多人因為覺得工作不理想，想要轉換跑道或跳槽，這時候請務必先觀察自己的額頭氣色，若額頭氣色暗滯，對轉換跑道不利，此時宜靜不宜動。

　　將近年底的某日，有一對男女來到我的工作室詢問。男性小李，女性小雲。小李開口就問：「老師，我可以跳槽嗎？」一旁的小雲馬上說，現在景氣不佳，要找一份工作很難，不要隨便跳槽，兩人陷入意見不合的局面，所以才來找我問運勢如何。

　　就面面觀的論述來看，一個人對現在的工作不滿意，最明顯的是額頭氣色會不佳，因為額頭代表事業宮。現在的運勢不佳，到哪裡都不會順暢，所以想要轉換跑道，最好先了解自己的運勢再決定，才是良策。

 ## 小李的命盤分析

　　按我的經驗，客戶來諮詢換工作，最好是面相配合運勢來論述，才能得到最佳參考，依照斗數命理的解說來看，想要跳槽時會具備三

點因素：

❶. 大限的事業宮沖上司，說明在職場會與上司意見不合，所以容易讓人萌生離職的念頭。

❷. 流年的父母宮為上司沖事業，或是老闆沖你的事業宮，代表你的表現不佳，上司也對你的工作表現不滿意，讓你產生壓力。

❸. 同事沖你的事業，同事之間互相不配合，而且會到處傳流言，所以很有壓力，看到同事就心生厭煩，不喜歡與他們一起工作。

　　若你現在的額頭氣色不佳，則合乎命理的邏輯，額頭代表上司的位置，你自己的事業沖老闆或是上司，溝通有差距，你對上級的作風不滿意。或是事業沖事業，而感覺此公司無前景，所以想換一個工作。

小李的面相：筋骨質兼心性質

　　小李的額頭高、眉棱骨高，屬於筋骨質兼心性質，聰明有智慧，屬於青中年早發的類型，並有專業領域，唯一的缺點是顴骨退；嘴巴小、聲音柔，遇事氣往內吞。若產生轉換跑道的念頭，最主要的因素通常會與上司有牽連。

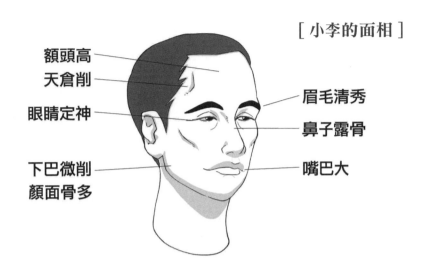

[小李的面相]

額頭高
天倉削
眼睛定神
下巴微削
顏面骨多

眉毛清秀
鼻子露骨
嘴巴大

聽到這裡，小雲表示他確實與上司的意見不同，但她一開口，小李就有些不耐煩，認為她只知道一些皮毛。依照面面觀的論述，心性質重的人，處事不會當面表達，有事情氣會往內吞，很難捉摸他的心態與想法。

其實雙方都很關心彼此，因為他們最近論及婚嫁。所以小雲特別緊張，小李從事軟體設計的工作，小雲認為他目前的薪水不錯，比外面的公司還高，要找這麼高的薪水不容易，但小李卻不以為然。

於是我先問小李在公司待了幾年，他說有七年多，前三年有升遷，他表示公司規模中等，大約有一百多位員工，其實就公司體制而言算不小的企業，公司會比較有制度。

「你現在離開這間公司會很可惜！」小李問我原因，我對小李說：「你前三年就升遷，招來同事忌妒，今年尤其明顯。」前面講到命盤運勢時有提到，離職通常有三項原因，李先生符合第三項，命盤與交

友兄弟宮有衝突，加上他的眉尾略為稀散，所以流年感覺犯小人。

我向他解釋；「依據你的命盤來看，同事沖你的事業宮，而你的內在又沖上司，所以你會感覺犯小人，並且覺得上司沒有公平處理這些事情。」他說沒錯，每天到公司就會很討厭這一些小人，和這些傢伙工作就心生不爽的情緒。

 ## 性格連帶影響運勢

我對小李說：「你在公司的前三年對公司有幫助，可能因為展現才華而創造了一些專利。」他說確實，公司也因此給了他一筆獎金。

接著我告訴小李，其實今天所遭遇的事情，是他自己造成的。他的額頭高、眉棱骨高，屬於專業型人才，加上鼻子高，主觀強勢。當初得到獎金，而他又帶有傲氣，導致有時在工作上，以自己的邏輯為主，不懂得顧及他人感受，無形中得罪了很多人，只是他自己不知道而已，這是他的傲氣所造成的。

聽到這裡，小李的臉色也變嚴肅了，說明我講的是對的，我接著對小李說：「明年你就不會有這種現象，因為你的命盤在明年夏季後有化科在事業宮，代表你能展現才華，受到上司的重視。」

忍一下雨過天晴，我告訴小李，明年夏天之後，他的運勢就會轉變，也沒有小人，同時也會受到上司的賞識。我告知他的走運，但怎麼做，小李還是要自己思考清楚，再行決斷。

小結：運勢起伏乃是自然現象

我常常說，一個人的運勢不可能一直好下去，在運勢正旺時，有時會得意忘形，其實，只要你稍微注意運勢，自我檢討，就能安然度過障礙。有一些人很鐵齒，遇到瓶頸時，只會怪別人的不是，而不去檢討，一時情緒不穩就要離職，到了新的環境，一切都得重新開始。

一個人不可能每年都走好運勢，例如小李如今年因為對上司不滿意，加上同事沖事業，缺乏人際溝通，自己的主觀又強，所以容易得罪他人，其實離職後，可能會更後悔。

> 一個人對人信任或不信任，從顴骨與鼻子的氣色可見端倪，若此處氣色不佳，代表你最近的事業與同事、朋友有牽連；若額頭氣色不佳，表示與上司互動不佳，這時要忍耐，並觀察你的走運，不要因為一時衝動離職，吃虧的反而是自己。

炒老闆魷魚前先觀面相

　　在職場上，比較有能力的人容易發牢騷。這樣的人在職場上能幹，處事有衝勁，工作能力佳，經常一人可抵三人用，因此受到老闆重用，薪水也比同事們高，但經常會有人做到高階主管，還是無法忍受老闆反覆無常的脾氣，因而離職的人也不在少數。

　　每當客戶來論相，批判老闆時，我總是會請客戶用另一個角度思考，為什麼老闆能成為負責人，打造這間企業呢？我從事命理風水面相的工作這麼久，看過一些格局不高的老闆，有些是企業富二代，但想要長期維持公司營運，負責人還是必須要擁有與大眾不同的面相格局，才能有所成就。

 ## 呂先生的老闆：筋骨質兼心性質

　　秋天的某日，一位呂先生來工作室諮詢命運，他抱怨老闆處事無規律，反覆無常，於是我讓呂先生讓我看看這位老闆的面相，藉此分析他老闆的性格。

就面相來看，呂先生老闆的頭髮細膩、額頭高、天倉削、眉尾往上、眉骨高、眼睛小而細長、顴骨高、鼻子挺、嘴巴中庸、下頤頰微削、下巴縮，屬於筋骨質兼心性質。

［呂先生老闆的面相］

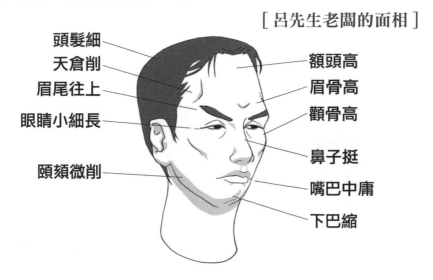

頭髮細
天倉削
眉尾往上
眼睛小細長
頤頰微削

額頭高
眉骨高
顴骨高
鼻子挺
嘴巴中庸
下巴縮

正所謂「無骨不成器」，一個人要能獨當一面，必須要有與眾人不同的特徵。以面面觀的理論來說，面貌必須有三骨：眉棱骨、顴骨、以及腮骨。

觀相一．眉棱骨看判斷能力

眉棱骨與眉毛處於同一個部位，眉棱骨高者，判斷直接，處事堅持，能當機立斷，但有眉棱骨的人，比較有自己的想法，太高者有時會聽不進別人的建議，有一股傲氣又固執。

相對的，沒有眉棱骨的人（也就是眉毛看起來平平的人），給人感覺中規中矩，看上去很慈祥。大家不妨觀察周遭的朋友或主管，事

業上比較沒有成就的人，他們的眉棱骨大多都低且平平的；而那些有成就的人，他的眉棱骨大多會稍微凸一點。

聽完我的分析後，呂先生點頭，說他的老闆的眉棱骨確實有一點凸，我笑著跟他說：「其實你也是啊！你也有你的個性，有時候會很固執，但你今天有成就，也是因為受到老闆的賞識。你的眉棱骨微高，處事有原則，判斷直接果決，特別是你在技術方面有專才，所以會受到重用。」

3秒面相觀人術

老闆與職員，雙方的立場不一樣。身為負責人，要管這麼多的職員，他一定要有顴骨，有顴骨的人才有魄力、主見，也才管得住員工。

觀相二 . 眼睛小而細長，下巴退縮

呂先生點頭，表示我講得有道理，能理解一位老闆必須要具備這種面貌，但是他的老闆反覆無常，他問我這在面相上是否能觀察得出來。我對呂先生說，應該是與眼睛有牽連。他的老闆眼睛小而細長，下巴有一點退縮（也就是向後斜縮），頭髮細膩，這樣的格局比較容易有這種情況。

1. 額頭高、下巴縮：他想得多，搭配下巴縮的格局，往往雷聲大、雨點小，處事方面常常有始無終，造成他的性格反覆，因而造成他人的壓力。

❷. **額頭高，頭髮細：**思考邏輯與眾不同，加上頭髮細，內在很有計畫性，特別在規劃方面相當謹慎，在專業領域發揮得會很好。

❸. **頭頭高，眉棱骨高：**判斷能力直接，但是眼睛小而細長的人，處理事情容易考慮太多，凡事會重複思考。

❹. **鼻子挺，顴骨高：**鼻子挺的人主觀強勢，顴骨高則喜歡掌握權力，不會顧慮別人的感受，但是這一種格局的老闆是一位有魄力的人。

面貌沒有十全十美的，這一位老闆的缺點，就是下巴有一點斜縮，加上左右頤頰微削，下巴不夠飽滿，因此處事不夠穩定。有時候會莫名其妙地發脾氣，在工作上容易意氣用事，雖然工作能力強，動作也敏捷，但是缺乏耐心，無法安靜下來，喜歡奔波，處事反覆無常。

小結：知性才好相處

呂先生老闆的面相屬於筋骨質兼心性質，膚色微黑、聲音有力，說明此人個性豪爽，具實力，極好面子，有好東西願意與朋友共享。聲音有力者，處事有魄力，個性專制，絕不拖泥帶水，尤其額頭與眉棱骨高者，對任何事情都自信滿滿，有時非常固執，唯一的缺點是下巴為縮，所以有時不按牌理出牌。

一般下停飽滿者，表面上強勢，內在慈悲，對部屬雖然嚴格，但部屬有困難時會援助，故事中呂先生的老闆，表面上強勢，這一種格局吃軟不吃硬，若你有實力或才華，必會受到提拔。

如何了解員工的狀況

　　無論是企業老闆或高層主管，來上課的學員都會表示想要掌握員工與部屬的工作狀況，所以，接下來我們就透過例子，來說明該如何一眼看穿員工們的情況。

　　一個人在工作上的心情，最簡單的判斷基準就是額頭，若是額頭氣色明潤，說明他對工作滿意；若氣色不佳，說明工作上有壓力。同理，如果你是一位想了解員工狀況的老闆，也是觀察員工的額頭，就能知道端倪。

 ## 實例分析：李小姐＆陳小姐

　　第一個例子，是我某日到銀行辦事時遇到的，那位行員姓李，她只是默默地在處理事情，但我注意到這位小姐的氣色清潤，心裡推測她對目前的職務應該相當滿足，別無所求，我對她說：「小姐，妳的氣色不錯。」她安靜地笑了笑。

　　另一個例子則是我到某間公司，注意到在與客戶洽談的陳小姐，她除了辦理手頭的手續之外，還會推銷客戶其他的業務。觀察這位小

姐的面相，就會發現她在事業宮額頭這一塊，出現紅帶黃的氣色。這兩個例子的氣色不同，我們就以她們來做分析。

觀相一．李小姐面相：心性質

　　我們先談第一位李小姐的面貌特徵，李小姐的額頭高、眉目清秀、有一點柳葉眉、鼻子挺、眼睛柔、顴骨退、嘴巴中庸、下巴微削、聲音柔、膚色白、上停寬廣、下巴微削，是標準的古典美人，在面相學上稱為心性質。

［李小姐的面相］

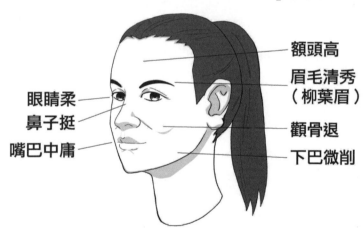

眼睛柔
鼻子挺
嘴巴中庸

額頭高
眉毛清秀
（柳葉眉）
顴骨退
下巴微削

　　一般來說，兼有心性質特徵的人，給人感覺氣質高雅，一般顏面骨比較柔細，膚色白。李小姐的額頭高、膚色白，處事比較保守，也很懂得保護自己。她的額頭高，表示思想豐富，但因為膚色白，有時會太理想化，且自我要求高。聲音柔，膚色白，依賴心比較重，若有一點壓力，她就會覺得很吃力，所以會選擇比較輕鬆的工作。

　　理論上來說，李小姐會比較沒有衝勁，雖然她鼻子高有主見，但因為聲音柔，所以不會隨意表達她的意見。加上她下巴微削，處事較為被動（聲音有力、眼睛亮的人會比較主動）。

　　李小姐的眼睛柔，處事抓不到重點，有時不知輕重，表面上看來，她的氣質優雅，算是一位美人，但我也常跟學員說，美不代表有能力，猶如花瓶中的一朵花，好看卻不中用。

觀相二.陳小姐面相：筋骨質兼營養質

　　第二個例子的陳小姐顏面骨多，她的額頭低、天倉削、眉尾有一點往上、眼睛亮、鼻子低、嘴巴大、下巴飽滿且聲音有力，在面相學稱為筋骨質兼營養質，具備此格局的人，處事比較積極。聲音粗，因此口才流利，在人際公關方面的表現佳，也比較會主動與人打招呼，在社會上屬於會比較有成就的類型。

[陳小姐的面相]

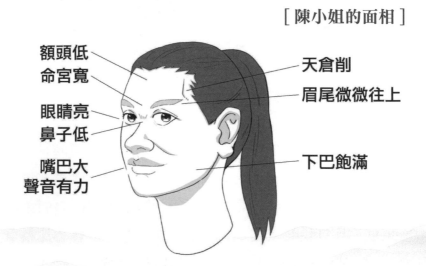

額頭低
命宮寬

眼睛亮
鼻子低

嘴巴大
聲音有力

天倉削

眉尾微微往上

下巴飽滿

陳小姐顏面骨多，處事上不怕吃苦，具備刻苦耐勞的精神。筋骨質的人個性比較獨立，對自己有自信，絕對不會輕易低頭。她能克服環境的變遷，處事既熱情又乾脆，講求速度與效率。

陳小姐的額頭低、天倉削，面貌屬於陽動，處理事情的態度比較主動，因為額頭低的人，思想比較單純，上司所交辦的事情，她一定會完成，加上眉毛有一點往上，表示個性積極，心性極為剛強。

眉毛有一點往上的人，性格勇猛果敢，適合往軍警武將發展，在社會上來說，屬於行事特別有魄力的一群人。陳小姐的鼻子低，個性上比較有人情味，遇到事情受阻，或與人鬧僵時，懂得轉彎，因為鼻子低的人會想辦法協調狀況。

3秒面相觀人術

從五官來分析，最有耐力的人，應該屬於鼻子低的人，若他的嘴巴大，表示處事主動；聲音有力的人比較會與人打招呼。這種格局的人懂得自我推銷，對事業發展有利。加上他的下巴飽滿，人脈極多。而且因為聲音有力，敢開口，所以適合往業務方面發展，自然有機會賺到錢財及業績。不過，運勢的好壞與氣色最有牽連，所以才會說：「有運氣就有財氣。」

論氣色與運勢

面貌的美醜與運勢沒有直接的關係，最主要的關鍵在於臉上的氣色。一個人的氣色代表現在的處境，若臉部氣色不佳，代表他現在面

臨很多阻礙；若氣色白潤，代表現在的處境安逸。

　　比如小孩子的氣色，在尚未入小學之前，臉上氣色潤白，隨時掛著天真又可愛的笑容，因為他們無憂無慮，天塌下來也有父母頂著。同理，若你在職場上出現潤白的氣色，代表你對現在的環境相當滿意。

　　第一位李小姐的氣色潤白，第二位的陳小姐則是氣色帶有一點紅黃色，代表內在充滿著對未來的信心，也就是說，陳小姐對目前的職位還不滿意，積極地想在事業上創造自己未來的前程，這股奮鬥的精神，自然顯現在她臉上，使其充滿一股氣。

3秒面相觀人術

　　就觀相學的論述來說，氣色分為幾種，若臉部氣色明潤，代表他的工作安逸；若額頭氣色暗滯，說明工作有壓力；若額頭氣色有一點紅暗，表示這個人工作上有壓力，一心想要去完成使命。

 ## 面相陰陽動態分析

　　《易經》解說提到，要觀察人，最主要就是了解陰陽之差別。就面相學來說，筋骨質屬於動態，心性質屬於靜態，若某人兼具兩種形質，則一個人具備陰陽，為上等格局。

　　如果是純筋骨質，膚色黑、聲音粗，這樣的人性格剛強，不向命運低頭，也不會輕易接受他人的意見，一旦決定的事，即使判斷錯誤，也會堅持到底，決不更改，所以容易吃虧。

　　若屬於純心性質，性格文雅，但有時比較神經質，常隨自己的感覺在走，因而處於心神不寧中。容易受到外在環境影響，也比較感情用事，膚色白具優越感和自負心，自我意識強，不懂人情世故之應對，在社會上也容易吃虧。

3秒面相觀人術

　　凡事比較會考慮的人，以天倉飽滿的人居多，因為天倉飽滿防禦心重，優點是處事會思考。若是聲音柔，則考慮太多，有時後會失去良機。另外也要看眼睛，眼睛可看一個人判斷的反應，眼睛柔者，處事很細膩，但有時會抓不到機會。

指引人生大道的明燈！
真理指引の知識服務

真永是真

- 跨時代 ☑
- 跨領域 ☑
- 融匯古今 ☑
- 中西互證 ☑

「**真永是真**」人生大道，條條是經典，字字是真理！王晴天大師率智慧型立体知識服務團隊精選999個真理，打造「**真永是真**」人生大道叢書，每一個真理均搭配書籍、視頻、課程等，並融入了數千本書的知識點、古今中外成功人士的智慧，全體系應用，讓你化盲點為轉機，為迷航人生提供真確的指引明燈！

① 1	馬太效應	2	莫菲定律	3	紅皇后效應
② 4	鯰魚效應	5	達克效應	6	木桶原理
③ 7	長板理論	8	彼得原理	9	帕金森定律
④ 10	沉沒成本	11	沉默效應	12	安慰劑效應
⑤ 13	內捲漩渦	14	量子糾纏	15	NFT與NFR
⑥ 16	外溢效果	17	檳鈴原則	18	元宇宙
⑦ 19	零和遊戲	20	區塊鏈	21	第一性原理
⑧ 22	二八定律	23	Web4.0	24	催眠式銷售
⑨ 25	破窗理論	26	蝴蝶效應	27	多米諾效應
⑩ 28	羊群效應	29	長尾理論	30	AI & ChatGPT
⑪ 31	天地人網	32	168PK642	33	路徑依賴法則
⑫ 34	預期成本	35	創業SOP	36	聚光燈效應

333本書　課程演講　影音視頻　999篇真理　Mook專書

……共 **999** 篇

真讀書會
生日趴 & 大咖聚

真讀書會來了！解你的知識焦慮症！

在王晴天大師的引導下，上千本書的知識點全都融入到每一場演講裡，讓您不僅能「獲取知識」，更「引發思考」，進而「做出改變」；如果您想體驗有別於導讀會形式的讀書會，歡迎來參加「真永是真・真讀書會」，真智慧也！

2024 場次	2025 場次	2026 場次
11/2（六）	11/2（日）	11/7（六）
13:00~21:00	13:00~21:00	13:00~21:00

📍 地點：新店台北矽谷國際會議中心
（新北市新店區北新路三段 223 號捷運大坪林站）

立即報名

★ 超越《四庫全書》的「真永是真」人生大道叢書 ★

	中華文化瑰寶 清《四庫全書》	當代華文至寶 真永是真人生大道	絕世歷史珍寶 明《永樂大典》
總字數	8 億 勝	6 千萬字	3.7 億
冊數	36,304 冊 勝	333 冊	11,095 冊
延伸學習	無	視頻＆演講課程 勝	無
電子書	有	有 勝	無
NFT＆NFR	無	有 勝	無
實用性	有些已過時	符合現代應用 勝	已失散
叢書完整與可及性	收藏在故宮	完整且隨時可購閱 勝	大部分失散
可讀性	艱澀的文言文	現代白話文，易讀易懂 勝	深奧古文
國際版權	無	有 勝	無
歷史價值	1782 年成書	2023 年出版 勝 最晚成書，以現代的視角、觀點撰寫，最符合趨勢應用，後出轉精！	1407 年完成 勝 成書時間最早，珍貴的古董典籍。

> "「真永是真」人生大道叢書，將是史上最偉大的知識服務智慧型工程！堪比《四庫全書》、《永樂大典》，收錄的是古今通用的道理，具實用性跨界整合的智慧，絕對值得典藏！"

更多課程請洽（02）**8245-8318** 或上 *silkbook*○com www.silkbook.com 查詢

國家圖書館出版品預行編目資料

3秒看透對方面相學 / 林進來 著 . -- 初版 -- 新北
市中和區：活泉書坊，2024.03　面；公分·--
（Color life ; 60）
ISBN 978-986-271-990-9（平裝）

1.CST: 面相

293.21　　　　　　　　　　　　113002040

3秒看透對方面相學

出版者 ■ 活泉書坊
作　者 ■ 林進來　　　　　　　文字編輯 ■ 何牧蓉
總編輯 ■ 歐綾纖　　　　　　　美術設計 ■ 馬亞
品質總監 ■ 王擎天

台灣出版中心 ■ 新北市中和區中山路 2 段 366 巷 10 號 10 樓
電　話 ■（02）2248-7896　　　　傳　真 ■（02）2248-7758
物流中心 ■ 新北市中和區中山路 2 段 366 巷 10 號 3 樓
電　話 ■（02）8245-8786　　　　傳　真 ■（02）8245-8718
ISBN ■ 978-986-271-990-9
出版日期 ■ 2024年3月初版

全球華文市場總代理／采舍國際
地　址 ■ 新北市中和區中山路 2 段 366 巷 10 號 3 樓
電　話 ■（02）8245-8786　　　　傳　真 ■（02）8245-8718

新絲路網路書店
地　址 ■ 新北市中和區中山路 2 段 366 巷 10 號 10 樓
網　址 ■ www.silkbook.com
電　話 ■（02）8245-9896　　　　傳　真 ■（02）8245-8819

線上 pbook&ebook 總代理：全球華文聯合出版平台
地址：新北市中和區中山路 2 段 366 巷 10 號 10 樓
● 新絲路電子書城 www.silkbook.com/ebookstore/
● 華文網雲端書城 www.book4u.com.tw
● 新絲路網路書店 www.silkbook.com

華文自資出版平台
www.book4u.com.tw
elsa@mail.book4u.com.tw

全球最大的華文圖書自費出版中心
專業客製化自資出版‧發行通路全國最強！